Sybil Gräfin Schönfeldt
Marie von Ebner-Eschenbach

Sybil Gräfin Schönfeldt

Marie von Ebner-Eschenbach

Dichterin mit dem Scharfblick des Herzens

Quell

Bildnachweise

Bildarchiv der Österreichischen Nationalbibliothek, Wien (1, 2, 3, 9, 10, 16)

Österreichisches Theatermuseum, Wien (5, 7, 8)

Wiener Stadt- und Landesarchiv (6)

Deutsches Literaturarchiv, Marbach am Neckar (12, 13, 14, 15)

Staatliches Gebietsarchiv Brünn (17)

Bilderdienst Süddeutscher Verlag, München (11)

Anton Bettelheim: Marie von Ebner-Eschenbach's Wirken und Vermächtnis, Leipzig 1920 (4)

ISBN 3-7918-1719-1

© Quell Verlag, Stuttgart 1997
Printed in Germany · Alle Rechte vorbehalten
Umschlaggestaltung: Barbara Hanke, Hamburg
Umschlagfoto: Bildarchiv der
Österreichischen Nationalbibliothek, Wien
Gesamtherstellung: Maisch & Queck, Gerlingen

Inhalt

Vorwort

Marie von Ebner-Eschenbach ist eine österreichische Schriftstellerin, die im vorigen Jahrhundert geboren wurde, als Goethe noch lebte, und die zur Zeit des Ersten Weltkriegs starb. Sie gehörte zu der Generation, die mehr als eine umwälzende Folge von Kriegen und technischen Entwicklungen verkraften mußte, und das bringt sie uns Heutigen nahe.

Und sie besaß einen vollkommen unbestechlichen Blick, schrieb Erzählungen von einer Kraft und Eindringlichkeit, daß ich nie verstehen konnte, warum man von ihr nur die Lesebuch-Geschichte »Krambambuli« kennt. Warum man sich nicht den Weg zu ihren anderen Geschichten sucht. Ein paar von ihnen habe ich zusammengestellt, und zwar diejenigen, die die unglaubliche Modernität der Autorin zeigen, die Novellen der verlorenen Kinder; die Geschichten, die das vorwegnehmen, was heute als Sozialkritik bezeichnet wird; die Erzählungen von Frauen an der Schwelle der Freiheiten, die uns heute selbstverständlich sind. Fast ein Roman ist »Božena« und deshalb zu lang für eine Sammlung dieser Art. Aber wem diese Geschichten gefallen, der sollte erst recht den Roman einer mährischen Magd lesen.

Mir waren die Ebner-Eschenbach-Erzählungen immer vertraut, denn ihre Freundin Louise Neumann, die den Grafen Schönfeld heiratete, war meine Urgroßmutter. Am 11. März 1898 schrieb Marie von Ebner Eschenbach in ihr Tagebuch: »Ein Grad Kälte. Herrlicher Tag. Louise Schönfeld hat einen Enkel.« Das war mein Vater.

Sybil Gräfin Schönfeldt

Marie von Ebner-Eschenbach

Marie Dubsky war das zweite Kind, die zweite Tochter des Majors a. D. Franz Freiherr von Dubsky, 1843 seiner Verdienste wegen in den Grafenstand erhoben. Er hatte seine erste Frau, Konradine von Sorgenthal, überlebt und 1829 die Baronesse Marie Vockel geheiratet. Marie Dubskys ältere Schwester Friederike war vierzehn Monate und sie selber vierzehn Tage alt, als ihre Mutter Vockel starb und der Vater ein zweites Mal verwitwet war.

Das war damals, 1830, kein ungewöhnliches Schicksal, und auch Maries Mutter hatte die ihre bei ihrer Geburt verloren. Aber beide hatten in diesem kummervollen Verlust jeweils in ihrer Generation ein außergewöhnliches Glück: Beide bekamen gute Stiefmütter. Marie erst einmal mit der Stiefmutter ihrer Mutter eine Stiefgroßmutter, die sie später als »die liebste und gütigste« bezeichnen würde. Denn diese Stiefmutter ihrer Mutter war, wie damals üblich, vor der Niederkunft ihrer Stieftochter angereist gekommen und nach deren Tode geblieben, und sie blieb »unserer Kindheit zum Heile«, wie Marie schrieb, »sie verließ uns auch dann nicht, als unser Vater sich wieder verheiratete.«

Diese Kindheit der verwaisten Dubsky-Mädchen verlief wie in den meisten aristokratischen Familien in der österreichischen Monarchie: im Sommer auf dem Land, im Winter in der Residenz des Kaisers in Wien.

In Wien bedeutet: im sogenannten Rabenhaus, einem dreistöckigen langgestreckten Haus in der Rothenturmstraße, damals Haarmarkt, mit Blick auf die noch nicht regulierte Donau, das Dubskys erster Frau gehört hatte. Im

9

ersten Stock wohnte Großmutter Vockel, im zweiten die Dubskys, im dritten Franz Dubskys verwitwete Schwester Helene mit ihrem kleinen Sohn Moriz, die im Sommer ebenfalls zu den Dubskys aufs Land zogen.

»Aufs Land« bedeutete für die Dubskys: in Zdislawic oder, wie Marie Dubsky schrieb, Zdisslawitz (in jedem Fall ausgesprochen: Schischlawitz) in Mähren. Das Schloßgut lag südlich von Olmütz, Maries Mutter hatte es mit in die Ehe gebracht und ihrem Mann vermacht. So blieb nach ihrem Tode alles unverändert. Nur Großmutter Vockel war von der Besitzerin zum Gast geworden. »Sie beschied sich«, wie ihre Enkelin schrieb, »sie wünschte sich nichts mehr, als in der Nähe der Kinder ihres Kindes zu sein.« Unverändert blieb auch das Schloß als eigene in sich geschlossene Welt, in der die Schwestern in einer Zeitlosigkeit aufwachsen konnten, die nur von den Erwachsenen um sie herum bestimmt war.

Zdisslawitz lag 1830 zwei Tagereisen – mit dem Wagen und an jeder Poststation gewechselten vier Pferden – von Wien entfernt. Als erwachsene Frau brachte Marie die Strecke in sechs Stunden Bahnfahrt hinter sich.

Die Kinder wuchsen an diesem Ort am Rande der österreichischen Monarchie abermals in ihrem Kosmos auf, der so fern von dem der Erwachsenen lag, wie man es sich heute gar nicht mehr vorstellen kann, im Kindertrakt des Schlosses. Die Kinderfrau Josefa Navratil, Pepinka oder Pepi genannt, schlief mit den Kleinen in der Kinderstube, Anischka, Maries Amme, garantierte das Überleben des Säuglings, und wenn die eine wie Sturmgebraus über die Taten und Untaten der Mädchen richtete, sofort und ohne zu fackeln, war Anischka »der lichte Stern unserer Kinderstube und immer gut und freundlich«. Die Kinder wuchsen dreisprachig auf: Pepi, Anischka, Köchin und Jäger, Burggraf, wie der Verwalter hieß, Stalleute und Pächter und so weiter sprachen Böhmisch oder ein sogenanntes Deutsch-Böhmisch, das sich in den Jahrhunderten herausgebildet hatte, in denen das eine zum anderen gehörte. Mit dem Vater und der Großmutter sprachen die Kinder Deutsch – eher ein Kinderdeutsch als die Sprache, die sich Marie später anerzog – und Französisch, denn das war die Sprache der Gesellschaft. Französische Lehrer und Gouvernanten waren auch in den Jahrzehnten üblich und normal, in denen beide Länder, Österreich und Frankreich, in einem der vielen kleinen Kriege miteinander lagen, seit der Französischen Revolution, seit dem Tod der österreichischen Erzherzogin und dem Tod der französischen Königin auf dem Schafott.

In diesen Kriegen gegen Frankreich hatte Franz Dubsky seine beiden Brüder verloren, den ältesten, Josef, 1813 in Dresden, den jüngsten, Fritz, 1815 vor Parma. Auch er hatte an der Völkerschlacht teilgenommen, war in der Nähe von Cléry an der Loire schwer verwundet worden und in französische Gefangenschaft geraten. Noch hatte Henri Dunant angesichts der Schrecken einer späteren Schlacht das Rote Kreuz nicht gegründet, und Franz Dubsky rettete nur das Leben, daß er französisch sprach. So wurde er nicht noch auf dem Schlachtfeld erschlagen, sondern notdürftig gepflegt, war aber 1816, noch nicht ganz wiederhergestellt, in den Ruhestand getreten.

Seine Gerechtigkeit und ein noch fast mittelalterliches Gefühl für Europa verboten ihm, in Italienern oder Polen oder Franzosen und so weiter seine Feinde zu sehen. Sie waren Gegner, und während diese Gegnerschaften in den zahlreichen monarchischen Anspruchskriegen des Jahrhunderts immer wieder wechselten, wurden nicht nur die Gegner von Gestern Verbündete, sondern es blieben auch kulturelle und vor allem familiäre europäische Bindungen bestehen, für die die gerade gültigen Grenzen keine Rolle spielten.

So war die Kindheit der beiden Schwestern ein Idyll. Ein Haus im Grünen, eine gesunde, überschaubare Umgebung. Eine gütige Großmutter, eine strenge, aber liebevolle Kinderfrau, eine Amme, die Märchen von Wassermännern und Gespenstern, Elfen und Irrwischen erzählte, und ein Vater, der keine Ahnung hatte, wie man mit kleinen Kindern umzugehen hatte und ihnen darum den Verwalter von Zdisslawitz als Lehrer im Lesen und Schreiben gab. So suchte er sich bald eine dritte Ehefrau, Eugénie Freiin von Bartenstein. Diese Maman Eugénie war ein weiterer Glücksfall für die Kinder. Sie ließ ihnen die Großmutter Vockel, ließ auch sonst alles wie es war und schloß Friederike und Marie ebenso ins Herz wie die beiden Buben und das kleine Mädchen, die sie gebar. Sie griff auch nur vorsichtig in die Erziehung der beiden Älteren ein. Friederike, fast schon fünf, war die bessere Schülerin. Marie, gerade erst fünf, hatte mit den Buchstaben zu kämpfen und erzählte später von diesen ersten Schulabenteuern: »Papa pflegte sich selten und dann auch nur oberflächlich nach dem Fortgang unserer Studien zu erkundigen. Ein kurzes: ›Brav sein‹ war alles, was er mir sagte, wenn er auf seine Frage ›Sind sie fleißig?‹ die Antwort erhielt: ›Fritzi sehr, und Marie wird es auch werden.‹ Einmal aber, wie es bei ihm meist geschah, machte etwas, das er oft übersehen und überhört hatte, ganz plötzlich Eindruck auf ihn. ›Werden? Oho, erst werden?‹ wiederholte er das letzte Wort, das Mama gesprochen hatte, wandte den Kopf und sah mich an. ›Kann sie vielleicht noch nicht lesen? Hat im Frühjahr angefangen, lernt jetzt schon den ganzen Sommer und kann noch nicht lesen?‹ setzte Papa sein Verhör fort, und ein Strafgericht drohte in seiner Stimme.«

So wurde befohlen: Marie zum Vater, aber allein! »Das war ein Wort! Wir betraten immer nur in corpore die Zimmer Papas zum Guten Morgen und Gute Nachtsagen. Damals war nur ein Flügel an das Schloß gebaut; in dem befand sich unsere Wohnung. Die Papas lag am anderen Ende der langgestreckten Front. Ihre Zimmer mündeten auf einen geschlossenen Gang, den wir zweimal täglich durchwanderten.« Auf diesem Wege begleitete sie üblicherweise die Kinderfrau und wartete im Vorzimmer auf ihre Rückkehr. »Wenn wir in der Frühe bei unserem Vater eintraten, saß er an seinem Schreibtisch, mit dem Rücken gegen die Tür, hatte große Wirtschaftsbücher vor sich liegen, rechnete und schrieb. Wir wurden meist freundlich empfangen, küßten ihm eines nach dem anderen die Hand, beantworteten seine Frage ›Seid's brav?‹ immer bejahend und so auch die bald darauf folgende: ›Ist die Pepi da? Gut, also, also geht.‹ Ein ermutigender Empfang wurde mir diesmal nicht zuteil. Papa reichte mir zwar die Hand zum Kusse, ließ aber vom Moment meines Eintretens an fortwährend seinen Blick forschend und streng auf mir ruhen und fragte endlich: ›Was ist dir denn? Was machst du für ein Gesicht? Mir scheint, du fürchtest dich. Du hast ein schlechtes Gewissen. Wer kein schlechtes Gewissen hat, fürchtet sich nicht.‹

Nun war das Unglück fertig. Nun mußte ich ja überzeugt sein, daß ich ein ganz elendes Gewissen hatte, denn wahrhaftig, ich zitterte vor Angst.

Ach, es war danach! Alles war danach. Was lag auf dem großen schwarzen Schreibtisch, auf dem Platze, den sonst die Wirtschaftsbücher einnahmen? Eine Fleißarbeit Papas.

Bewundernswürdig im Grunde. Viereckige Blättchen von gleicher Größe aus Kartenpapier. Man sah ihnen die Sorgfalt und militärische Pünktlichkeit an, mit der sie zugeschnitten und reihenweise in gleichen Abständen voneinander geordnet waren. Jedes einzelne von ihnen trug ein dick und deutlich ausgeführtes Zeichen. Ein gut bekanntes und gut gehaßtes Zeichen – einen Buchstaben.

›Was ist das?‹ fragte Papa und wies, nicht ohne Wohlgefallen, auf das kleine papierne Pikett vor ihm.

Ich meinte, es seien Buchstaben.

›Ja, ja, Buchstaben, natürlich. Aber das Ganze da, das Ganze!‹

›Buchstaben … viele Buchstaben …‹ Bei den Buchstaben blieb ich. Wie die Familie heißt, wenn sie vollständig versammelt ist, wußte ich nicht. Ich wußte überhaupt bald gar nichts mehr, nicht einmal ein A von einem I zu unterscheiden und auch nicht, ob ich lachen oder weinen sollte, als Papa ein geringschätziges: ›I! A!‹ ausstieß.

Der einzelnen Vorgänge bei diesem denkwürdigen Examen kann ich mich nicht mehr erinnern. Nur einer großen Verwirrung, die in den Reihen der schnurgerade aufmarschierten Kärtchen eintrat, entsinne ich mich: sie wanden sich wie Schlangen, sie tanzten, bildeten Gruppen, stoben davon nach allen Richtungen. Und dabei deutete Papas Finger unbeweglich auf eine Stelle, die für mich abwechselnd von einem A, einem B, einem R besetzt war. Einen Buchstaben um den anderen nannte ich, riet und riet und erriet nicht. Die Qual dauerte lang. Mein armer Papa, der Selbstbeherrschung doch so ungewohnt, nahm sich zusammen, wiederholte die selbe Frage mehrmals, ohne die Stimme allzusehr zu erheben. Die meine aber wird wohl zuletzt gar keinen Laut mehr gehabt haben. Ich vermochte trotz aller Anstrengungen nicht, auch nur ein vernehmliches Wort über die Lippen zu bringen und nahm in hilfloser Bestürzung das Urteil entgegen, daß ich – ein großes Mädel von fünf Jahren – mich mit Schande beladen habe. Der kurze Spruch Papas schloß mit dem Befehl: ›Hinaus!‹

Noch hatte ich auf meinem Rückzug das Eingangszimmer nicht durcheilt, als Papa mir nachkam, die Tür vor mir öffnete, mich hinausschob und mit einem raschen Wurf das ganze Alphabet über mich ausstreute. Dann flog die Tür hinter ihm zu, und ich kauerte am Boden, sammelte hastig die Kartenblättchen in meine Schürze und lief, so rasch ich konnte, davon.

Und nun muß ich sagen: dieser Buchstabensprühregen, den mein Vater mir damals nachschickte, ist die einzige ›Gewalttat‹ gewesen, die ich je durch ihn erfuhr. Seine Hand hat mich nie unsanft berührt, er hat seine Stimme nie laut gegen mich erhoben, dieser fürchterliche, liebe, gute Papa.«

Danach begann der Reigen von Gouvernanten und Hauslehrerinnen, darunter auch ein Drachen, der die Mädchen länger unbeachtet quälen konnte, weil Maman Eugénie nach der Geburt eines Kindes, das bald wieder starb, selber mit dem Tode rang und ihm nach schweren Krankenwochen erlag. Wieder ein tiefer Schmerz für den Vater, wieder die Hilfe aus der Familie: Seine Schwester Helene gab ihre Selbständigkeit auf und übernahm die Leitung des Hauses und die Erziehung seiner unterdessen fünf Kinder.

Weil die beiden Ältesten, wie der Vater meinte, lesen und schreiben konnten und ihnen ein Lehrer in Wien im Winter etwas Rechnen und Geographie beigebracht hatte, wurde der Unterricht beim Verwalter nicht wieder aufgenommen, sondern eine französische Gouvernante ins

Haus geholt. Sie beschränkte den ihren auf Grammatik und Auswendiglernen von Lafontaine-Fabeln. Aber das reichte Marie nicht aus, sie verlangte nach mehr, und sie begann, auf eigene Faust Bücher zu entdecken: eine wunderbar dicke Universalgeschichte und die Märchen von Perrault, damals noch nicht illustriert. Sie schrieb dazu: »…in vollster Freiheit waltete unsere Phantasie und wurde da schöpferisch, wo sie heute nur eine Nachempfinderin zu sein braucht. Meine Illustrationen dazu malte ich mir selbst in die Lüfte.«

Im Winter in Wien kamen Tanz und ein solcher Klavierunterricht dazu, daß die Kinder ganz regelmäßig ihr Morgengebet »mit dem dringenden Flehen schlossen: ›Lieber Gott, mache, daß Frau Krähmer heute nicht kommt!‹«

Doch jeden Morgen erschien die Klavierlehrerin, pflichttreu und pünktlich, und das waren die Wörter, die für die Erziehung allgemein galten. Gesellschaftlicher Drill bedeutete alles, wurde selbst von der verehrten Großmutter Vockel resigniert akzeptiert. Sie neigte jedoch zum Nachgeben und nahm alles klaglos hin, was das Schicksal ihr zu tragen gab. Sie pflegte immer zu sagen:

»Alles geht vorüber, alles wird gut!« Oder: »Nur gescheit! Nur gescheit!«

Und der Vater? Marie hat auch ihn verehrt und aus ganzem Herzen geliebt, war jedoch klarsichtig genug, ihn so zu schildern: »Mit einem großen Vorrat an positivem Wissen hatte er sich nicht beladen und lebte in dieser Beziehung von der Hand in den Mund«, schrieb sie später, betonte aber im gleichen Atemzug um so mehr seinen guten klaren Verstand, seinen Schönheitssinn, seine Schlagfertigkeit und seine Beobachtungsgabe. Diese Beobachtungsgabe hatte Marie in hohem Maße geerbt. Durch nichts abgelenkt und in ihrer Sehnsucht, die Welt bis ins tiefste zu erfassen, nahm sie wirklich alles auf, was sie sah, und hielt genauso präzise und bildhaft fest, wie sich im Sommer 1839 der Geist der Neunjährigen zum ersten Mal auf einen eigenen Weg machte. Noch wußte das Kind nicht, welches Material seiner Begabung fehlte, aber es nahm das, was die Sinne ihm boten, nicht mehr als sicher und unbezweifelbar hin: »Der Himmel, zu dem ich empor sah, die Sonne, der Mond, die Sterne und die Landschaft, die mich umgab, und was sie belebte oder vielmehr zu beleben schien, das alles war nicht. Meine Augen nur zauberten es hin. Wohin mein Blick fiel, wölbte sich das Firmament, breitete ein Stück Erdenwelt sich aus. Wohin aber mein Blick nicht drang, da war das Nichts, die Leere. Vor mir die Welt, hinter mir das schreckliche Nichts, grau, stumm, tot. Oh, wie brannte ich darauf, ihm einmal auf die Spur zu kommen, diesem Nichts! Unheimlich war's und häßlich sich immer sagen zu müssen: es gähnt hinter dir her, macht sich breit in seiner grenzenlosen Armut und unaussprechlichen Langweiligkeit.

Nein, ich wollte mich nicht beständig von ihm narren lassen, ich wollte es entlarven und ihm auf sein schnödes Geheimnis kommen. Und ich rannte, so schnell ich nur konnte, in den Garten tief hinein, bis an den Zaun, und dort, rasch wie ein Blitz, sah ich mich um … Aber das war schon wieder alles aufgestellt, die Gesträuche, die Bäume, die Blumenbeete und Wiesen. Meine Augen waren immer zu langsam gewesen, kamen immer zu spät.

Manchmal faßte ich kühne Entschlüsse. Wenn die Menschen nicht sind, wenn ich sie mir nur einbilde, will ich sie mir so einbilden, wie sie sein müßten, um mir bequem und angenehm zu sein. Ich will mir einen Papa einbilden, den ich nicht fürchte, und eine Gouvernante, die mich nicht quält. Und einen in diese Weise umgestalteten Papa, einer Mademoiselle Henriette, die eitel Liebe und Güte war, begegnete ich dann mit einer unbefangenen Vertraulichkeit, die äußerst mißfälliges Staunen erregte und mir manche Strafe zuzog. Das war gleichsam der stimmende Akkord zu der Erfahrung, die ich im späteren Leben so oft machen sollte. Über keines der Wesen, die ihre Existenz wirklich nur unserer Einbildungskraft verdanken, haben wir unumschränkte Macht. Wir können sie ins Leben rufen, sie aber nicht handeln lassen nach unserm bloßen Gefallen. Sind es Menschen, die den Namen verdienen, dann haben sie ihre eigenen Gesetze, müssen tun nach ihrer eigenen Natur und sich aus diesem Tun ihr Schicksal bereiten.

Zu jener Zeit, in der die irdische Welt mir zu einer Sinnestäuschung herabgesunken war, hatte ich mir eine andere, eine so schöne hergestellt, wie eine Kinderphantasie sie nur jemals schuf. Sie befand sich weit drüben jenseits der Berge und eines großen Meeres. An heißen Sommertagen, wenn die Sonne im Scheitel stand und Sonnenstäubchen glitzerten wie Diamanten, – wenn ich da recht lang zum Himmel hinaufblickte, da glaubte ich in der leuchtenden Bläue mein Land sich spiegeln zu sehen. Seine Wälder waren immer dicht, immer blühten seine Blumen und reiften seine Früchte. Die Männer waren Göttergestalten, die Frauen alle wie Feenköniginnen. Die Hauptsache aber waren die unzähligen Kinder, von denen mein Land wimmelte. Sehr verschiedene Kinder und durchaus nicht alle gut und schön, aber alle so vollkommen frei wie junge Füllen auf unabsehbaren Weiden. Ich malte mir ihr buntes Treiben, ihre Spiele und ihre Kämpfe aus, ich dachte mich in sie hinein, ich war sie. Einmal die, einmal der, einmal das mit allen Tugenden geschmückte, opferdurstige Mädchen, einmal ein übermütiger wilder Junge. Nicht immer konnte ich dann die Gestalt, in der ich eben einhergewandelt war, sofort ablegen. Es blieben Überreste von ihr an mir haften. Und wieder überraschte ich meine Umgebung durch ein Gebaren von ganz besonderer Art. Gewöhnlich holte meine Schwester mich herab von einem Gipfel der Vollkommenheit oder strafte mein keckes und bubenhaftes Benehmen, indem sie ein sehr trauriges Gesicht machte, mich mit schmerzlicher Mißbilligung ansah und sagte: ›Du bist aber heute wieder so kurios!‹ Damit brachte sie mich augenblicklich zu mir, denn kurios sein wollte ich um keinen Preis. Es erschien mir, ohne daß ich einen Grund dafür hatte anführen können, sehr schimpflich.«

Das wird künftig ihr Schicksal werden, sie kann noch so oft und rasch versuchen, sich wieder »zu sich zu bringen«. Ihre Familie, ihre Standesgenossen werden sie immer wieder als kurios empfinden, werden höflich zuhören, wenn sie ihre Geschichten vorliest, aber ebenso vernichtend schweigen, weil sie nur so die Anstößigkeit negieren können.

Aber wieder hatte Marie Dubsky Glück: es gab in allen kommenden Jahren immer einen Menschen, der erkannte, wer sie war und was sie wollte, und der nicht zuließ, daß sie aus Bescheidenheit oder Anstand oder auch Ängstlichkeit die Feder aus der Hand legte.

Wenn die Schwester die ersten Gedichte der zehnjährigen Marie las und »in ihrer sanften Art sagte: Ach geh, mach doch keine Gedichte!«, so las der Vetter Moriz Ebner, damals siebenundzwanzig Jahre alt, die französischen Reime, ohne einen Ton zu sagen, und brachte ihr tags darauf eine Rolle mit handgeschriebenen deutschen Gedichten eines damals sehr beliebten Lyrikers mit der Aufforderung, wie dieser in deutscher Sprache zu dichten. »Innerlich fand meine Umgestaltung aus einer französischen in eine deutsche Dichterin geschwinder statt, als je die Verwandlung einer Raupe in einen – sagen wir – Kohlweißling stattgefunden hat.«

Der erste Besuch im Theater und die dritte Heirat des Vaters, 1841, brachten nach der verständlichen Angst vor einer neuen Stiefmutter die nächsten Anstöße. Der Vater besaß wie viele seinesgleichen eine Loge im Burgtheater, aber Marie und ihre Schwester wurden mit ihren neun und zehn Jahren in das Theater an der Wien geführt und sahen »Mädchen aus der Feenwelt« von Ferdinand Raimund.

Marie kam vollkommen berauscht nach Hause und fing an, sich ein Theaterstück nach dem anderen auszudenken, die sie den Freundinnen und Altersgenossinnen erzählte oder mit ihnen aufführte.

Als die neue Stiefmutter ins Haus kam, Xaverine Gräfin von Kolowrat, tauschte sie die französische gegen eine deutsche Gouvernante aus. Sie brachte insgesamt eine gewisse Eleganz in das Rabenhaus und vor allem in das alte Schloß, malte, sang und las gerne deutschsprachige Literatur und »im September, an meinem Geburtstag, erlebte ich das für mich vielleicht denkwürdigste Ereignis meiner Kinderjahre: Mama schenkte mir Schillers sämtliche Werke in einem Bande. Ein großes, dickes, prächtiges Buch, eng gedruckt, ein Reichtum, nicht zu erschöpfen, und wenn ich hundert Jahre alt würde. In den ersten Tagen, im ersten Rausche des Besitzes, war von systematischem Lesen keine Rede. Ich glaube, daß es eine der Balladen gewesen ist, die mich umfing wie eine feurige Umarmung und mich erhob in einen Bereich von nie geträumter Herrlichkeit. Das gibt's? – Das gibt's? – Daß meine Stiefmutter Unrecht gehabt hat, mir, dem elfjährigen Kinde, die Werke Schillers zu schenken, kann ich heute noch nicht einsehen. Ich werde es meinen Eltern auch danken, daß sie im Laufe des folgenden Winters meine Schwester und mich an jedem ihrer Logentage ins Burgtheater mitnahmen. Wir sahen alle klassischen Stücke, die auf der damals ersten deutschen Bühne zur Aufführung kamen. Wir sahen ›Das Leben ein Traum‹ und fühlten uns in den Himmel getragen von dem Schwung seiner Verse, wir sahen ›Wallenstein‹ mit Anschütz in der Titelrolle, ›Maria Stuart‹, ›Hamlet‹, wir sahen den Prinzen in ›Emilia Galotti‹ von Fichtner so hinreißend und liebenswürdig dargestellt, daß wir herzlich wünschten, der alte Edoardo möge doch ihm seinen Segen geben zur Vermählung mit Emilia …« Sie sahen »Minna von Barnhelm«, »Egmont« und vieles andere. »Marie begann mit ihrer neuen deutschen Lehrerin, Marie Kittl, über Literatur zu diskutieren und führte die Auseinandersetzung über die Möglichkeiten und Grenzen dichterischen Ausdrucks auch weiter, als Fräulein Kittl zwei Jahre später nach Prag in Stellung ging. Die Antwortbriefe der Lehrerin sind erhalten, und man kann verfolgen, wie sie immer wieder tapfer versuchte, den Überschwang und die oft aggressive Herausforderung des Mädchens zu bremsen und zur Wohlanständigkeit zu führen, liest aber auch: ›Du Liebling aller Herzen, wie machst du es, daß man für dich immer mehr hat als für die anderen und dich nie mehr vergessen kann?‹«

Im folgenden Jahr starb die Großmutter Vockel, und Marie bekam vom Vater den Auftrag, deren Bibliothek zu katalogisieren. So las und schrieb sich die Dreizehnjährige durch die Standardwerke der Klassiker, las Lessing und Herder und die griechischen und römischen Schriftsteller und beschloß endgültig, Schriftstellerin zu werden, und zwar die erste und größte ihrer Zeit und ihres Landes.

Vetter Moriz, wieder schweigend, versorgte sie mit anderer Literatur, mit Sachbüchern, auch naturwissenschaftlichen Werken, die ihr helfen sollten, die durch eine vollkommen unsystematische und planlose Erziehung noch vorhandenen Wissenslücken zu schließen. Ihre Stiefmutter aber wollte von einem Fachmann wissen, was von den poetischen Versuchen ihrer unbändigen Tochter zu halten wäre, schickte Grillparzer ein Heft Gedichte und bat um sein Urteil. Zu ihrer Verblüffung antwortete der bekannteste und damals am höchsten geachtete Dichter Österreichs:

»Gnädigste Gräfin! – Die Gedichte zeigen unverkennbar ihre Spuren von Talent. Ein höchst glückliches Ohr für den Vers, Gewalt des Ausdruckes, eine vielleicht auch nur zu tiefe Empfindung, Einsicht und scharfe Beurteilungsgabe in manchen der satirischen Gedichte bilden sich zu einer Anlage, die Interesse weckt, und deren Cultivirung zu unterlassen wohl kaum in der eigenen Willkür der Besitzerin stehen dürfte.

Was noch fehlt, ist jene Reife, die den Dichter erst zum Künstler macht, jene durchgehende Beständigkeit, die den Gedanken ungehindert auf den Zuhörer (oder wohl gar Leser?) überträgt. Junge Frauenzimmer sind jungen Männern im gleichen Alter an Verstand und Einsicht gewöhnlich um mehrere Jahre voraus; aber eines fehlt ihnen, was uns unsere mitunter abgeschmackten methodischen Studien geben: Ordnung in den Gedanken. Daran fehlt es zum Teil in diesen Gedichten, namentlich wo sie zu schildern suchen und die Empfindung der Begebenheit störend in den Weg tritt.

So viel im Allgemeinen und in Eile. Vielleicht ist es mir gegönnt, Einzelnes und Näheres nachzutragen.

Hochachtungsvoll ergebenst Grillparzer«

Marie Dubsky brauchte nie ermahnt zu werden, strenge Maßstäbe an ihre Arbeit anzulegen. Sie hatte auf dem Tisch der Großmutter ein historisches Buch gefunden, die Geschichte der spanischen Infantin Anna von Österreich, die um des Friedens zwischen dem Habsburgischen Spanien und Frankreich willen mit Ludwig XIII. verheiratet worden war und in Richelieu und Ludwigs Mutter Maria von Medici starke Feinde fand. Das Buch »hatte mir einen herrlichen Dramenstoff geschenkt, den ich im Laufe der Zeit immer reicher ausgestaltete. Alles, was in mir lebte an Vergötterung des Schönen, an Verachtung und Haß des Schlechten und Gemeinen und nicht zumindesten an übermütigen Humor, mit dem ich oft verletzte und Anstoß erregte, alles ließ sich da hineinschütten wie in eine eigens mir zu Lieb und Ehr geformte goldene Schale. Cinq-Mars war mein Held, der junge, leichtsinnige, leichtgläubige Günstling Ludwigs XIII., der seinen Herrn von der erdrückenden Tyrannei des allmächtigen Ministers Richelieu befreien will, im tollkühn unternommenen Kampf mit dem Riesen unterliegt und nach einem Augenblick des Verzagens prachtvoll stirbt.«

Ein Stoff, an dem das Mädchen jahrelang arbeitete, bis es »eine ganze kleine Armee von Manuskripten hatte« und das Drama nicht mehr »Cinq-Mars«, sondern »Richelieu« hieß.

»Seine Gestalt wuchs und wuchs riesenhaft vor mir empor, bis sie mir − entwuchs und ich begriff, daß ich aus meiner Blindheit über ihre Größe den Mut geschöpft hatte, sie darzustellen. Allmählich waren die Augen mir aufgegangen, ich wußte: mit all meiner Begeisterung, all meinem Fleiß habe ich nur ein Pfuschwerk zustande gebracht. Durchaus nicht in einem Verzweiflungsanfall, ganz ruhig schichtete ich dann meine ›Cinq-mars‹ und ›Richelieus‹ im Ofen sorgfältig und nett zu einem Scheiterhaufen zusammen und zündete sie an. Er rauchte erst sehr stark, dann lohten schöne Flammen auf. Die Blätter – viele von ihnen waren kalligraphiert und illustriert – wanden und krümmten sich wie in Schmerzen, Fünkchen – Klosterfrauen, die in ihre Zellen eilen, nennen sie die Kinder – huschten über den Zunder. Nun lag ein unförmiger Pack schwarzer, schmutziger Fetzen da – als Frucht so vieler Mühen. Hätte eine Vision mich dieses Ende sehen lassen, … würde ich die Arbeit, die zu diesem Resultate führte, unternommen haben? Fast glaube ich: ja.« Sie schrieb, und das ist der letzte Satz ihrer skizzenhaften Autobiographie: »Ich war kein Kind mehr.«

Das nächste Kapitel wird das ihrer Ehe mit ihrem Vetter Moriz von Ebner-Eschenbach sein. Das war ein bewußter Schritt in die Wirklichkeit.

Das Thema ihres Dramas stand noch zwischen Traum und Wirklichkeit, zwischen Schillers glühender idealistischer Unbedingtheit und dem Ruf nach Freiheit, der in Europas Monarchien immer wieder ertönte, seitdem Marie am Leben war.

Als sie 1830 geboren wurde, lebte Goethe noch. Als sie mit 86 Jahren starb, war die k. und k.-Monarchie am Ende.

Maries Todesjahr, 1916, ist auch das von Franz Josef. Er war so alt wie sie, wurde am 18. August geboren, Marie Dubsky am 13. September. Sie heiratete 1848, mit achtzehn Jahren, und er wurde 1848 mit achtzehn Jahren Kaiser. Sein Erbe war schwerer als ihres, denn sein Onkel Ferdinand war zurückgetreten, weil er mit den wachsenden Oppositionen in seinem Kaiserreich nicht mehr fertig wurde: in Böhmen Unruhen der Literaten, in Ungarn Unruhen der Liberalen und Nationalen, in Polen und in Italien die Vorboten der Revolution von 1848, die all die alten Monarchien Europas erschütterten. Die Kaiserfamilie floh nach Innsbruck, kehrte endlich im August widerwillig nach Wien zurück, was dort den blutigen Oktoberaufstand ausbrechen ließ. Der Kriegsminister Latour wurde auf dem Platz »Am Hof« öffentlich gehängt, und die Stadt war in der Hand der Revolutionäre. Das war der Augenblick, in dem der Kaiser aufgab und einem Achtzehnjährigen das Schicksal des Landes überließ.

Was war das damals für ein Land, von dem heute nur noch ein geringer Bruchteil übriggeblieben ist, der jenen Namen trägt, der im vorigen Jahrhundert immer wieder umgeändert worden war?

Marie Dubsky wurde in das junge österreichische Kaiserreich hineingeboren. Hunderte von Jahren waren die Habsburger die Herrscher des Heiligen Römischen Reiches Deutscher Nation gewesen. Erst Napoleons Siege über alle Fürsten Europas hatten diesem Reich ein Ende gesetzt, und als sich Napoleon zum französischen Kaiser ausrufen ließ, erklärte sich Franz von Habsburg-Lothringen, der als Franz II. 1792 zum Deutschen Kaiser gewählt worden war, zum Erbkaiser von Österreich und vereinte alle seine Staaten zu einem Ganzen, dem Kaisertum Österreich.

Das war 1804. Zwei Jahre später, nach der Errichtung des Rheinbundes, verzichtete Franz auf die deutsche Kaiserwürde und nannte sich Franz I., Kaiser von Österreich. Er konnte nicht damit aufhören, immer wieder Kriege gegen Frankreich zu führen und hatte sie ebenso als Deutscher Kaiser wie als Kaiser von Österreich verloren. Und obwohl er in seiner Regierungszeit die Lombardei und die Niederlande verloren, dafür Venezien gewonnen hatte, nach der dritten Teilung Polens auch Westgalizien, aber im übernächsten Krieg, 1809, alles samt Salzburg und halb Kärnten wieder verloren hatte, vorher 1805 schon Vorderösterreich, Tirol, Dalmatien, Istrien und Venezien, und es fast zu einem Staatsbankrott gebracht hatte, konnte er zum Schluß noch Land für sein neues Kaiserreich gewinnen. Denn 1814 bekam er die früher verlorenen Erbländer wieder zurück, das sogenannte Oberitalien, und nach dem Wiener Kongreß von 1815 war die österreichische Monarchie um über 8000 qkm gewachsen. Dank der geschickten Verhandlung von Metternich übte sie als sogenannte Präsidialmacht im Deutschen Bund einen Einfluß auf die politische Entwicklung in den anderen deutschen Bundesländern aus, die – je nach Standpunkt – als klug oder erdrückend bezeichnet wurde, die aber zweifelsohne reaktionär war.

Als im Geburtsjahr von Marie Dubsky in mehreren deutschen Ländern revolutionäre Unruhen ausbrachen, versuchten die österreichischen Vertreter im Deutschen Bund, in diesem Sinne der Wiederherstellung alter Zustände auf die einzelnen deutschen Regierungen einzuwirken.

Auch Franz' Nachfolger, Ferdinand I., änderte nichts an dieser Haltung. Nur so meinte er, sein Riesenreich zusammenhalten zu können.

Österreich, das fast ein Fünftel von Europa umfaßte, reichte von der sächsischen Grenze im westlichen Norden bis nach Krakau (nach 1846) und Lemberg im östlichen Norden, von Siebenbürgen im südöstlichen Zipfel bis

26

Cattoro an der Adria im äußersten Süden, über Pola, Trient und Vorarlberg bis zur bayerischen Grenze. Dieses Österreich bestand aus 8000 km Land- und 2200 km Meeresgrenze. Es hatte, als Marie Dubsky geboren wurde, 1,5 Millionen Einwohner, die etwa 15 Nationalitäten mit mindestens so vielen Sprachen angehörten, und in den Kinderjahren Maries erhoben sich überall die nationalen Oppositionen und forderten eigene Rechte.

Sie wuchs inmitten der stärksten Nationalgruppe auf. Die Slawen, mit 46 Prozent in der gesamten Monarchie die größte Gruppe, waren fast überall vertreten, in Mähren, Böhmen, Krain, Galizien, Ungarn, Schlesien und so weiter. Der Anteil der deutschen Bevölkerung betrug zum Beispiel in Mähren nur ein Drittel. Das waren die Beamten, der Adel, das Großbürgertum. Doch trotz ihrer Übermacht spielten die Slawen noch keine politische Rolle. Zu verstreut lebten sie in der Monarchie, zu zahlreich und verschieden waren Sprache und Religion von Tschechoslowaken, Ruthenen, Polen, Slowenen, Serbokroaten, Bulgaren und so weiter. In Böhmen begannen allerdings die tschechoslowakischen Schriftsteller eine eigene Opposition. Identität durch Sprache, Sprache als Ort der Kultur.

Das war ein Problem des Vielvölkerstaates, das auch der Kultur eine ganz andere Bedeutung verlieh. Ob Kaiser oder Adel: wenn sie das Österreichische zu betonen versuchten, hätten das Ungarische oder Böhmische oder Italienische ein gleiches Gewicht mit gleichem Anspruch bekommen. Das Deutsche in Sprache und Kultur diente besser als übernationale Bindung. So begriff sich der Kaiser bis 1866 als deutscher Fürst, so war für Marie Dubsky die deutsche Dichtung der selbstverständliche Maßstab. Und diese hatte gerade jenen klassischen Höhepunkt erreicht, der ihr in ganz Europa Bewunderung einbrachte.

Das hinderte die verschiedenen deutschsprachigen Monarchien jedoch nicht daran, in diesem Jahrhundert eine Reihe von Kriegen gegeneinander zu führen, die das Bild des alten Europas endgültig veränderten. Kriege um Besitz und Vorherrschaft, Kriege gegen das Verlangen ihrer Völker nach Freiheit in Sprache, Wort und Tat. 1859 verlor Österreich wieder die Lombardei, 1864 gewann es gemeinsam mit Preußen Schleswig und Holstein, 1866 mußte es Venezien abgeben, wurde aus dem Deutschen Bund hinausgedrängt und verlor die Schlacht von Königsgrätz gegen Preußen. Das war die endgültige Wende in der Kriegsführung, und das war die endgültige Trennung. Nun erst begann die Spaltung zwischen Norden und Süden, nun begann, da die Preußen durch die moderneren Waffen, durch das Zündnadelgewehr, gesiegt hatten, die verhängnisvolle Betonung der Rüstung als Garant von militärischen Siegen. Und für Franz Josef begann das Problem, die Staatsschuld auf seine Kronländer zu verteilen, was schließlich zu dem sogenannten Ausgleich mit Ungarn führte, ein finanzieller Ausgleich, begleitet von der Gewährung anderer politischer Rechte, so daß das Kaiserreich Österreich nach 1868 Österreichisch-Ungarische Monarchie hieß und Franz Josef: Kaiser von Österreich, König von Ungarn etc.

Diese Geburt der k. und k. Monarchie ließ auch Böhmen nach einem ähnlichen Ausgleich verlangen, es kam aber nur zu der 1880 erlassenen Sprachverordnung für Böhmen und Mähren, nach der den Beamten befohlen wurde, sich im Verkehr mit den Parteien der Sprache zu bedienen, die diese sprachen.

In diesen Kriegen, in denen die Treue zum Kaiserhaus das Schlüsselwort des Ehrgefühls aller Offiziere und das Selbstverständlichste für die österreichische Aristokratie

war, spielte der Mann, den Marie Comtesse Dubsky heiratete, eine hervorragende Rolle.

Moriz von Ebner-Eschenbach, der einzige Sohn ihrer
Tante Helene, hatte eine glänzende Karriere begonnen
und war auf seine Art ebenso ungewöhnlich begabt wie
Marie. Mag sein, daß diese Eigenschaften, die immer nur
mit einem leichten Mißtrauen akzeptiert wurden, sie
schon innerhalb der Familie angezogen haben, als Marie
noch ein Kind war und nach Art vieler Hochbegabter
durch ihr Verlangen nach etwas, das sie noch gar nicht be-
nennen konnte, als aufsässig, als störend, als kurios betrachtet wurde. Moriz schien immer derjenige gewesen zu sein,
der seine Cousine bis ins Herz hinein erkannte und deshalb in dem, was er ihr sagte oder riet, recht gehabt hatte,
recht für sie.

Als Marie ihm ihr Jawort gab, und sie 1848 heirateten,
war Moriz Soldat und Wissenschaftler, als Professor Mitglied der Ingenieur-Akademie und als technischer Erfinder bereits bekannt.

Ebners Vater hatte noch unter Loudon gegen die Tür-
ken gekämpft, Seite an Seite mit dem jungen Radetzky,
und war 1820 als Feldmarschall-Leutnant und Leiter des
Geniewesens, des militärischen Ingenieurwesens, gestorben. Doch in jenen nachnapoleonischen Jahren reichte
auch die Pension einer Offizierswitwe nicht sehr weit. So
zog sie zu ihrem Bruder ins Rabenhaus, und Moriz wurde
wie sein Vater Soldat. Nach dem Theresianum also Militär-
Akademie, Ingenieur-Leutnant, kurzer Einsatz bei dem
Bau der Olmützer Festungswerke, die zur nördlichen Ver-
teidigungskette des k. und k.-Reiches gehörte, dann die
Bewerbung um eine Professur der Physik und Chemie in
der Ingenieur-Akademie, die ihm 1840 zuteil wurde.
Abermals Studium, kollegiale Freundschaften mit Natur-

wissenschaftlern seiner Zeit und erste eigene Experimente. Er soll der erste gewesen sein, der in Österreich Schießbaumwolle in seinem Laboratorium erzeugte. Ebners Mentor war Ernst Mach, der Philosoph und Physiker, der wie Marie Dubsky an der Realität der Dinge zweifelte und sie in seiner sogenannten funktionalistischen Existenztheorie als bloße Empfindungskomplexe definierte, aber durch seine wissenschaftlichen Studien zur später nach ihm benannten Zahl kam, mit der man das Verhältnis der Geschwindigkeit eines Körpers in dem ihn umgebenden Medium zur Schallgeschwindigkeit dieses Mediums bestimmen kann. Poetischste Philosophie und exakteste Mathematik – das eine schien wie bei Lewis Carroll, ungefähr zur gleichen Zeit in England, das andere zu fordern, und es ließ sich noch nicht ahnen, zu welchen Konflikten, auch der Moral, die Loslösung des einen vom anderen und die rasende Entwicklung der Technik führen würde.

Noch kann eine achtzehnjährige Braut, die eine der größten Schriftstellerinnen Österreichs werden wird, stolz darauf sein, daß ihrem künftigen Mann von seinem Mentor bezeugt wird, er habe sich »in ausgezeichneter Weise bemüht, die veraltete Minenzündung durch eine elektrische zu ersetzen; die elektrische Telegraphie für den Felddienst verwendbar zu machen; und einen Scheinwerfer zu konstruieren, der dem Feinde den Vorteil der ungestörten Nachtarbeit entziehen sollte.«

1848 heirateten die beiden ältesten Töchter des Grafen Dubsky: Friederike den Grafen Kinsky, der sie mit nach Prag nahm. Beide Hochzeiten wurden in Zdisslawitz gefeiert. »Hochzeitsreisen waren damals nicht üblich«, schrieb Ebner in seinen Memoiren, »so führte ich meine junge Frau nach Wien in unser neues Zuhause.«

Das war der Sternhof auf dem Jordansplatz, und es war

der Frühling der Revolution. Ihre äußere Ursache war das, was in Paris im Februar geschehen war: die Ausrufung der Republik. Studenten, Arbeiter und Nationalgarde hatten die Abdankung des Bürgerkönigs gefordert und erzwungen, und die österreichische Regierung versuchte zunächst vergeblich, diese Nachrichten zu unterdrücken. Doch aus Ungarn, aus Preßburg kam die mißliebige Information doch ins Land. Ludwig Kossuth hatte dort im Landtag die erste Revolutionsrede gehalten, und auch in Wien forderten die Bürger nun Veränderungen.

Doch gerade das hatte Kanzler Metternich seit dem Wiener Kongreß zu vermeiden versucht. Der große Skeptiker glaubte, nur die Natur brächte etwas anderes hervor, der Mensch dagegen sei zu keinen Veränderungen fähig. So mußte er das Bestehende wahren, und im März und April 1848 besaß er noch die Macht, diese Idee auch politisch durchzusetzen.

Marie und Moriz Ebner hatten vor diesen Ereignissen geheiratet und in Zdisslawitz nur von Verwandten, die aus dem unruhigen Wien abgeholt wurden, von den Geschehnissen dort und von der Flucht des Hofes erfahren. Empörung und Trauer – das waren die Reaktionen.

In Zdisslawitz herrschte in diesem Sommer wie immer tiefe friedliche Ruhe. Die Landbevölkerung hatte die Hochzeit der Grafentochter so festlich, wie es sich gehörte, gefeiert, und in den Novellen und Romanen, die Marie Ebner in den kommenden Jahren schreiben würde, kann man nachlesen, wie wahrhaft biedermeierlich selbst diejenigen in der Provinz dachten und redeten, die sich für revolutionär hielten.

»In einer stürmisch bewegten Zeit«, schrieb Ebner, »hatten wir unser Heim gegründet. So tiefer Friede dort herrschte, so unruhig ging es in der Umgebung zu.«

So wird es ihn auch beruhigt haben, Marie im Sommer wieder nach Zdisslawitz bringen zu können, »um mit ihr der Trauung ihrer Schwester beizuwohnen«.

Sehr viel dichter am Zentrum dieses ersten Aufstandes war jene Frau gewesen, die eine der besten und treuesten Freundinnen von Marie Ebner werden sollte, Louise Neumann. Sie gehörte mit ihrer Mutter Amalie Haizinger seit Jahren dem Burgtheater an, das damals korrekt »Kaiserliches Hoftheater nächst der Burg« hieß und erst 1888 in das neue Haus am Ring ziehen sollte.

Von diesem alten Theater nächst der Burg aus konnten die Frauen die erste Szene der Revolution miterleben. Denn unterdessen hatten Studenten eine Petition verfaßt: Presse- und Redefreiheit, Lehr- und Lernfreiheit, Gleichstellung der Angehörigen aller Religionsgemeinschaften, allgemeine Volksvertretung, öffentliche Gerichtsverfahren. Mit dieser Petition zogen die Studenten zum Landhaus in der Herrengasse, wo sich eine große Menschenmenge versammelte, und gingen von dort mit einer Abordnung der Ständevertreter, die willens war, die Wünsche des Volkes zu befürworten, zur Hofburg, also zum Kaiser.

»Am 13. März 1848, als wir eben Probe von einem neuen Stücke Friedrich Halms hatten, es hieß ›Verbot und Befehl‹, da rief man uns plötzlich an das große Fenster unseres Konversationszimmers, welches die Aussicht auf den Michaelerplatz hatte. Dort sammelten sich Menschen zu dichten Massen, aus der Herrengasse kam ein geschlossener Zug fein gekleideter Herren, hinter ihnen eine Schar Studenten, die festen Schrittes in den Burghof marschierten. Das war der Beginn einer Revolution, die mit dem Spazierstocke in der Hand anfing und mit blutigen Köpfen endete. Natürlich wurde die Probe unterbrochen, wir eilten alle nach Hause und harrten der Dinge, die da kommen sollten, die nun längst bekannt – ja eigentlich schon Geschichte geworden sind. Nachmittags gab es Barrikaden und Verwundete, am 14. wurde Presse-Freiheit proklamiert, die Bewaffnung der Bürger gestattet.« Die Reaktion auf diese Abordnungen jedoch war verhängnisvoll. Zaudern des Kaisers, Bereitschaft zu Zugeständnissen, schließlich jedoch das Ja zu Metternichs bedingungslosem Nein zu allen Zugeständnissen.

Danach brachen die Unruhen erst richtig aus, begann der blutige Bürgerkampf. Und die Reaktion der Louise Neumann zeigt wieder die Linien, die sich überschnitten. Da war, in Korrespondenz mit dem seit altersher übernommenen Glauben des Kaisers an sein Gottesgnadentum, die fast familiäre Kaisertreue der Bürger und des Adels. Aber gleichzeitig wollten die Bürger, denen jahrzehntelang Reformen verheißen worden waren, die Freiheit im Schillerschen und im neuen republikanischen Sinne. So begrüßten vollkommen unpolitische Frauen wie Louise Neumann die Freiheit des Wortes, nun sie gewonnen war, »aber wir waren mit einem Mal in eine ganz andere Atmosphäre versetzt«, schrieb sie. Zuerst waren die Theater noch geschlossen, aber dann, als man der trügerischen Ruhe traute, wurden die Proben wieder aufgenommen. »In den Vorstädten griff man nun gleich nach den früher verbotenen Stücken und jetzt war auch bei uns der Auferstehungstag für die ›Karlsschüler‹ gekommen. … Am 24. April wurde das Stück zum ersten Mal gegeben. Die Besetzung war außerordentlich, aber einen solchen Jubel, wie an diesem Abend, hatte ich in unserem ruhigen Burgtheater noch nie erlebt. Das Stück wurde zahllosemal wiederholt und es war merkwürdig, wie man eigentlich der Volksstimmung den Puls fühlen konnte, an den Stellen, die sich auf die jeweiligen politischen Verhältnisse bezogen – je nach dem Beifalle, mit dem sie begleitet wurden.

So war denn mit einem Mal der Ernst des Lebens an mich herangetreten, meine Harmlosigkeit war dahin – und doch wurde weiter und weiter gespielt, als ob alles wieder beim Alten angelangt wäre, und man ahnte nicht, wie die Flocke, die gelöst war, sich langsam zur Lawine ausbildete.«

Louise Neumann hielt den neuerlichen Ausbruch der Revolution in Episoden fest, erzählte, was sie erlebte: »Vom 25. auf den 26. Mai wurde in der Nacht die Sturmglocke von St. Stephan geläutet, das Zeughaus geplündert und es wurden wiederum, aber dieses Mal zahllose Barrikaden gebaut. Mein Schlafzimmer ging in den Hof, ich hörte nichts, schlief noch den Schlaf des Gerechten – als mich meine gute Mutter um sechs Uhr früh aufweckte. Die arme Frau hatte bei dem wüsten Lärm kein Auge geschlossen, ihre Fenster gingen auf den Platz unweit des kaiserlichen Zeughauses. Sie hatte alles mitangehört und als endlich gegen Morgen etwas Ruhe eintrat und sie das Fenster öffnete, um ein bißchen frische Luft zu schnappen, stand mitten auf dem Platze ein geharnischter schwarzer Ritter mit aufgepflanzter Standarte, der schrie, als er sie erblickte: ›Da ist ja auch so eine schwarzgelbe Kanaille.‹ Sie prallte gleich zurück, duckte nieder, kroch ins Nebenzimmer, um aus der Schußlinie zu kommen …«

Das war ein ganz anderes Bild, ein ganz anderer Ton. Das Zeughaus, das war das Waffenarsenal. Die Aufständischen hatten sich bewaffnet, nun brauchten sie Geld, Material für Barrikaden, und Louise Neumann erzählt, wie die »Barrikaden-Männer« in ihre Wohnung eindrangen und Möbel verlangten, um daraus Barrikaden zu bauen, und wie ihre Mutter ihnen energisch entgegenrief: »Was wollet ihr denn mit meinem kleinen Schreibtischle für Barrikaden baue? Des isch ja zu schwach. Aber da drübe wohnt einer, der verkauft große Kischte, die passe besser dazu!«

Die Oktober-Ereignisse ließen keine Anekdoten dieser Art mehr zu. »Am 6. Oktober früh hörte ich wieder die Alarmtrommel schlagen, aber wir waren daran schon so gewöhnt, daß uns dieser Lärm keinen Eindruck mehr machte.« Sie wollte »den schönen Herbsttag noch im Freien genießen … Ahnungslos, was sich unterdessen in Wien vorbereitete, und als ich gegen Abend zurückfahren wollte, kam mir schon innerhalb der Linie ein verdächtig aussehender Pöbelhaufen entgegen, der johlte, schrie, den Livreekutscher vom Bocke reißen wollte und Triumph brüllte über die Ermordung des Kriegsministers Latour. Die Situation war entsetzlich; mit Schaudern empfand ich, daß nun die gefürchtete Lawine niedergegangen sei. … Als ich nach Hause kam, fiel mir meine gute Mutter vor Aufregung weinend um den Hals. Sie hatte das fürchterliche Schauspiel aus nächster Nähe erlebt, wie die Megären wirklich ›mit Entsetzen Spott getrieben‹ wie sie mit den Tüchern herumtanzten, die sie in des unglücklichen Latours Blut getaucht hatten. Und – nach all diesen vorangegangenen Greueln dekretierte der Reichstag abermals, es müsse zur Beruhigung der Gemüter im Burgtheater gespielt werden. Das war denn doch zu viel von uns begehrt – diesmal waren wir renitent …«

Die Nachricht von diesem Mord verbreitete sich wie ein Lauffeuer im ganzen Land. Moriz von Ebner erfuhr in Zdisslawitz, wo Friederike Dubsky gerade ihre Hochzeit gefeiert hatte, von der Ermordung des Mannes, den er gekannt und sehr geschätzt hatte. Das war ihm »der größte Schmerz, den er in seinem langen Leben erfuhr«. Er kehrte

sofort nach Wien zurück, sah, wie sinnlos die Nationalgarde eingesetzt worden war und daß trotz aller Gesetzlo-
sigkeit und Unruhe in dieser Woche nirgendwo Gewalt
angewendet oder Eigentum verletzt worden war.

Wie »ein Donnerschlag« kam ihm und sicher vielen die
Abdankung Kaiser Ferdinands vor, und die ersten Jahre
Franz Josefs waren nicht besser. Er folgte seinen Ratge-
bern, griff im eigenen Lande energisch durch, rief den Za-
ren Nikolaus gegen die aufständischen Ungarn zu Hilfe,
stimmte zu, daß dreizehn Generäle der Niedergeworfenen
und der gemäßigte Premier Graf Batthyány erschossen
wurden, sanktionierte zuerst eine liberalere Verfassung, nur
um sie zwei Jahre später wieder zu annullieren.

Vor diesen Ereignissen begannen die Ebners ihre Ehe,
allerdings konnten sie mit einer gewissen Erleichterung
Abschied von Wien nehmen. Denn die Ingenieur-Akademie war nach Mähren verlegt worden, in die ehemalige
Prämonstratenser-Abtei   Klosterbruck.   Moriz   Ebner
schrieb: »Der schöne und ausgedehnte Bau liegt an den
Ufern der Thaya, eine Viertelstunde von dem Städtchen
Znaim entfernt. Unsere Übersiedlung war rasch bewerk-
stelligt. Wir bezogen eine hübsche Wohnung, die die Aussicht teils auf das Thayatal, teils auf den Garten der Akademie hatte.«

Sein chemisch-physikalisches Laboratorium war im
ehemaligen Kapitelsaal untergebracht, und das junge Paar
genoß es auch, daß das Leben in Klosterbruck wesentlich
billiger war als in Wien. »Wir kamen uns beinahe reich vor
und hielten Wagen und Reitpferde. Oftmals erhielten wir
lieben Besuch von Freunden und Verwandten.«

Wenn Moriz Ebner Dienst- oder Studienreisen machte,
besuchte Marie den Vater in Zdisslawitz, die Schwester in
Prag oder reiste nach Wien, vor allem um ins Burgtheater

zu gehen. Denn sie nutzte die ruhige Zeit in Klosterbruck für neue literarische, vor allem dramatische Versuche und betrachtete das Burgtheater als eine der besten Lehranstalten.

In diesen ersten Jahren begann ihre Bekanntschaft mit Louise Neumann, die zu einer lebenslangen Freundschaft führte. Marie Ebner hatte sie in einem Winter, als sie noch ein Kind gewesen war, in einem Schauspiel gesehen und sofort grenzenlos bewundert. Friederike und sie bekamen damals, der Mode nach, englischen Unterricht, und als Marie wütend gefragt hatte, warum sie diese Sprache auch noch lernen müsse, hatte die Lehrerin erzählt, daß die berühmte Louise Neumann ebenfalls zu ihren Schülerinnen gehöre.

Schon schlug die Abneigung in Begeisterung um. »Wir staunten ein Wesen, das mit ihr im persönlichen Verkehr stand, wie ein Weltwunder an. Wir wollten wissen, ob sie ihr Glück denn auch ganz ermaß und Louise Neumanns Hefte mit gehörigem Respekt durchsah. Und wie waren diese Hefte beschaffen, und befand sich nie ein Fehler darin? Und warum lernte Louise Neumann Englisch? Wozu braucht sie, die alle Welt bezaubert, auch noch Englisch zu lernen? Ja, bekamen wir zur Antwort, sie ist eben sehr gescheit; sie weiß, wer die englische Sprache beherrscht, überragt in jeder Hinsicht alle, die sie nicht beherrschen. Und wie sie lernt! Und wie sie schwerste Worte ausspricht! Da können Sie sich ein Beispiel nehmen, meine kleinen Misses. – Natürlich wurde es sofort ein Ziel unseres Ehrgeizes, Louise Neumann an Eifer und Fleiß zu erreichen, und wenn wir einmal Außerordentliches geleistet hatten, nahm die Lehrerin zur Belohnung einen Brief mit, den wir an unsere Vielbewunderte gerichtet, und den sie zu übergeben versprach. Er wurde mit vereinten Geisteskräften aufgesetzt, bevor ich ins Reine schrieb; unter welcher Gemütsbewegung, das weiß Gott! Zu dieser Korrespondenz konnten doch nur hochfeine Bögelchen verwendet werden. Wehe mir, wenn ich eines verdarb; sie waren so teuer und wir hatten so wenig Geld! Von den schmalen Einkünften, die wir am Ersten jedes Monats bezogen, mußte unsere Armenpflege bestritten, mußten an den Namenstagen der Hausleute kleine Geschenke für sie, mußten überdies unsere Handschuhe gekauft werden. Doch das Briefchen war geboren, schmuck und zierlich, meistens rosenfarbig, und versank ins Ledertäschchen der Mistreß, dessen Bügel sich mit einem triumphierenden Schnapper über ihm schloß.«

Aber dann mußte Marie wieder einmal erleben, wie wenig man sich auf Erwachsene verlassen kann: die Engländerin dachte nicht daran, die Briefchen zu übergeben, dachte aber auch nicht daran, sie zu vernichten. So purzelten sie eines Tages aus dem übervollen Täschchen heraus. Aber: »Die Unglaubliche, auf einer langen Reihe von Wortbrüchen ertappt, kam nicht einen Augenblick aus der Fassung. Sie kehrte sogleich den Spieß um und behauptete, sie schäme sich unserer Albernheit. Wie hatten wir nur glauben können, daß sie einer berühmten Künstlerin zumuten werde, ihre Zeit mit dem Lesen von Briefen zu verlieren, die Kinder an sie richteten! … Wie kleine Tote, die ihr Geheimnis mit ins Grab mitnehmen, lagen unsere zerknitterten Briefchen vor mir, und ich besang den Eindruck, den ihr Anblick mir machte, in einem Gedicht, das ihr Los geteilt hat.«

Nun, 1850 brauchte es keine teuren Briefchen mehr. »In dieser Epoche«, berichtete Louise Neumann ihrerseits von ihrer »ersten Begegnung mit Marie Ebner, entweder durch meine englische Lehrerin oder einen Professor vermittelt, ich erinnere mich dessen nicht mehr so genau. Ich war damals sehr beschäftigt, vielfach belästigt und konnte den konventionellen Verpflichtungen nur in dringenden Fällen nachkommen, und so blieb unser Verkehr ziemlich oberflächlich. Ich habe sie mit dem gewöhnlichen Maß der Komtessen-Schwärmerinnen gemessen und ahnte nicht, was in ihr lag. Ich zog mich überhaupt von der Geselligkeit im allgemeinen zurück. Man erlebt nicht ungestraft ein Stück Weltgeschichte, wie es sich sichtlich vor meinen Augen abspielte, es lehrte mich den Ernst des Lebens erkennen. Viele meiner Bekannten, die durch die Revolution und deren Konsequenzen geschädigt wurden, zogen auf ihre Besitzungen – oder verließen Wien für immer. Die sonst so heitere Geselligkeit hörte auf ...«

Zwei Jahre später fand die nächste bewußte Begegnung statt. In Wien blühten seit der Metternich-Zeit die Lese- und Debattierzirkel, in denen sich nach der Art der deutschen Lesegesellschaften vor allem diejenigen trafen, die neuere und liberalere Ideen vortrugen. In einem solchen Kränzchen bei einem gewissen Fladung waren beide eingeladen, Marie Ebner und Louise Neumann. »Er war«, wie sie schrieb, »ein Original. Ein Mann für Alles. ... Fladungs Gesicht war freundlich und rosig. Er hatte eine sehr hohe, glatte Stirne, die erst im Genick durch einen kleinen Kranz von Härchen ihren Abschluß fand. Er sprach weich und süß. ... Dieser Mann genoß das unbedingte Vertrauen aller Mütter, die ihren Komtessen sogar erlaubten, in Begleitung der Gouvernanten Soiréen zu besuchen. Da war denn immer für einen künstlerischen Genuß gesorgt. In einer solchen Soirée wurde auch ich eingeladen, um Oskar von Redwitz kennenzulernen. Dieser war ... sehr in Mode. Er rezitierte seine tendenziösen Gedichte mit wahrer Begeisterung. Sein Vortrag war vortrefflich, er fühlte sich selbst als Apostel, und sein schöner Kopf erhöhte noch die Wirkung. Sein Auditorium war entzückt. Ich nicht minder, die Gouvernanten hauchten: ›Es ist auferbaulich!‹ Die kleine Marie Ebner saß neben mir, aus ihren Augen sprühte der Geist, sie sprach nicht – aus Bescheidenheit – aber ein kleiner Schelm in den Grübchen ihrer Wangen ließ mich ihre Gedanken über diese seichten Akklamationen erraten.«

Marie Ebners Biografin Bettelheim bemerkte dazu: »Fladung war gewiß niemals ein für sie maßgebender Kunstrichter, Redwitz ebenso wenig ihr Lieblingsdichter. Ohne Überhebung fühlte sie wohl an jenem Abend, daß sie ganz Anderes zu sagen und zu schaffen vermöchte als der Vielgepriesene, Vielgehätschelte.« Das war die Arbeit, in die sich Marie Ebner in der Stille von Klosterbruck vertiefte. Sie büffelte und holte alles das nach, was ihr die Komtessen-Erziehung vorenthalten hatte: deutsche Grammatik, Poetik, Sprachgeschichte. Sie zählte die Silben ihrer Verse, Hebung und Senkung, übte die verschiedenen lyrischen Formen, verglich Alexandriner mit Blankversen. Wenn Ebners in Wien waren und Moriz ohnehin mit seinen Studien beschäftigt war, nutzte Marie die Zeit und ließ sich von einem Lehrer in Logik und Ästhetik unterrichten und beschäftigte sich so gründlich wie eine Wissenschaftlerin mit Geschichte und Literaturgeschichte. Sie las alles, was ihr an Literatur und Sekundärliteratur zur Verfügung stand, und war trotzdem eine perfekte Hausfrau. Sie war, wie nicht nur Louise Neumann bemerkte, kein Mensch von vielen Worten, aber ihr Schweigen war beredet. Sie hatte Glück, ihre Erziehung hatte sie nicht verkümmern lassen. Sie hatte ohne Ungeduld gewartet, um ihr Eigentliches entfalten und formen zu können. In Moriz Ebner hatte sie gewiß den richtigen Ehepartner. Auch er war nicht von Äußerlichkeiten abhängig, kannte seine Frau seit ihren ersten Lebenstagen, so daß die Periode der gegenseitigen Anpassung entfiel. Die beiden Partner waren schon aufeinander eingestimmt. Sicher bekümmerte es sie, daß sie keine Kinder bekamen, aber es gibt kein Wort, keine Klage von ihnen über diesen Mangel. In den Aphorismen findet sich nur ein Satz, den Marie Ebner später dazu notiert hat: »Es gibt eine nähere Verwandtschaft als die zwischen Mutter und Kind: die zwischen dem Künstler und seinem Werke.«

Sie arbeitete mit einem Ernst, »den keine Mühe bleichet«, hat aber das meiste aus diesem ersten Jahrzehnt verbrannt oder in die Tiefe des Zdisslawitzer Archivs verbannt.

1856 gingen die Klosterbrucker Jahre zu Ende. Moriz Ebner wurde zum Major befördert. In Wien war gerade ein Genie-Comité gegründet worden, und er wurde zu einem seiner Mitglieder ernannt. Der junge Kaiser wollte in seiner Residenz eine Prachtstraße haben und befahl deshalb, den Festungswall um die Altstadt zu sprengen – was in Berlin erst fünfzehn Jahre später geschah. Moriz Ebner bekam den Auftrag, diese Sprengungen zu planen und ließ vorsichtig viele schwachgeladene Bohrschüsse setzen, so daß die mittelalterlichen Stadttore erwartungsgemäß wie Spielzeuge in sich zusammensanken und nicht explodierten.

1858 gab Marie Ebner einen kleinen Band mit Erzählungen heraus, Satiren über Gesellschaftsdamen, die in Kur gingen. Er hat »aber niemand erheitert und Einen tief verstimmt, meinen Verleger!«

War das nach so langer Arbeit nicht zu wenig? Mit leiser Ungeduld schrieb sie: »Dreißig Jahre war ich alt geworden und hatte noch nicht einmal etwas für die Unsterblichkeit getan …«

Moriz Ebner arbeitete unterdessen mit gleicher Konzentration an der Vervollkommnung von Minen. Die Seeminen zum Beispiel, die er entwickelt hatte, schienen dem damaligen Konteradmiral Wilhelm Tegetthoff, der die österreichische Flotte im Mittelmeer kommandierte, das beste Mittel, um die dortigen Seehäfen, vor allem Venedig, gegen die Franzosen zu verteidigen. Doch dieser Krieg gegen Frankreich und Sardinien endete schon mit der österreichischen Niederlage in Solferino, einem Dorf am Ende des Gardasees. Die Schlacht hatte um halb drei in der Frühe begonnen, und am Abend lagen über 13 000 österreichische Tote und Verwundete auf dem Feld, fast 9000 Mann wurden vermißt, und die Franzosen und ihre Verbündeten hatten 18 000 Mann verloren. Der junge Kaiser war von dieser blutigen Schlacht so entsetzt, daß er sofort Frieden schloß. Ein Schweizer reiste zufällig mit seiner Kutsche an diesem Schlachtfeld mit seinen von den technisch verbesserten Geschossen zerfetzten Soldaten vorbei, die elend am Wundfieber sterben mußten, weil die Entwicklung der Medizin, wie seitdem immer, hinter der der Waffentechnik herhinkte. Henri Dunant gab sein ganzes Geld und seinen Reisewagen her, um notdürftig zu helfen und Verwundete in Notunterkünfte zu bringen. Er schrieb später »Un souvenir de Solférino« und widmete sein ganzes Leben der Idee des Internationalen Roten Kreuzes und seiner Konventionen.

Diese kriegerischen Auseinandersetzungen fanden an der südlichsten Seite des Reiches statt. Noch gab es kein Radio, keine Reporterscharen, man hörte also erst von Siegen und Niederlagen, wenn sie längst geschehen waren, und da die Bürger Wiens an Kriege gewöhnt waren, bewegte sie auch dieser nicht mehr als die anderen.

Marie Ebner dachte an andere Waffengänge. Der Aufenthalt in Wien beflügelte sie, es endlich mit einem Drama zu versuchen. 1860 schrieb sie eine historische Tragödie in fünf Aufzügen, »Maria Stuart in Schottland«. Sie war in drei Wochen damit fertig und steckte das Manuskript »unter dem Siegel der Verschwiegenheit« ihrem Lehrer Böhm zu, der jeden Mittwoch der Tischgast der Familie war. Sie erwartete, erst am kommenden Mittwoch ein Urteil von ihm zu hören, aber schon am nächsten Morgen erhielt sie einen Brief mit einem schrankenlosen Lob. Nie hätte er von seiner Schülerin so etwas erwartet.

Daraufhin ließ sie das Stück unter der Autorenangabe »M. v. Eschenbach« drucken und schickte es voller Hoffnung, aber ohne jegliche praktische Erfahrung, an alle Intendanzen und Direktionen der deutschsprachigen Bühnen in Österreich und Deutschland. Monate verstrichen. Niemand antwortete. Der Sommer kam, die Ebners zogen wie immer nach Zdisslawitz. Marie fieberte jeden Morgen dem Postboten entgegen. Vergeblich. Schließlich beschloß sie, sich nicht mehr darum zu kümmern und las ihrer Stiefmutter eines Morgens das Theaterstück von Otto Ludwig »Die Makkabäer« vor. Dabei hatte sie das Gefühl: »Ich bin nichts und ich kann nichts, die Anderen haben recht und deine Mißerfolge sind verdient.«

Da kam die Post, Gräfin Dubsky holte sie aus dem Sack und fragte: »Hier ist ein Brief für M. v. Eschenbach. Bist du das vielleicht?«

Ein Augenblick, den Marie Ebner nie vergaß. Der Absender war Eduard Devrient, der aus einer berühmten Schauspielerfamilie stammte und Direktor des Hoftheaters in Karlsruhe war. Er würdigte das Werk des Unbekannten ausführlich und schloß: »Wir werden Ihr Stück mit derselben Liebe und Sorgfalt einstudieren, mit der wir Otto Ludwigs ›Makkabäer‹ einstudiert haben.«

Marie Ebner hatte, auf Vermutungen von zeitgenössischen Historikern gestützt, ihre Maria Stuart nicht als Mörderin dargestellt, sondern als eine Frau, von allen getäuscht, am bitteren Schluß mit der Wahrheit und dem Tod allein. Die erstklassige Besetzung dieses vom Feuer der moralischen Leidenschaft durchglühten Stücks und sein unbekannter Autor riefen allerlei Vermutungen der Kritiker hervor, ohne daß Marie Ebner darauf reagierte. Ihr Stück blieb in Karlsruhe einige Jahre im Programm und wurde für den Schiller-Preis vorgeschlagen. »Die Glückseligkeit, die mich erfüllte, als er mir Mitteilung davon machte, werde ich nie vergessen. So wie ein rotes Sternchen leuchtet heute noch der Tag in meinen Erinnerungen ...«

Daß »Maria Stuart« dann Friedrich Hebbels »Nibelungen« unterlag, hat ihr die Freude über diesen ersten Erfolg nicht genommen. Friedrich Hebbel, der davon keine Ahnung hatte, schrieb 1863 in sein Tagebuch: »Amüsierte mich gut, besonders mit einer Gräfin, die gut sprach und mir interessante Dinge erzählte. Sie ist an einen Baron Ebner verheiratet und leider, wie ich später erfuhr, eine heimliche Schriftstellerin.«

Dieses Stück brachte ihr noch weitere Bekanntschaften oder zumindest den Briefwechsel mit ihren Vorbildern und Kollegen. Franz Grillparzer gehörte zu ihnen, die Freundschaft mit Louise Neumann wurde erneuert, die inzwischen den Grafen Schönfeld geheiratet hatte und mit ihm aus der Steiermark wieder nach Wien zurückgekehrt war. Schönfelds luden Ebners und Wickenburgs ein und verbrachten in diesem doppelten Freundeskreis viele angeregte Abende. Später kam Ferdinand von Saar dazu, und von ihm stammt diese Beschreibung: »Wir begaben uns also schon an einem der nächsten Abende nach der

Hauptstraße des 3. Bezirkes, wo die Baronin wohnte. Das Haus hat sich mit seiner schlichten, altwienerischen Außenseite zwischen hochragenden, prunkvollen Neubauten bis heute erhalten. Im Empfangszimmer wurden wir von einem stattlichen älteren Herrn in Uniform aufs freundlichste begrüßt. Es war Baron Ebner, dazumal Oberst im Geniekorps.

Gleich darauf erschien seine Gemahlin. Am Ende der Dreißiger stehend, war sie eine gewinnende Erscheinung. Nicht hoch von Wuchs, aber schlank und zierlich gebaut; Hände und Füße von feinstem Ebenmaß. Das Gesicht nicht schön, aber doch anmutig und höchst ausdrucksvoll; die mächtige Stirn von dichten mattbraunen Haaren umrahmt. Aus dem Blick der etwas tiefliegenden graublauen Augen sprach unendliche Güte, die sich auch in dem sanften Wohllaut der Stimme offenbarte, als uns die Dame jetzt willkommen hieß. Man nahm Platz und ich konnte im Gemach umhersehen, das ebenso, wie der angrenzende, nicht allzu große Salon, von mildem Lampenlichte erhellt wurde. Es war ein vornehm behagliches Heim, ohne Pracht, aber mit erlesenem, intimem Geschmack ausgestattet.

Die Baronin hatte mit einer gewissen schüchternen Herzenswärme einige anerkennende Worte gesagt, die zu einem allgemeinen Gespräch über Literatur und Kunst hinüberleiteten. Tiefes Verständnis, erstaunliches Wissen gab sich dabei in den Aussprüchen und Bemerkungen der Baronin kund; auch ihr Gemahl, der ein großer Musikfreund war, zeigte sich als gewiegter Kenner. Zimmermann wollte die Rede auf die dichterischen Schöpfungen der Hausfrau lenken. Diese aber wehrte, leicht errötend, die weitere Erörterung des Gegenstandes ab. So verfloß eine Stunde, und man begab sich in den Salon, um dort den Tee zu nehmen. Zum Schlusse wurde geraucht; auch die Baronin brannte sich eine ganz kleine Zigarre an, die sie einem schmucken Etui entnommen hatte. Die Unterhaltung wurde nun mannigfaltiger.« Und sein abschliessendes Urteil: »Noch nie habe ich so viel Geist mit einem so tiefen, echt weiblichem Gemüt vereint gesehen.«

Otto Ludwig, der von Marie Ebner so hochgeschätzte Dichter und Dramatiker in Dresden, dessen Dramen gern im »Hofburgtheater« in Wien gesehen wurden, schrieb, als er noch nicht wußte, daß M. v. Eschenbach eine Frau war, über ihr Stück: »… Die ersten Akte haben mehr gegen als für sich. Aber nach dem Ende des Stückes, wo, ganz wider die Regel, weniger Handlung ist, sind keine äußerlichen Mittel. Die Sprache verläßt die Prosa der Rhetorik und wird an vielen Stellen von großer poetischer Schönheit und auch die Charakteristik verliert mehr und mehr das Abstrakte und Schablonenhafte. … Über den Dichter ließe sich vielleicht noch ein anderes Urteil fällen, als über das Stück. An Geschicklichkeit, an dem, was den technischen Kopf ausmacht, übertrifft er ohne Frage jedes andere deutsche Glied seiner Schule bei weitem; das Vermögen der Poesie scheint ihm ebenfalls in nicht gewöhnlichem Grade zu eigen, besonders fehlt es ihm nicht an rhetorischer Kraft. … Ob die Gestaltungskraft des Dichters jenen schon genannten Eigenschaften gleichkomme oder wie weit sie dahinter zurückbleiben, läßt sich nach dem Vorliegenden nicht schließen, doch bin ich geneigt, ihm auch den Besitz dieser Erfordernisse zuzutrauen.«

Marie Ebner konnte ihr Stück erst 1863 in Karlsruhe im Theater sehen, denn die Mutter ihres Mannes war schwer krank, sie selbst hatte nach dem Umzug nach Wien und durch die Stellung ihres Mannes mehr gesellschaftliche

Pflichten, so daß sie es nur schaffte, morgens früh ein paar Stunden ungestört und konzentriert zu arbeiten. Ihre eigene Gesellschaftsklasse gab ihr den Stoff für die nächsten Arbeiten, Konversations- und Salonstücke, die ihren Reiz aus der Unbefangenheit und der katastrophalen Genauigkeit gewannen, mit der Marie Ebner ihre Standesgenossen beobachtet hatte, ebenso genau wie sie als Kind ihre Umwelt im väterlichen Schloß registriert hatte. Sie blieb jedoch nicht bei der Satire oder einem reinen Naturalismus stehen. Es ging in hohem Maße um sittliche Fragen. Was zum Beispiel bedeutet die Pflicht zur absoluten Wahrheit? Auch für den, der mitten in den Not- und Zwecklügen der Hofgesellschaft lebt? Was ist der Kern und die Pflicht des Künstlerberufes? Was heißt Treue in einer vom Ehrgeiz beseelten intriganten Welt? Mit diesen Stücken hatte sie nun Schwierigkeiten. Heinrich Laube, der Direktor des »Hofburgtheaters«, lehnte das erste ihrer Stücke »Die Schauspielerin« 1861 ab. Maries Heldin, ein Prototyp der berufstätigen Frauen unseres Jahrhunderts, erkennt, daß ihr angebeteter Geliebter, der sie heiraten und für den sie den Beruf aufgeben will, immer auf ihren Beruf eifersüchtig sein und sie niemals ohne Mißtrauen in seiner Adelsgesellschaft ertragen wird. Also gibt sie ihn wieder frei.

Dazu schrieb der alte Theaterfuchs Laube: »Ich gratuliere Ihnen zu der Arbeit, gnädige Frau, sie ist geistvoll und reich an kleinen Zügen wirklichen Lustspieldialoges. Als Buch wird sie Ihnen Anerkennung und manches Genüge bringen. Auf der Bühne würde sie untergehen. Schon weil sie dem ganzen Plane nach zu der Verneinung dessen führt, wofür die Teilnahme des Publikums in Bewegung gesetzt worden ist. Das ist auf dem Theater stets ein Fehler, dem die Rache des Publikums auf dem Fuße folgt. Publikum will Genüge des Herzens, lustig oder traurig. Ein Ergebnis des Verstandes, wie hier die Einsicht, daß die beiden Leute nicht zusammengehören, ist ihm eine unerquickliche Enttäuschung.

Das ist nun hier nicht zu ändern. Die ganze Anlage, allzu abstrakt, beruht darauf. Sie ist konsequent durchgeführt und wird den Respekt der Leser erzwingen. Im Theater entscheiden aber nicht die Leser …«

Ebenso erging es den nächsten, ähnlichen Stücken, »Das Geständnis« und »Die Veilchen«. Laube lehnte das erste ab, doch Julie Rettich, ein Star am Burgtheater, nahm sie mit auf Gastspiel und hatte damit große Erfolge. An ihre Freundin Louise Neumann schrieb Marie Ebner einmal: »Das ist der ewige Konflikt in meinem Herzen, daß an dem, was ich leiste, eigentlich nichts ist, hingegen uneigentlich etwas sein könnte. Eines ist gewiß, was man aufschreibt, hat man empfunden; was man geboren hat, hat man lieb und sieht's mit den Augen des Herzens an – nun kommt die Kritik darüber und zersetzt's mit dem Verstande; die glückselige Befangenheit des Dichters seinem Werke gegenüber verschwindet auf Nimmerwiederkehr! Alle Blüten fallen ab. Müssen sie's – wenn die Frucht reifen soll auch in der Poesie, wie in der Natur? Ich frage mich – die Antwort habe ich noch nicht gefunden. Daß Früchte gefordert werden, nicht Blüten, das seh ich und manchmal denk ich mir, daß auch der Baum meiner Tätigkeiten welche tragen wird. Aber wann? Wann wird das dereinst zur Gegenwart, auf welches Du mich vor drei Jahren vertröstet hast?«

»Die Veilchen« wurden 1863 nur unter Vorbehalt akzeptiert. Laube schrieb am 11. Mai: »Die Veilchen, meine gnädigste Frau, erfüllen mich mit Besorgnis – der Eindruck meiner ersten Lektüre bestätigt sich. Es ist zu viel und zu wenig. Zu viel für einen Akt und zu wenig für die klare

1. Marie von Ebner-Eschenbach als Braut, 1848

2. Moriz Freiherr von Ebner-Eschenbach (1815-1898)

3. Portrait (Brustbild) der Marie von Ebner-Eschenbach in jungen Jahren

4. »Mein Vaterhaus in Zdisslawitz«

5. K. u. k. Hof-Burgtheater in Wien, um 1900

6. Der »Sternhof« in Wien (Jordangasse / Schultergasse 5)

Wiener Stadt-Theater.

Samstag den 25. Jänner 1873.

Das Waldfräulein.

Lustspiel in 4 Akten von M. von Eschenbach.

Graf Hochburg	—	Hr. Neusche.
Kurt,	—	Hr. Tewele.
Therese, } seine Kinder	—	Fr. Friedmann.
Sarah,	—	Frl. Hiller.
Gr. f Hector Berg, sein Schwiegersohn	—	Hr. Friedmann.
Gräfin von Thal, seine Schwester	—	Fr. Wagner.
Melanie, } ihre Kinder	—	Frl. Kläger.
Claudine,	—	Frl Valberg.
Graf Robert Hochburg	—	Hr. Lobe.
Gräfin Nordheim	—	Fr. Schönfeld.
Paul, ihr Sohn	—	Hr. Glitz.
Fürst Limburg —	—	Hr. Benary.
Graf Lazarv, Husarenrittmeister	—	Hr. Rosen.
Graf Turnau —	—	Hr. Hasemann.
Franz, Kammerdiener } bei Graf Berg	—	Hr. Klang.
Diener	—	Hr. Feld.
Diener bei Gräfin von Thal	—	Hr. Neustätter.
Peter Seidl	—	Hr. Saar.

Unpäßlich: Frl. Schuberth.

Sonntag 26. Cousin Jacques. Eine Henne und ih e Küchlein.	Montag 27. Marcel. Splitter und Balken. Clavir.

Das Jahrbuch des Wiener Stadt-Theaters mit der Gesammt-Photographie des Künstler-Personals ist an der Kasse zu haben.

Eine Loge im Parterre, 1. Rang . . . . fl. 15.—	Ein Parquetsitz 1. bis 7. Reihe . . . . fl. 3.—
Eine Loge im 2. Rang . . . . fl. 12.—	Ein Parquetsitz 8. bis 15. Reihe . . . fl. 2.50
Eine Loge im 4. Rang (Seitenlogen) Nr 2—6 fl. 4.—	Ein Balkonsitz, 2. Rang, 1. Reihe . . . fl. 2.50
Eine Loge im 3. Rang (Seitenloge) Nr 1 . fl. 1.—	Ein Balkonsitz, 2. Rang, 2. und 3. Reihe . fl. 2.—
Eine Loge im 3. Rang (Amphitheaterlogen) Nr. 1—3 und 5—7 . . . . fl 4.—	Ein Balkonsitz, 2. Rang, 4. bis 8. Reihe . fl. 1.50 Ein Balkonsitz, 3. Rang, 1. Reihe . . . fl. 2.—
Ein Sitz in der Fremdenloge im Parterre und 1. Rang, 1. Reihe . . . . fl. 5.—	Ein Balkonsitz, 3. Rang, 2. und 3. Reihe, Mitte . . . . fl. 1.50
Ein Sitz in der Fremdenloge im Parterre und 1. Rang, 2. Reihe . . . . fl. 3.50	Ein Balkonsitz, 3. Rang, 1 u. 5. Reihe, Mitte fl. 1.20 Ein Amphitheatersitz, 1. Reihe, Mitte u. Seite fl. 1.
Ein Logensitz, 2. Rang, 1. Reihe . . . fl. 3.—	Ein Amphitheatersitz, 2. bis 4. Reihe Mitte und Seite . . . . fl. —.80
Ein Logensitz, 2. Rang, 2. Reihe . . . fl. 2.—	Ein Amphitheatersitz, 5. bis 8. Reihe, Mitte und Seite . . . . fl. —.50
Ein Logensitz im 3. Rang . . . . fl. 2.—	
Ein Orchestersitz . . . . fl. 2.50	

Zu jeder im Repertoire angekündigten Vorstellung werden auch mehrere Tage vorher, gegen Entrichtung einer Vorverkaufsgebühr von 1 fl., 50, 30, 20, und 10. kr. Billete abgegeben.

Die Tageskassa (Theatergebäude, Ecke der Himmelpfort- und Schellinggasse) ist täglich von 9 Uhr Früh bis 5 Uhr Abends geöffnet

Kassa-Eröffnung 6 Uhr. — Anfang 7 Uhr.

7. Theaterzettel des Wiener Stadttheaters zu einer Aufführung des »Waldfräuleins« am 25. Januar 1873

K. K. Hof- Burgtheater.

Donnerstag den 13. September 1900.

183. Vorstellung im Jahres-Abonnement.

Zum siebzigsten Geburtstage von Marie von Ebner-Eschenbach.

Prolog von Ferdinand von Saar. Gesprochen von Herrn Lewinsky.

Zum ersten Mal:

Am Ende

Scene in einem Aufzug von Marie von Ebner-Eschenbach.

Fürst Erwein Seinsburg	Hr. Sonnenthal.
Fürstin Klothilde Seinsburg	Fr. Wilbrandt.
Fräulein Zedwin	Frl. Kaßznica.
Kammermädchen	Fr. Plonka.
Kammerdiener	Hr. Sommer.
Ein Livré-Diener	Hr. Wiesner.

Neu einstudirt:

Doctor Ritter

Dramatisches Gedicht in einem Akt von Marie von Ebner-Eschenbach.

Henriette von Wolzogen	Fr. Römpler-Bleibtreu.
Charlotte, ihre Tochter	Frl. Heinrich.
Doctor Ritter (Friedrich Schiller)	Hr. Reimers.
Bibliothekar Reinwald	Hr. Römpler.
Vogt, Verwalter in Bauerbach	Hr. Löwe.
Der Gärtner	Hr. Heine.

Ort: Bauerbach. — Zeit: 1783.

Ohne Liebe

Lustspiel in einem Akt von Marie von Ebner-Eschenbach.

Gräfin Laßwitz	Fr. Wilbrandt.
Emma, ihre Enkelin	Fr. Devrient-Reinhold.
Graf Rüdiger	Hr. Ginnig.
Graf Marko Laßwitz	Hr. Hartmann.
Dora	Bella Gerzhofer.
Elise, Dora's Bonne	Frl. Clemens.
Ein Bedienter	Hr. Sommer.

Zwischen dem ersten und zweiten Stück größere Pause.

Der freie Eintritt (mit Ausnahme der Hof-Freibillets) ist heute nicht gestattet.

Abendkassen-Eröffnung gegen halb 7 Uhr. Anfang 7 Uhr. Ende nach 9 Uhr.

Freitag	den 14. Cyrano von Bergerac.		Montag	den 17. Das Erbe.
Samstag	den 15. Die Wildente.		Dienstag	den 18. Zum ersten Mal: Die Mütter.
Sonntag	den 16. Die Jüdin von Toledo.			

Beurlaubt: Fr. Hohenfels. Fr. Schratt.

Falls eine angekündigte Vorstellung **abgeändert** werden sollte, kann von den für dieselbe gelösten Karten auch zur Ersatz-vorstellung Gebrauch gemacht, oder der dafür entrichtete Betrag, jedoch **spätestens am Tage der Vorstellung von** halb 9 Uhr Früh bis 1 Uhr Mittags und von 2 Uhr Nachmittags bis 5 Uhr Abends, an der Tageskassa oder **von 6 Uhr Abends an der Abendkassa** zurückverlangt werden.

8. Theaterzettel des Burgtheaters zu Aufführungen von drei Theater-stücken von Marie von Ebner-Eschenbach am 13. September 1900

9. Marie von Ebner-Eschenbach, undatiert

10. Marie von Ebner-Eschenbach, undatiert

11. Marie von Ebner-Eschenbach in ihrer Wohnung im Jahre 1904

12. Marie von Ebner-Eschenbach, 1909

13. Marie von Ebner-Eschenbach beim Spaziergang im Garten des Schlosses Zdisslawitz, um 1900

14. Marie von Ebner-Eschenbach und Hermine Villinger beim
Spazierengehen im Schloßgarten Zdisslawitz, 1912

15. *Marie von Ebner-Eschenbach am Schreibtisch, 1906*

16. Marie von Ebner-Eschenbach, undatiert

Fortsetzung

seit dann Adele Wisemal u. las
mit ihrem neuen, beiläufig bis zur
Hälfte beendeten Roman vor. Sie
weinte bei einigen Stellen so heftig,
daß sie sich unterbrechen mußte. Die
arme Frau hat auch mehr erlebt als sie
erzählen kann. Zwei schöne Gedichte
sagte sie, blieb viele Stunden. Bald
nach ihr Leo — die reiche Bettlerin u. die
ärmliche Millionärin mochten einander auf
der Stiege begegnet sein.
Bei Ad. gespeist, abends bei Tapa. Dienst-
Zeugniß für Schwanda.
Von Vector.

So nervos! so leidend! — Toli,
frau Frankl — Herrgott wie sah die
aus! — so arg aber doch nicht.
Leo u. nachmittags zu Jelly.
hello. Tunalei liegt im Bette
Um 3 ißt nicht, spricht nicht,
Uhr außer Alfred darf niemand
gespeist um ihn sein. Gemüths-
krank — schwer gemüts-
krank. Jelly will ihm selbst raten seine
Pension: zu verl. — Wär ein Unglück!
Abds bei Tapa, mit Sophie u. Adolph.
In Paris fortwährende Kämpfe.

48

17. *Tagebuchseite vom 5./6. April 1871.*

Plastik, welche das Publikum braucht. Ich nehme auf jeder Probe weg und ziehe zusammen, um das Zusammentreten der Hauptmomente, also die Plastik zu erleichtern, aber ich bin gar nicht sicher, daß wir mit dem Stückchen nicht – abblitzen.

Sie wollten zu einer Probe kommen. Tun Sie das morgen um zwölf Uhr, indem Sie, vom Michaeler-Platze eintretend, mich rufen lassen, damit ich Ihnen einen stillen Raum verschaffe. Gut wär's, wenn Sie jemand mitbrächten, der unbefangen hören und aufnehmen kann. Bestätigte sich meine heutige Unsicherheit, dann mach ich jemand krank, und das Stückchen wird vertagt. Denn Ihre Entrée darf nicht mit einer kleinen Aufgabe beschädigt werden.«

Offenbar muß diese Generalprobe Laube umgestimmt haben, denn am 13. wurde dieses erste Stück Marie Ebners im Burgtheater gespielt. Es geht um eine Wette zwischen dem Ehemann und seiner sehr jungen Frau, die vom Lande kommt und die Verlogenheit der Hofgesellschaft nicht glaubt. Bei jeder Lüge, zu der sie sich im Lauf eines Tages verleiten läßt, will ihr Mann einen Veilchenstrauß zum Fenster hinauswerfen und gewinnt natürlich, weil alle geopfert werden müssen.

Diese anmutige Fabel wurde nur sechsmal gespielt, brachte Marie Ebner aber die Bekanntschaft mit Ida von Fleischl ein, die die Premiere besucht hatte, und die ihr bis zu ihrem Tode eine Freundin und Kritikerin bleiben würde.

Unterdessen begann wieder ein Kapitel Weltgeschichte: Das Schicksal der Monarchie wurde durch den immer schärferen Gegensatz zwischen Preußen und Österreich bestimmt. 1866 erlitt Österreich die entscheidende Niederlage bei Königsgrätz und wurde durch den Frieden in

Prag aus Deutschland herausgedrängt. Diese Erschütterung der Monarchie führte jedoch im Inneren zu politischen Reformen, die sich als dauerhaft, wenn natürlich auch nicht für alle Völker des Vielstaatenreiches als willkommen oder segensreich erwiesen. Die gemäßigte Liberalität aber, die Gründung des Reichsrates, in dem alle diese Völker in einem Parlament vertreten waren, das volle Bürgerrecht für alle Untertanen, auch für die Juden, der Fortschritt des Gewerbefleißes, das alles ergab die Basis für fast fünfzig Jahre ohne Krieg und Aufstände.

Es ergab jedoch im Äußeren in wachsendem Maße einen politischen und kulturellen Gegensatz zur deutsch-preußischen Vormacht, die nicht nur das österreichische Schicksal zu verändern begann.

In diese Zeit paßte eine kleine Skizze von Marie Ebner, die sie »Eine Morgenaudienz« nannte. Der darin auftretende Georg Gottfried Gervinus war einer der Göttinger Sieben gewesen, hatte eine »Geschichte der poetischen Nationalliteratur der Deutschen« geschrieben, in der zum ersten Mal die deutsche Literatur im engsten Zusammenhang mit der nationalen Entwicklung gesehen wird.

»*Zeus Gervinus* (allein, es klopft): Wer ist's?

Eine Stimme: Die österreichische Muse bittet um gnädiges Gehör.

Zeus Gervinus: Kenne keine österreichische Muse.

Österreichische Muse (tritt ein und beugt das Knie): Lerne mich kennen, Großer, Unfehlbarer, Allwissender!

Zeus Gervinus: Ich lerne nicht mehr; ich lehre.

Österreichische Muse: Wolle dein Angesicht zu mir wenden, auch ich habe unsterbliche Söhne geboren.

Zeus Gervinus: Nicht für mich.

Österreichische Muse: Du bist unbeugsam. Warum, oh mein Gebieter?

Zeus Gervinus: Höre, ich antworte dir durch den Mund deines Stiefsohnes Scholz. Er schlug einst einen schwächeren Nebenmenschen. Warum schlugst du ihn? fragt ein Vorübergehender. Weil er ein Böhm ist! antwortete der große Komiker – du weißt genug. Enthebe dich, kleine Unbekannte.

Österreichische Muse (unter vielen Bücklingen ab, beiseite): Es muß doch nichts an mir sein, sonst würde ich nicht hinausgewiesen.«

Marie Ebner wurde später nie müde, Autoren wie Franz Grillparzer, Ferdinand Raimund, Johann Nestroy, Anastasius Grün und so weiter über die neuen Grenzen hinaus bekannt zu machen.

Ihr Motto dieser Jahre: »Weiter streben, also seinen Standpunkt immer verändern, immer neue Gegenstände erblicken, immer reinere Aussicht gewinnen; in ihm liegt das Glück, liegt der Friede, nicht im Erreichen; dieses ist nur ein Moment, jenes ist die Dauer.«

Ende 1867 wurde Marie Ebner mit einem Revolutionsdrama fertig, das aus dem Material ihres »Richelieu« stammte und Marie Robert zur Heldin hatte. Doch ihr leidenschaftlicher Eintritt für die Freiheit paßte gerade jetzt, nach Königsgrätz und dem endgültigen Verlust von Oberitalien, nicht in die österreichische Politik. »Wer nach dem Durchlesen von Marie Roland noch an Ihrem Talente zweifeln sollte, ist ein Dummkopf oder ein Neidhammel! Es ist in der Tat im ganzen vortrefflich, und einige Längen würden auf den Proben ohne Zweifel von selbst wegfallen, aber – ich glaube weniger als je an die Aufführung des Stückes im Burgtheater unter den jetzigen Verhältnissen.« Das schrieb Friedrich Halm, ihr Ratgeber, und da auch gerade Laube als Intendant gestürzt und Halm zum General-Intendanten ernannt wurde, standen »Zensur-Rücksichten« gegen eine Annahme des Stücks.

Fast ein Zufall brachte sie 1869 doch wieder an die Burg. Die Stadt wollte ein Schillerdenkmal haben, und die Frauen Wiens sollten durch eine Veranstaltung die Geldsammlung erhöhen. Innerhalb von acht Tagen schrieb Marie Ebner »Doctor Ritter«, eine Szene über den zögernden jungen Schiller, der sich unter einem Pseudonym, eben als Doctor Ritter, nach seiner Flucht aus der Karlsschule ins Private zurückgezogen hatte, dann aber doch den Entschluß faßte, sich der Dichterpflicht nicht zu entziehen.

Dieses Stück fand einen solchen Anklang, daß es das Burgtheater übernahm. Aber dabei blieb es. Auch ihre ersten erzählenden Arbeiten hatten keinen Erfolg. Sie schrieb »Die Prinzessin von Banalien«, ein Märchen von der unwiderstehlichen Macht der triebhaften Liebe, der Natur, gegen die die Kultur der Königstochter und die Denaturiertheit ihres Hofes keine Chance haben. Das führt zu einem tragischen Ende.

Ferdinand von Saar hielt fest, wie Marie ihr Märchen vorstellte: »Die Vorleserin begann mit unsicherer, leicht zitternder Stimme. Bald aber war sie im vollen Zuge, und mit gespannter Aufmerksamkeit folgte man der feinsinnigen Dichtung und ihren zahlreichen Schönheiten. Dennoch hatte der Beifall, welcher am Schluß gespendet wurde, etwas Gezwungenes. Man war eben nicht ergriffen, nicht hingerissen worden, was wohl der Dichterin selbst nicht entgangen sein mochte. So blieb es denn auch jetzt bei jener achtungsvollen Anerkennung, die man ihr schon früher entgegengebracht hatte, und niemand ahnte, welch mächtigen Aufschwung ihre gewissermaßen noch verschleierte und mit dilettantischen Anwandlungen ringende Begabung dereinst zu nehmen bestimmt war.«

Wurde diese Geschichte von der Kritik fast totge-
schwiegen, so erregte das nächste Lustspiel fast einen
Skandal: »Das Waldfräulein«.

Heinrich Laube, der nach Leipzig gegangen, aber nach
Wien zurückgekehrt war, hatte als Konkurrenz zum
Burgtheater das Wiener Stadttheater gegründet und suchte
nach guten österreichischen Dramatikern. »Das ist ja sehr
anmutig«, schrieb er 1872, »dies Waldfräulein, und ich
werd es mit Vergnügen in Szene setzen, obgleich die
zweite Hälfte des zweiten Aktes barbarisch schwer ist für
die Szene …«

1873 war Premiere. Das Haus war brechend voll. Man
erwartete die Spiegel- und Zerrbilder des Hochadels auf
der Bühne, von einer Standesgenossin nur schwach ver-
schlüsselt.

Laube, der das Lustspiel etwa ein Dutzend Mal geben
konnte, also einen finanziellen Erfolg hatte, dazu: »Das
Waldfräulein spielt in Wien selbst in der vornehmen Welt,
welche man sonst la crême de la crême nennt. Sehr er-
wünscht! Darin liegt ja eine unmittelbare Macht des Thea-
ters, daß es die Vorgänge und Sitten des Tages künstlerisch
konterfeit. Künstlerisch, nicht skandalös! … Nach der
Stadt berufen, um da verheiratet zu werden, paßt sich das
Waldfräulein dann mit all ihren Empfindungen und Gesinnungen nirgends zu den Grundsätzen ihrer Crême-Fa-
milie und richtet Konfusionen an, welche für diese Familie ein Horreur sind. Alles, was Sport heißt, spielt dabei
eine allerliebste Rolle. Die vornehme Welt, welche uns für
ein bürgerliches Theater hielt und nur ausnahmsweise zu
uns kam, machte diesen Abend zu einer solchen Ausnahme und fand sich ein. Man sah und hörte und ging mit
den Worten: ›Das hält sich nicht‹. Es hielt sich aber, wenn
auch nicht mit der Kraft eines Zugstückes, es hielt sich

durch das pikante, geistreich geführte Thema, und durch den talentvoll geführten Dialog. Es gibt eine Art Dialog, welche man Wiener Dialog nennt –«

Die Zeitungen dagegen veröffentlichten einen Verriß nach dem anderen: Kleinlicher Hauskrakehl. Familienklatsch. Nach echter Frauenart. Domestikengeschwätz. Mochten die Kritiken überspitzt sein, Marie Ebner zog die Konsequenzen und wandte sich verstärkt den epischen Themen zu.

1874 wurde Moriz Ebner als Feldmarschall-Leutnant vorzeitig in den Ruhestand versetzt, machte nun ausgedehnte Reisen, bis nach Island und Persien, und betrieb seine eigenen Studien. 1875 fragte die Fürstin Julie Waldburg-Wurzach bei Herrn von Cotta in Stuttgart an, ob er die Erzählung ihrer »unermüdlich schaffenden« Schwester Ebner verlegen wolle. Das war im Januar. Mitte Februar schickte Marie Ebner ihm ein Manuskript, Ende des Monats hatte sie den Vertrag, Mitte März die ersten Korrekturfahnen und im Mai ihre Autorenexemplare. Im März schrieb sie demjenigen, mit dessen Hilfe sie das begonnen hatte, was nun abgeschlossen wurde, Eduard Devrient: »Verehrter Herr und Freund! Nach jahrelangem Schweigen stelle ich mich einmal wieder bei Ihnen ein, und überdies mit einem Briefe, der eine Bitte enthält. Es erscheint demnächst ein Band Erzählungen von mir bei Cotta in Stuttgart. Wollen Sie mir erlauben, Ihnen dieselben zu widmen? Mir wär's eine Ehre und eine Freude, wenn Sie mir gestatten würden, Ihren gefeierten mir so teuren Namen an den Eingang meines Buches zu schreiben. Mein Talent hat nicht gehalten, was Sie und ich uns einstens davon versprachen; die Ungunst der Verhältnisse war größer als meine Fähigkeit, sie zu überwinden. Es ist eine schmale Ernte, die ich jetzt – so ziemlich am Ende meiner Laufbahn angelangt – einheimse. Gewähren Sie mir dennoch die Gunst, einige anspruchslose Früchte derselben in die Hand legen zu dürfen, sie sich mir beim Beginne meines schriftstellerischen Strebens mit einer Güte entgegenstreckte, die ich niemals vergessen werde.«

Dieser erste Band enthielt Erzählungen, die die ganze Gewalt und Schärfe des Ebnerschen Genies zeigen, das eben nicht am Ende, sondern erst am Anfang stand: »Ein Spätgeborener«, in dem sie ihre eigenen bitteren Erfahrungen als Autorin verarbeitete; »Chlodwig« und »Ein Edelmann«, in denen es um Vorurteile und Schranken ihres Standes geht, den sie mitten in der allgemeinen prunkvollen Restauration der Monarchien für überlebt hält. Die Forderungen ihrer Helden: »Sei als Graf kein Fabrikant, nenne dich nicht Graf, wenn du ein Fabrikant bist!« erregten bei ihren Lesern zumindest Befremden, wenn nicht erschrockene Kritik. »Die erste Beichte« schließlich ist eine Kindheitserinnerung, bei der es um das Leitmotiv vieler ihrer Schauspiele und Erzählungen geht: die äußerste Wahrhaftigkeit, die dem, der sie wählt, das Leben gefährden kann. Wahrheit statt Sentiment beherrscht auch »Die Großmutter«, eine der härtesten Erzählungen, die Marie Ebner nach einer wahren Begebenheit komponierte.

Doch weder dieser Erzählband noch »Božena«, der Roman, der aus vielen Gründen zum besten gehört, was Marie Ebner je geschrieben hat, brachten ihr Erfolg. Ein paar Literaturliebhaber und Kenner lobten sie, aber kaum einer kaufte, so daß Herr von Cotta sich geschworen haben soll, nie wieder Frauen-Belletristik zu verlegen.

Aber Marie Ebner schrieb weiter. Sie hatte ihren Ort und ihre Themen gefunden: die Welt, in der sie lebte. Als nächstes schrieb sie »Die Freiherrn von Gemperlein«, die

an ihrer hagestolzenen Unentschlossenheit zugrunde gehen. Paul Heyse wollte sie, die zuerst in der Zeitschrift
»Die Dioskuren« erschienen waren, in seinen »Novellen-
schatz« aufnehmen, was aber erst 1883 geschah. Marie Ebner schrieb Heyse aus diesem Anlaß: »Deutlich weiß ich
mich noch der tiefen Entmutigung zu erinnern, als die
Geschichte der Gemperlein zu Ende erzählt war. Wen soll
denn das interessieren? dachte ich. Du hast wieder einmal
deine Zeit verloren. Ich war gar nicht überrascht, als mir
die Freiherren von allen Reisen, die sie Unterkunft suchend angetreten hatten, als Abgewiesene heimkehrten
und legte sie voll Resignation ins dunkle Grab (eines Jahr-
buches), wo sie ruhen sollten bis ans Ende aller Literatur.«

Auch ihre ersten dreihundert »Aphorismen«, die sie
1878/79 zusammenstellte, »fanden überall verschlossene
Türen, bis ich an den Verleger Ebhardt kam, der sich ihrer
erbarmte«.

Doch Marie Ebner war weder willens, noch fand sie
Zeit zu resignieren. 1877 war ihre Schwägerin gestorben,
und Marie übernahm die Erziehung und Beratung der
Neffen und Nichten. Wenn die drei Geburtstag hatten,
schrieb sie ihnen kleine Theaterstücke, bei denen sie mit
großem Vergnügen mitwirkte. Außerdem hatte sie durch
eins ihrer Bücher die Bekanntschaft mit Louise von
François gemacht, der damals hochverehrten Autorin von
»Die letzte Reckenburgerin«. In Marie Ebners Erinnerungen liest man: »Zu meinen vielen Schwächen gehört eine
sträfliche Zaghaftigkeit. Sie hat mich unter anderem immer verhindert, einem berühmten Autor, wenn mich eins
seiner Bücher noch so sehr entzückte, meine Bewunderung auszusprechen. Eine große Unterlassungssünde, denn
keine Kritik noch so voll Anerkennung, keine Zustimmung von Freunden beglückt den Poeten so durch und

durch wie einige warme Worte, die ihm aus der Fremde zugeflogen kommen. Die lobende Kritik erfährt leicht Widerspruch, das Urteil der Wohlwollenden kann ein sehr befangenes sein, aber das Gefühl, das einen Fernstehenden zu einem Gruß veranlaßt, ist ganz schlackenfrei, ganz liebevoll, und seine spontane Äußerung freut und heilt – wo lebt der Künstler, bei dem es nicht etwas zu heilen gäbe? – sie wappnet, sie stärkt, sie bringt lauter Segen. Nun, einmal im Leben bin ich meiner Zaghaftigkeit Meister geworden. Das war am Tage, an dem ich ›Die letzte Reckenburgerin‹ zu Ende gelesen hatte. Der Geist, der in diesem Buche weht, nahm mich auf seine starken Flügel und hob mich über alle kleinliche Furcht und Bedenklichkeit hinweg. Ich suchte mein allerschönstes Briefpapier hervor und schrieb an die hochverehrte Dichterin und tat noch mehr – ich sandte den Brief ab.

Viel später habe ich erfahren, daß Louise einem Bekannten meinen Brief gezeigt und gesagt hatte: ›Wie kann man mit jemanden in Korrespondenz treten, der einem auf solchem Briefpapier schreibt?‹«

Sie tat es glücklicherweise doch, und sie stellte sich Marie Ebner so vor: »… Ich sitze nun im Altenstübchen der kleinen Stadt, die ich Heimat nenne, weil ich die längste Lebenszeit in ihr verbracht. Das Bildchen, das Sie freundlich von mir annehmen mögen, gibt Ihnen kein genaues Bild von mir, wie alle Fotografien. Ich sah schon, als vor etwa sechs Jahren der erste Abdruck genommen wurde, nicht mehr so jugendlich glatt aus, und dermaßen holdselig habe ich wohl nie gelächelt. Nun bin ich eine Greisin, nur ohne ehrwürdig weißes Haar. Dafür trage ich aber geziemendlich eine Haube …«

Im September wurde Marie Ebner fünfzig. Das wurde in Zdisslawitz mit der ganzen Familie, mit lebenden Bildern, Musik und Reden gefeiert, so wie es in dieser fest-freudigen Zeit und bei der Aristokratie auf dem Lande üblich war, aber über ihre Arbeit in dieser ersten Jahrhunderthälfte hatte sie nichts anderes zu sagen als das, was sie einer ihrer Figuren, dem »Spätgeborenen« in den Mund legte: »Es war nur eine lange Kette von niedergehaltenen Empfindungen, nur ein unterdrückter Schrei. Ein stillschweigendes Verzichten, so lange geübt, bis sich im fortwährenden Selbstbesiegen sogar die Kraft des Wunsches abgestumpft. Eine Reihe fehlgeschlagener Hoffnungen, über die niemals eine Klage sich ihren Lippen entrang. Um sie, wohin sie blickte, der Sieg der Mittelmäßigkeit, der Parteilichkeit.«

Aber sie gab nicht auf. Sie empfand es als Pflicht, das zu tun, wozu sie ihre Kunst leitete, drängte und zwang, auch wenn ihr die regelmäßige Arbeit am Schreibtisch manchmal fast unerträgliche Pein bereitete, denn sie litt an einem – wie man damals sagte – Tic douloureux, der auch zu Augenschmerzen führte und vermutlich eine Trigeminus-Neuralgie gewesen ist.

In der folgenden zweiten Lebenshälfte wurde Marie Ebner erst die Schriftstellerin, die den eigenen strengen Qualitätsmaßstäben in jeder Hinsicht entsprach. Man kann diese Entwicklung mit Lebenserfahrung oder Reife erklären, kann sie aus der Zeit heraus verstehen, aus der allgemeinen literarischen Entwicklung in Böhmen, auch mit dem Alter, in dem eine Frau, die vielleicht automatisch jahrelang mehr Rücksichten auf die Familie und ihre Standesgesellschaft genommen, als ihr bewußt war, nun endlich keinen anderen mehr berücksichtigen muß als die Wirklichkeit derer, die sie beschrieb. Der moralische Imperativ, Schuld und Sühne – das sind Marie Ebners Themen, die sie immer wieder variierte, vom komödiantisch

Leichten in den Komtessenerzählungen bis zum Tragischen in den Dorf- und Tiergeschichten. Sie hatte das
Glück, ein Leben führen zu können, das diesen hohen
Forderungen nicht widersprach. Sie war so unabhängig,
daß sie so wahrhaftig sein konnte, wie sie es für notwendig
hielt. Sie erfüllte die alten patriarchalischen Pflichten,
machte täglich ihre Runde im Dorf, half durch Geld, aber
lieber durch Pflege, durch vernünftige Gaben, vor allem
aber durch ihr untadeliges Vorbild. Ihr soziales Gewissen
ließ sie jedoch nie zur Revolutionärin werden. Sie miß-
traute Ideen – dazu kannte sie die Menschen, die Aristokraten wie das sogenannte Volk, zu gut – sie setzte stattdes-
sen auf die Fähigkeit des Menschen, das Gute und Richtige zu erkennen und zu wählen und sich selbst und Gott
als dem höchsten Prinzip gegenüber wahrhaft zu sein.

Beim Verleger Ebhardt in Berlin, der schon ihre Apho-
rismen gedruckt hatte, erschienen Anfang der achtziger
Jahre »Neue Erzählungen«, »Die Freiherren von Gemper-
lein« und ihre großen Novellen: »Lotti die Uhrmacherin«,
»Margarethe«, »Die Unverstandene auf dem Dorfe«, »Die
Erdbeerfrau«, »Der Kreisphysikus«, »Krambambuli«, »Jacob
Szela«.

1883 veröffentlichte sie die Sammlung der »Dorf- und
Schloßgeschichten« bei Paetel, ebenfalls in Berlin. Dann
folgten: »Der Muff«, »Zwei Komtessen«, »Er läßt die Hand
küssen«, »Das Gemeindekind«, »Unsühnbar« und viele andere.

Marie Ebners zunehmendes Leiden, mit starken
Schmerzanfällen verbunden, veranlaßte sie, die gesell-
schaftlichen Verpflichtungen zu verringern. Sie suchte vergeblich Heilung in deutschen Kurorten, wurde mit dem
glühenden Draht operiert, aber gegen den Trigeminus war
man auch bis weit in unser Jahrhundert hinein machtlos.

Ihre Familie versuchte, ihren Arbeitseifer zu bremsen, aber alle gut gemeinten Mahnungen, mehr zu schlafen und zu essen, trafen nicht den entscheidenden Punkt. Es ging Marie Ebner nur darum, die schmerzfreien Phasen der Tage und Nächte für ihre Arbeit zu nutzen, die nichts mit Eitelkeit oder Ruhmsucht zu tun hatte, nur mit dem, was sie ihren Dämon nannte:

»Der Dämon nimmt dein Herz, stiehlt dir die Seele
er füllt allein dein ganzes Denken aus.
Du hast nur ihn; ja dein ureignes Leben,
dein menschlich Irren, jegliches Empfinden
dein glühend Mitleid, Haß und Zorn und Schmerz
dein stillstes Sehnen, dein geheimster Traum
in seinem Dienst wird alles ausgemünzt.
Dünkt euch dies Schicksal so beneidenswert?
Ertrug es einer, der es wenden könnte?
Oh, Himmel! Wenn ich's könnte, ginge mir
im Alter noch ein neues Leben auf
ein Leben voller Ruhe, voller Friede
und abgeschlossen ganz in meiner Liebe
zu euch, ihr Menschenkinder, Brüder, Schwestern
so nach wie vor blieb euer Leid das meine
und euer Glück durchsonnte mir das Herz,
doch euch zu schildern hätt ich aufgehört.«

Nicht zufällig hat sich im Titel der letzten Erzählungssammlung das Dorf vor das Schloß gestellt. Die Leute aus und um Zdisslawitz, mit denen sie aufgewachsen ist, die sie so genau kannte wie sich selbst, standen in ihren Geschichten wieder um sie herum, und sie sah, wie sie in einem Brief schrieb, »ihren Beruf darin, die Erscheinungen des wirklichen Lebens zu beobachten und durch die

Phantasie gehen zu lassen, sich aber auf die Phantasie nicht allein zu stützen.«

Die Wiener Aristokratie, die Komtessengesellschaft ist das andere Reservoir für Geschichten. Auch sie erfuhren Kritik, wenn auch eine sehr moderate, und sie lösten ebenso viel Vergnügen wie Ärger aus, aus dem man den Katalog der Tugenden herauslösen kann, ohne die der Stand nach Ebners Ansicht keine Berechtigung mehr besäße.

So hatte sie auch das adelige Richteramt Zeit ihres Lebens nicht als Vorrecht oder gar Willkür, wie sie sie in »Er läßt die Hand küssen« darstellt, sondern als hohe Pflicht verstanden. Mitten im festlichen Empfang für die Gutsherrschaft läßt sie in einer ihrer Geschichten jemanden überlegen: »Was dich da anruft mit stummer unbewußter Klage, das ist die nach Erlösung ringende ewige Dienstbarkeit. Wir die Herren, sie die Knechte. Darbend an Leib und Seele verdienen sie unser Brot, mühen sich, zur Erde gebeugt, jahrein, jahraus, damit unser Geist frei und unbeirrt auffliegen könne bis an die Grenzen des Erkennens … Ohne ihre harte Arbeit keine Ruhe für uns, kein Genuß, keine Kunst, keine Wissenschaften …«

Marie Ebner folgte keiner Weltanschauung, keiner politischen Idee, sie schilderte das Bauernelend in Ungarn, Böhmen und Polen in gleicher Weise zur Zeit der patriarchalischen Ordnung und später, nach der Ablösung der Leibeigenschaft, die Bauernherrschaft in derselben illusionslosen Wahrhaftigkeit. Das liest man nach im »Gemeindekind«, einer Studie über seelische und geistige Verwahrlosung, die bis heute nichts von ihrer entsetzlichen Richtigkeit verloren hat.

Im Jahre 1886 saß Gottfried Keller mit Freunden in der Trinklaube »Zur Meise«, und gegen die allgemeinen Klagen über den Niedergang der deutschen Dichtung nannte einer in der Runde »Das Gemeindekind«, das gerade in der »Rundschau« veröffentlicht worden war. Ein Professor sagte mäkelig: »Nun ja – das ist ganz nett!« Da knurrte ihn Keller an: »Das Gemeindekind ischt nicht nett. Das ischt gut!«

Marie Ebner hatte 1877 einem Wiener Bekannten geschildert, wie ihre Tage verliefen: »Wir stehen Schlag sieben Uhr auf, frühstücken, sobald das nur halbwegs möglich ist, im Garten, wenn's zu kalt ist, im Zimmer. Nach dem Frühstück geht Marie, (die Lieblingsnichte) an ihre Lektionen, wir Alten gehen einer Arbeit im Garten nach, dem Teiche, der tiefer gegraben wird, dem Ausstecken neuer Wege etc. Da wird beraten und nachgedacht und neue Verbesserungen und Verschönerungen werden ersonnen. Um neun Uhr begebe ich mich in mein Zimmer und an die Arbeit. Um zehn Uhr klopfen kleine Finger an meine Tür, und die Buben kommen, berichten, was sie gelernt, loben sich sehr, wenn sie brav waren, spielen alle Farben, wie es heißt, wenn sie Untaten berichten, flehen um eine Fürbitte beim Lehrer oder Papa. Wenn's gar zu schön und lockend ist, mache ich auch noch mit ihnen einen Gang durch den Garten, bin aber dann wieder fleißig bis halb zwei. Dann wird Toilette gemacht und um zwei zu Tische gegangen. Gleich nach Tische gehen wir an die Arbeiten, die wir immer vorrätig haben – da werden Kastanien gesammelt und in einem Wägelchen eingeführt, welke Blätter zu einem großen Berge getürmt, da werden Spaziergänge unternommen, die aber ein Ziel haben, einen guten Zweck. Da besuche ich meine alten Freunde, einen einstigen Schafmeister, einen einstigen Gartengehülfen, irgendein getreues altes Möbel, mit dem ich von längst vergangenen Zeiten, längst dahingegangenen Menschen sprechen kann. Und freut's mich halt, wenn jeder, der mir begegnet, mich freundlich ansieht und mir die Hand reicht und sagt: ›Das ist gescheit, daß Sie wieder zu uns kommen.‹ Gewöhnlich bin ich um sechs Uhr wieder zu Hause, lese und schreibe noch eine Stunde, und um sieben geht das Klopfen an meiner Tür wieder an, der Spitzbube Victor hüpft herein: ›Darf ich dich zur Billardpartie abholen? Darf ich dir meinen Arm antragen?‹ Die ganze Familie spielt mit Leidenschaft à la guerre bis zur Souperstunde acht Uhr. Nach dem Souper machen wir eine Bézique, bei der gewöhnlich mehr gelacht und geplaudert wird, als gespielt …«

Daran änderte sich nichts. Das private Leben blieb unangetastet von allen Veränderungen, und der sechzigste Geburtstag verlief in Zdisslawitz wie der fünfzigste. Noch mehr Ehrungen, noch mehr Glückwünsche, danach ein wenig mehr Rücksicht auf das Alter: Marie Ebner fuhr nun regelmäßig zur Sommerfrische nach St. Gilgen, wo sie die Luftveränderung endlich wieder ohne Schmerzen durchschlafen ließ. Sie traf sich dort mit ihrer Freundin Fleischl, lernte den Chirurgen Billroth kennen, den Physiologen Exner und den Zoologen Frisch. Verwandte aus der Dubsky-Familie kamen gelegentlich, ihre alte Freundin Gräfin Schönfeld, eine neue Bekanntschaft, die deutsche Autorin Hermine Villinger, und viele andere. Vormittags arbeitete Marie Ebner und war für keinen zu sprechen. Dann machten sie auch hier ihre von Zdisslawitz gewohnten Kranken- und Armenbesuche im Dorf, aß mittags bei Ida Fleischl, spielte danach eine Partie Tarock oder Piquet und war von halb vier bis fünf zu Hause, empfing also alle Besucher, die bei ihr anklopften. Um siebzehn Uhr gab es eine Jause, Tee oder Schokolade und immer etwas Süßes dazu, das sie jede Woche vom Bruder aus Wien geschickt bekam. Nach der Jause: Promenade am See, wobei sie oft Freunde trafen, und abends lasen sie vor dem Nachtimbiß noch eine Weile Zeitungen und Briefe. Danach ging Marie Ebner in ihre gemieteten zwei Zimmer im ersten Stock eines von weißen Kletterrosen umrankten Häuschens am Seeufer zurück und früh ins Bett.

Dieses friedliche Leben tat ihr wohl, und sie blieb jedes Jahr etwas länger. Sie schrieb in diesen Sommern »Bertram Vogelweid«, »Verschollen«, »Die Erdbeerfrau«, »Die Fremde«, »Die Untrennbaren« und andere. Sie war nun eine anerkannte Schriftstellerin, und 1893 kamen ihre »Gesammelten Werke« heraus. Nun konnte auch der Leser das Werk überblicken, konnte die Geschichten miteinander und mit zeitgenössischer Literatur vergleichen und sehen, worin das Unverwechselbare und Eigentümliche der Autorin lag.

Sie hatte in ihren Jugendjahren mit dem besessenen Fleiß jener gearbeitet, die davon überzeugt sind, daß man das Dichten so lernen könne wie das Lesen und das Rechnen, und daß ein intensives Studium der Dicht- und Bühnenkunst Erfolg haben müsse.

Der Streit zwischen dieser Ansicht und dem Glauben an Musenkuß und Inspiration wird nie beigelegt werden, und im Falle Ebner-Eschenbach stimmt beides. Sie hatte sich in ihrer Jugend ihr Instrument geschaffen, hatte die Sprache für ihre erträumte Theaterkarriere so geschliffen und präzisiert, daß sie mehr damit anfangen konnte als mit jener Alltagssprache ihres Standes, die mit ihren feststehenden Floskeln und Redensarten sicher mehr für Mitteilungen und Meinungen taugte als für das, was Ebner-Eschenbachs sagen wollte. Nur hatte ihr dieser Fleiß nichts genützt. Ein wirklich erfolgreicher Theaterdichter braucht etwas anderes.

Dafür kam ihr diese strenge Selbstschulung am Ende doch zugute, als sie nämlich die Vorstellung hinter sich ließ, das Theater sei die ganze Kunst.

Ein Theaterstück hatte ihr jedoch die Augen für diese andere Art der Sprache und der Existenz geöffnet, und sie war – wie ein Jahrhundert später die Graugänse des Naturforschers Lorenz – auf diese ersten Eindrücke fixiert.

Die Gestalten ihrer Erzählungen standen noch im Schatten und warteten geduldig, bis sie ihnen gewachsen war, und dann mußte sie ihnen nur folgen.

Das Theater hatte sie gelehrt, was ein guter Konflikt für die Dramaturgie der Handlung ausmacht, und diese handwerkliche Kunst paßte zu ihrem kritischen Blick. Sie sah die Konflikte der Gesellschaft und brauchte keine pathetischen Monologe darüber halten zu lassen. Sie stellte sie dar. Sie zeigte die Menschen in ihrem Kampf und ihrem Elend, sie ließ sie reden, und da sie nur über solche schrieb, über die sie Bescheid wußte, sind ihre Dialoge lebendig und treffend, so knapp, wie man es damals nur selten fand.

Ebner-Eschenbach war, weil sie sich zwar um die Technik, nicht aber um die Moden der Literatur kümmerte, erstaunlich modern. Ob sie nun Aristokraten darstellte oder Beamte, Mägde, Handwerker, Bauern oder politische Agitatoren – sie machte Charaktere aus ihnen. Sie sah, was Menschen wie eine Naturgewalt trieb und was mit ihnen, wenn sie nicht widerstehen konnten, in einer Gesellschaft geschah, die über diese Triebe noch nicht zu sprechen beliebte.

Ebner-Eschenbach wählte gern die Rahmenerzählung und schuf damit eine Distanz zur eigentlichen Handlung, die ihr Exemplarisches noch betonte, und sie stand ganz und gar auf der Seite der Frauen, ohne eine Position gegen die Männer zu beziehen. Eine ihrer anrührendsten und humorvollsten kleinen Theaterstücke »Eine Szene in einem Aufzug« heißt »Am Ende« und stellt einen Mann und eine Frau auf die Bühne, beide alt, einst Ehepartner. Den Mann trieb es hinaus, die Frau zog die Kinder groß, bewahrte das Haus, lebte glücklich, weil sie Glück und Zufriedenheit anders definierte als er. Nun ist er nicht mehr imstande, den ewig jungen Eroberer und Hansdampf in allen Gassen zu spielen. Das Haar wird grau, und er mag es nicht mehr färben lassen, die Beine werden steif, und er will Ruhe haben. Und sie gewährt ihm die Heimkehr mit einer Großmut und Heiterkeit, die den Alten nicht um seine ohnehin schon angeschlagene Selbstachtung bringt.

Das Erstaunliche an Ebner-Eschenbachs Werk und an ihrer Person ist die Vielfalt. Die Dorfgeschichten, die ihr so wichtig waren, mit den gnadenlosen Porträts. Die Gesellschaftsnovellen mit der ebenso gnadenlosen Kritik an denen, die das Noblesse oblige aus »Sport«, aus Ichsucht und Gleichgültigkeit verraten. Die Aphorismen, die die Autorin manchmal in den Tagebüchern notierte und die immer wieder zeigen, wie diszipliniert sie mit ihren Gedanken umging. Und ihre Uhrenleidenschaft, die sie schon als junge Frau gehegt und in »Lotti die Uhrmacherin« so verewigt hatte, daß ihr jeder Leser ihre eigene Fähigkeit abnimmt, Uhrwerke richten und reparieren zu können, dokumentierte sie nun, 1896, in einem Aufsatz in Velhagen und Klasings Monatsheften: »Meine Uhren-Sammlung«. Noch als alte Frau, wie Fleischl leicht irritiert feststellte, konnte sie sich wie ein Kind freuen, wenn ihr zum Beispiel der Bruder eine alte Emailuhr aus Wien in die Sommerfrische schickte.

1898 starb Moriz nach fünfzig glücklichen Ehejahren, tief betrauert von Marie. Sie reiste mit der ebenfalls gerade verwitweten Ida Fleischl den Winter über nach Rom. »Für mich war Rom kein Ausgangspunkt, sondern ein Ziel. Keiner von euch kann ermessen, was es heißt, im neunundsechzigsten Jahre zum ersten Male seinen Fuß auf die Stätte zu setzen, die einst die Achse der Welt war. Über jede neue Offenbarung des Gewaltigen und Schönen, die mich empfing, schwebte der Gedanke an das nahe Scheiden und nie und niemals verließ mich die Überzeugung: Früchte werden diese goldenen Tage mir nicht tragen. Ich habe nicht mehr die Zeit und die Kraft, zu verwerten, was ich hier erwarb.« Aber das war wieder eine so starke neue Erfahrung, waren neue Eindrücke, die sie dann doch zu neuen Erzählungen verarbeiten wollte.

Zunächst aber sah sie sich nicht imstande dazu, denn im selben Jahr starb auch ihre Freundin Fleischl. Doch da Marie Ebner immer aus ihrem Schreiben Lebenskraft zog, schrieb sie Hermine Villinger: »Ich arbeite wieder, und die Geschichte hat mir über schlimme Tage hinweg geholfen; ich bin ihr dankbar.« Das war »Die Agave«, eine Malergeschichte, die ihr beim Betrachten der Masaccio-Fresken in der Brancacci-Kapelle in Florenz eingefallen war.

1899 erhielt Marie Ebner als erste Frau vom Kaiser das Ehrenzeichen für Kunst und Wissenschaft verliehen. Den Winter 1899/1900 verbrachte sie wieder in Rom, in der alten Wohnung in der Piazza di Spagna. Und im Herbst fand die sogenannte Ebner-Feier zu Ehren ihres siebzigsten Geburtstags statt. Glückwünsche aus Österreich, Deutschland und der Schweiz, von Erzherzögen, Fürsten und der Uhren-Innung, von Kollegen wie Arthur Schnitzler, Peter Rosegger oder Ernst von Wildenbruch, von Malern und Verlegern – dazu das Ehrendoktorat der Universität Wien. Nun kam die Anerkennung, die sie sich so lange gewünscht hatte. Im neuen Jahrhundert, von vielen so enthusiastisch begrüßt, schrieb Marie Ebner nicht mehr viel. 1901 gab sie noch eine zweibändige Ausgabe von Erzählungen heraus, »Aus Spätherbsttagen«, aber die Unbedingtheit und die Unbeugsamkeit ihrer Charaktere begann in einer Zeit als unglaubwürdig, fast als anstößig empfunden zu werden, in der die Gewißheiten immer fraglicher wurden. Marie Ebners eigene Resignation klingt im Titel wider, aber der Bruch zwischen hart und illusionslos gezeichneter Wirklichkeit und hoher sittlicher Forderung, der die Gestalten ihrer Phantasie zerriß, zeigte nicht die Weltfremdheit der Autorin, sondern die Krise ihrer Zeit. Die alte Gesellschaft wurde nicht mehr mit sich selbst fertig, und Fleiß und Pflichterfüllung, so wie sie Kaiser Franz Josef, unterdessen auch ein alter Mann, an den Tag legte, reichten nicht mehr aus. Marie Ebner erlebte noch mit, was der Kaiser der k. u. k.-Monarchie, der nie an seinem Gottesgnadentum gezweifelt hatte, ertragen mußte. Sein Bruder wurde als Kaiser von Mexiko hingerichtet. Sein Sohn Rudolf nahm sich das Leben, seine Frau und sein Sohn Franz Ferdinand wurden ermordet. »Wahrhaftig, mir bleibt nichts erspart auf dieser Welt!« soll er ausgerufen haben, als er vom Tod der Kaiserin in Genf erfuhr.

1914 brach der Krieg aus. Franz Josef starb 1916, im selben Jahr wie Marie Ebner. Nach dem Krieg, der später der Erste Weltkrieg genannt wurde, änderte sich alles und nichts wurde jemals wieder, wie es früher war.

Auswahl aus dem Werk

Aphorismen

Sag etwas, das sich von selbst versteht, zum ersten Mal, und du bist unsterblich.

Es hat noch niemand etwas Ordentliches geleistet, der nicht etwas Außerordentliches leisten wollte.

Der Gescheiterte gibt nach. Eine traurige Wahrheit! Sie begründet die Weltherrschaft der Dummheit.

Der an die Freiheit des menschlichen Willens glaubt, hat nie geliebt und nie gehaßt.

Selbst der bescheidenste Mensch hält mehr von sich, als sein bester Freund von ihm hält.

Die Kinderlose hat die meisten Kinder.

Man kann nicht allen helfen, sagt der Engherzige und hilft keinem.

Wer in Gegenwart von Kindern spottet oder lügt, begeht ein todeswürdiges Verbrechen.

Lesen ist ein großes Wunder

Was hast du vor dir, wenn du ein Buch aufschlägst? Kleine, schwarze Zeichen auf hellem Grunde. Du siehst sie an, und sie verwandeln sich in klingende Worte, die erzählen, schildern, belehren. In die Tiefen der Wissenschaft führen sie dich ein, enthüllen dir die Geheimnisse der Menschenseele, erwecken dein Mitgefühl, deine Entrüstung, deinen Haß, deine Begeisterung. Sie vermögen dich in Märchenländer zu zaubern, Landschaften von wunderbarer Schönheit vor dir entstehen zu lassen, dich in die sengende Wüstenluft zu versetzen, in den starren Frost der Eisregionen. Das Werden und Vergehen der Welten vermögen sie dich kennen, die Unermeßlichkeit des Alls dich ahnen zu lassen. Sie können dir Glauben und Mut und Hoffnung rauben, verstehen deine gemeinsten Leidenschaften zu wecken, deine niedrigsten Triebe als die vor allen berechtigten zu feiern. Sie können auch die gegenteiligen, die höchsten und edelsten Gedanken und Gefühle in dir zur Entfaltung bringen, dich zu großen Taten begeistern, die feinsten, dir selbst kaum bewußten Regungen deiner Seele in kraftvolles Schwingen versetzen.

Was können sie nicht, die kleinen, schwarzen Zeichen, derer nur eine so geringe Anzahl ist, daß jeder einzelne von ihnen alle Augenblicke wieder erscheinen muß, wenn ein Ganzes gebildet werden soll, die sich selbst nie, sondern nur ihre Stellung zu der ihrer Kameraden verändern. Und hinter die Rätsel dieser Eigenschaft, die ihnen anhaftet, zu kommen, uns den Weg zu ihren Geheimnissen zu eröffnen, wird einem Kinde zugemutet, und ein Kind vermag's – wenn das nicht ein Wunder ist ...

Der Fink

»Lux! Lux! Herein da! Gleich da herein! Garstiges, grausliches, miserables Tier!« In allen Winkeln ihres Gedächtnisses suchte sie nach einem tödlich beschämenden Schimpfwort, um es dem Hunde an den Kopf zu schleudern, noch ehe sie selbst bei ihm ankam und ihm all das Üble antat, das sie gegen ihn im Sinn führte.

Der Hund war ein großer, weißer, kurzhaariger Spitz. Er hatte einen rabenschwarzen Fleck über dem halben Gesicht und dem halben linken Ohr, was ihm etwas ungemein Herausforderndes gab, und er konnte so verächtlich dreinschauen wie kein zweiter Hund auf der Welt. Ganz flüchtig sah er sich nach dem schlanken Persönchen mit den blonden, nach Knabenart geschnittenen Haaren um, das auf ihn zugeeilt kam, und wendete seine Aufmerksamkeit gleich wieder etwas Kleinem, Lebendigem zu, das sich im Grase regte, beschnüffelte es, betupfte es mit seiner Pfote.

»Marsch!« – Das R in dem Worte klang wie eine lange Reihe von R, die nacheinander ausgesprochen worden wären, also fast wie ein rollender Donner. Zugleich erhielt der Spitz einen mit aller Kraft, über die ein achtjähriges, eher zartes als starkes Mädchen disponiert, geführten Faustschlag in die Flanke. Pia tat sich dabei mehr weh als ihm, denn der Hund mußte irgend einen Vorfahren vom Geschlecht der Wale haben, wenigstens schien er aus lauter Fischbein zu bestehen.

Puterrot und die Augen voll Tränen, kniete Pia jetzt im Grase und hielt das kleine Lebendige in ihren Händen, streichelte, küßte, bedauerte es. Das liebe, das arme, ach so

klein! so arm! Ein ganz junges Finklein. Zu früh hatte es
sich aus einem der Nester auf der großen Rüster gewagt,
dem ältesten unter den alten Bäumen des Gartens, der gar
vielen Vögeln Obdach gewährte. Fast so hoch wie der
Schloßturm ragte sein Wipfel, seine Äste und Zweige bildeten einen Hain. Wie konnte das verirrte, erschöpfte Vögelchen den Weg zurückfinden ins Vaterhaus?

Es schien sich der ganzen Größe seines Unglücks bewußt, stieß von Zeit zu Zeit jämmerliche Piepse aus,
zwinkerte in Qual und Todesangst mit den dunkeln, glän-
zenden Äuglein. Sein Körperchen zuckte, sein Herz
schlug mit rasender Schnelligkeit. Es war gewiß schwer
verletzt. Der garstige Lux hatte es gebissen oder ihm vielleicht die Brust eingedrückt ... was wußte Pia, was er ihm
getan! Und jetzt hatte das miserable Tier noch die Unver-
schämtheit, heranzutreten, ganz vertraulich die Schnauze
auf ihre Schulter zu legen, nachdem er diese selbe
Schnauze mehrmals rasch nacheinander mit der Zunge
abgeleckt, und ihr mit seinen sehr sprechenden Augen und
seiner naiven Missetätermiene zu sagen: »Gib mir das Ding
zurück. Ich hab's gefunden, 's ist mein. Ich brauch's zum
Spielen. Es quietscht so nett, wenn ich darauf tupfe mit
meiner Pfote!«

»Marrrsch!« Wieder rollte das R wie Donner. Pia sprang
auf und gab dem Lux einen Tritt, bei dem sie sich fast den
Fuß verrenkte, und der ihn lächeln machte.

Sie rannte ins Schloß, in die Küche, ließ sich Milch und
Weißbrot geben und versuchte das Finklein zu füttern. Sie
verstand sich auf die Kunst. Drei aus dem Nest gefallene
Spatzen hatte sie im vorigen Sommer prächtig aufge-
bracht, und zwei von ihnen waren in noch zarterem Alter
gestanden als das Finklein. Aber freilich, das waren eben
Spatzen gewesen, zäh und ordinär, solche, wie es Hundert-

tausende gibt, nichts Feines, Exquisites, das auf ganz andere Lebensbedingungen gestellt ist als die große Masse.

Das Finklein verschmähte die Nahrung, die seine Wohltäterin ihm bot, und wenn sie ihm den Schnabel mit sanfter Gewalt öffnete und ihm ein Tröpfchen Milch einflößte, schluckte es nicht einmal.

Die Köchin, eine majestätische, dicke Person, mit einem Suppentellergesicht und blauen, schmachtenden Augen, hatte von ihrer großen, blanken Werktafel aus den Bemühungen Pias mitleidig zugesehen.

»Sie plagen das arme Tier umsonst«, sagte sie sanft und freundlich. »Geben Sie's her. Ich mach's tot.«

»W—as? tot machen?« Pia hob das schmucke Köpfchen, streckte sich, wurde ordentlich größer vor Entrüstung. »Sie wird man tot machen, Sie Grausame …«

Die Mörderin unzähliger Tauben, Hühner, Perlhühner, Truthühner zuckte mit ruhigem Selbstbewußtsein die Achseln. »Ich bin nicht grausam, ich könnt ein armes Tier, dem nicht mehr zu helfen ist, nicht so leiden sehen, weil's mich freut, mit ihm zu spielen.«

Pia schauderte; sie stürzte aus der Küche hinaus, fort von der Entsetzlichkeit der Totmacherin von Beruf, die so schreckliche Dinge sagte und vielleicht sogar – recht hatte:

Weil es sie freut, mit ihm zu spielen?

Wenn das wahr ist, dann ist sie ja viel schlechter als Lux, der keine Vernunft hat und ein Nebentier quält, ohne zu wissen, was er tut … Menschen haben einen andern Standpunkt und eine andre Verantwortlichkeit.

Was ist neulich geschehen, als der Tierarzt zum alten Jagdhund Flock gerufen wurde und erklärte, daß er unheilbar krank sei? Da hat die Großmutter zu Papa gesagt: »Erlös ihn! Spend ihm eine gnädige Kugel! Er soll den Tod eines braven Jagdhundes sterben.« – Und Papa, dieser engelsgute Papa, hat ein Gewehr genommen, ist hingegangen und hat den alten Flock erschossen. Und Flock war Papas Lieblingshund.

»Du bist auch mein Liebling«, flüsterte sie dem Vogel zu, »und ich will dich von deinen Leiden erlösen. Und ich weiß den schönsten Tod für dich, den schönsten Vogeltod. Im letzten Augenblick noch sollst du glauben können: ›Jetzt flieg ich‹. Und dann wird alles aus sein. Bei einem Vogel ist dann alles aus.«

Sie lief über den Hof, in den Gang und die Stufen hinauf, die zur Wohnung des Turmwartels führten.

Kein wirklicher Wartel. Er hieß nur so und war ein greiser, pensionierter Hausdiener. Er tat auch nichts mehr, außer Tabak schnupfen und schlafen. Den Turm sah er als seine eigenste Domäne an, und weil er selbst nie mehr hinaufstieg, war sein schwarzer Kater angewiesen, die Besucher zu geleiten.

Die Tür des Wartelzimmers war nur angelehnt und hatte ein goßes Guckloch. Pia warf im Vorübergehen einen Blick hindurch. Der Alte schlief in seinem Lehnstuhl, der Kater saß neben ihm auf dem Tisch und lauerte. Die Kleine erblicken und auf den Boden springen war eins. Er zwängte sich durch den Türspalt wie eine Schlange aus Samt und schlich hinter Pia her, unhörbar auf seinen elastischen Pfoten. Immer näher kam er heran, schmiegte sich an sie, warf ihr aus den großen, runden Topasaugen forschende Blicke zu.

Ob er den Vogel witterte? Ob er ahnte, was Pia in der Hand trug?

Auf der Treppe lag der Staub fingerdick, und ein unheimliches Zwielicht herrschte. Die wenigen Fenster waren nicht viel breiter als eine Zaunlatte und mit Schmutz und Spinngeweben überzogen. Manchmal huschte etwas vorüber – eine Ratte, gewiß. Dann schoß der Kater drauf los, und dann gab's einen kurzen, wütenden Kampf, ein schrilles Pfeifen gellte, ausgestoßen in Schmerz und Todesnot.

Und das Raubtier war wieder da, und seine gelben Augen leuchteten und sahen wieder und wieder zu Pia hinauf und schienen zu sagen: »Die rechte Beute hab ich noch nicht, die möchtest du mir vorenthalten. Wart nur, ich hole sie mir, ich bin stark, ich habe Krallen.«

Der Kleinen wurde bang, sie hastete, sie lief die Stiege hinauf. Ach, die wollte heute kein Ende nehmen! Und die Stufen waren so steil, und so schwindelig wurde man bei dem ewigen Rundherum und Rundherum!

Seit einer Weile schon hatte das Finklein kein Lebenszeichen gegeben. Plötzlich rührte sich's, sträubte seine Federn, seine Füßchen zappelten und zuckten …

Vorüber … nichts mehr. Das war vielleicht das Letzte. Das Finklein war vielleicht jetzt gestorben. Pia trug eine kleine Leiche in ihrer Hand …

Schrecklich, schrecklich, der Tod ist etwas Schreckliches, und ihn da haben, ihn fühlen … Ein Grauen überrieselte sie, und sie flüsterte dem Vogel zu: »Stirb nicht, stirb nicht in meiner Hand!«

Sie legte seinen Kopf an ihre Wange, hauchte leise über ihn hin und – schrie auf. Der Kater war mit einem wilden Satze heraufgesprungen, ihr fast ins Gesicht, und fauchte und dräute. Eine feige Regung stieg in dem Kinde auf: Gib es ihm! Gib ihm das Vögelchen! Es ist ja tot … Aber vielleicht doch noch nicht *ganz* tot und kann sich noch fürchten, noch etwas davon fühlen, wie es zerfleischt wird. Nein, und – nein! Man hat doch seinen Kopf, man wird nach seinem eigenen Kopf tun und nicht nach dem eines ekelhaften alten Katers.

»Fort, Unkatz! Unkatz!« ruft sie, und daß sie einen so verletzenden Namen für ihn gefunden hat, freut sie, stärkt sie. Sie stürmt die Stufen hinauf.

Da endlich war sie angelangt beim Pförtlein, das auf die Plattform führt. In seinem altersgrauen, von oben bis unten geborstenen Holze bildete das hereinströmende Sonnenlicht goldene und diamantene Stäbe.

Pia stieß es auf und betrat die Plattform. Der Kater ihr auf den Fersen. Sie fürchtete ihn nicht mehr, sie küßte den Vogel noch einmal auf sein Köpflein.

»Jetzt erlös' ich dich, bald wirst du nicht mehr leiden. Du wirst fallen – fallen – es wird dir sein wie im Traum.«

Über die Mauerbrüstung gebeugt blickte sie hinab.

Lauter Wipfel, und der alle überragende, war der der alten Rüster, und schien so nah, daß man meinte, ihn greifen zu können. Und ganz oben in den feinsten Zweiglein seiner Krone huschte es unstet hin und her, ward ein banges Schreien und Klagen laut, und so klein die Brust, der es entquoll, so groß und verzweiflungsvoll der Schmerz, der sich darin aussprach.

»Bist du's, Finkenmutter? Bist du's, Arme? Du wirst dein Kind wiedersehen, es kommt, aber es ist tot.« Pia streckte den Arm aus, und im Augenblick war der Kater dicht an sie heran auf die Mauer gesprungen.

»Du bekommst ihn nicht, du nicht!« rief das Mädchen, drückte einen Moment die Augen fest zu und öffnete die Hand.

Das Vöglein entglitt ihr und sank eines Atemzugs Dauer. Dann … Herr Jesus, Herr Jesus – es war nicht tot, es lebte! Seine Flügel spreizten sich, aus seiner Kehle drang ein leises, halb banges, halb freudiges Zwitschern, es flog, ein bißchen ungeschickt und wie trunken, aber flog dem Wipfel der Rüster zu, und dort erschallte ein Jubeln, ein

Jauchzen seligen Entzückens. Dazwischen ein eifriges, fragendes, besorgtes Piepsen: »Wie geht's? Bist gesund? Fehlt dir nichts?«

»Nein, jetzt fehlt ihm nichts mehr!« Pia brach in helles Lachen aus. Sie lachte dem Kater ins runde, flache, ins kläglich bestürzte Gesicht.

»Spring nach! Hol dir's, alter dummer Kater! Es ist gerettet vor dir, vor allen seinen Feinden, es ist bei seiner Mutter!«

Sie hielt plötzlich inne, sah nachdenklich in die Ferne und wiederholte langsam: »Bei seiner Mutter.«

Wie einem da ist, wußte sie schon lange nicht mehr ... Sie war damals so gar klein gewesen ... aber herrlich muß es sein für einen Vogel und – für ein Kind.

Aphorismen

Die Moral, die gut genug war für unsere Väter, ist nicht gut genug für unsere Kinder.

Die kleinen Miseren des Lebens helfen uns manchmal über sein großes Elend hinweg.

Wir müssen immer lernen, zuletzt auch noch sterben lernen.

Im Alter

Alles verläßt uns im Alter, die Treue des Gedächtnisses, die Schärfe des Verstandes, die Fähigkeit des Fleißes, zuletzt versiegt sogar der Quell unsres guten, braven Talents. Nur eines bleibt dem Begnadeten, steht noch vor seinem brechenden Auge – die schöne Illusion.

Die erste Beichte

Pater Joseph bewohnte ein nettes, ebenerdiges Haus mit schindelgedecktem, überaus steilem Dache. Warum die Tür sich nicht in der Mitte befand, sondern die Front in zwei ungleiche Hälften teilte, von denen die eine drei Fenster, und die andere nur eines zählte, das weiß ganz allein der Maurermeister, der das bescheidene Bauwerk vor Jahren errichtete.

Das Haus barg vier durch einen mit Ziegeln gepflasterten Gang getrennte Gelasse. In den beiden größeren residierte der geistliche Herr selbst, mit seinen vielen Vögeln, seinen wenigen Büchern und den Werkzeugen zu den vortrefflichen Papparbeiten, mit denen er sich in freien Stunden beschäftigte. In den kleineren Stübchen machte sich die alte Wirtschafterin mit ihrem Kochherde und den Speisevorräten so schmal als möglich. Trotzdem geschah es nicht selten, daß ein Sack mit Kartoffeln oder ein Korb mit Obst aus Mangel an Raum in das Schlafgemach des hochwürdigen Herrn eingeschmuggelt wurde, und zwar hinter den Kasten mit hohem Aufsatz, welcher der Feuchtigkeit wegen nicht an die Wand, sondern schräg über die Ecke gestellt war.

Den Eingang zur Lokalie bildete ein Vorgärtchen, dessen Gitter, sowie die Haustüre selbst, immer offen stand. Im Sommer blühten auf diesem schmalen Fleck Erde zwei schöne Zentifolienbäume und einige etwas magere, von der Sonne verbrannte Resedabüsche.

Wenige Schritte von dem Hause erhob sich die Kirche,

und ihr gegenüber warf eine prächtige Rüster ihren breiten Schatten auf die Hügel des Friedhofs, der den Bewohnern bei drei umliegenden Ortschaften die letzte Ruhestätte bot; denn nicht weniger waren in der Lokalie eingepfarrt, der Pater Joseph vorstand. Die Anzahl der Seelen, für deren ewiges Wohl die Sorge ihm oblag, war demnach eine ansehnliche, sein Gehalt dagegen ein äußerst geringer.

Der wackere Mann beklagte sich weder über das eine, noch über das andere. Er tat, was er konnte, er gab, was er hatte, er lehrte, was er wußte. Er betete mit den Reuigen und für die Reuelosen. Er war ein milder Apostel.

Unter den ihm anvertrauten Seelen befand sich eine, die ihm mehr Unruhe verursachte, als alle übrigen zusammen. Das war überdies nur ein Kinderseelchen und lebte in einem kleinen Mädchen, einem zarten siebenjährigen Dinge, der Tochter eines benachbarten Gutsbesitzers.

Die Sorge um dieses Kind lag ihm schwer auf dem Herzen. Es war krank und schwächlich zur Welt gekommen, und während der Taufe meinte Pater Joseph es verlöschen zu sehen unter seiner segnenden Hand. Aber der matte Lebensfunke glimmte fort, indes derjenige, an dem er sich entzündet hatte, sich rasch zu Tode flackerte.

Das kaum erwachte Dasein wurde teuer bezahlt; wenige Tage, nachdem der Priester das Kind getauft hatte, geleitete er die Mutter zum Grabe.

Mit unsäglicher Mühe aufgezogen, erholte sich das kleine Mädchen allmählich und wurde nach und nach, wenn auch nicht so schön und blühend, doch so kräftig wie ihre ältere Schwester. Während sich diese jedoch zur Freude ihrer Umgebung entwickelte, schien die jüngere nur da zu sein, um die Ihrigen ungeduldig zu machen und dem alten Gönner und Freund möglichst vielen Verdruß zu bereiten. Trotzdem blieb sie sein Liebling, und er ließ sich in dem Glauben nicht erschüttern, alle ihre Wunderlichkeiten und Schrullen seien nur ebensoviele in der Ausbildung begriffene Vorzüge. Vorläufig, da ein solches Resultat noch zu erwarten stand, litt er oft schmerzlich unter der unberechenbaren Gemütsart seines Täuflings.

Eines war gewiß, für diese Kleine gab es keine Mittelstraße; immer bewegte sie sich in dem oder jenem Äußersten. Tolle Lustigkeit oder tiefe Schwermut, stumpfe Gleichgültigkeit oder ein förmliches Sichauflösen in Liebe, Nichtbegreifen des Einfachsten und überraschendes Verständnis des Schwerfaßlichen, das wechselte ohne sichtbaren Übergang, in ununterbrochener Reihenfolge bei ihr ab. Stets konnte man gewiß sein, ihre Aufmerksamkeit da nicht zu finden, wo man sie suchte, dafür stellten sich ihre Gedanken und ihre guten Vorsätze oft dort ein, wohin man meinte, sie erst lenken zu müssen. Aber die Freude darüber verwandelte sich bei ihrem Religionslehrer meistens in Grauen, denn hastig trieb es sie sofort von dem kaum Errungenen weiter in das Maßlose.

»Entweder gar nicht vom Flecke gerückt oder übers Ziel hinaus gerannt!« rief er ihr dann entmutigt zu.

Die alte Großmutter war die einzige und nicht sehr entgegenkommende Vertraute seiner Leiden. Sie gehörte zu den Menschen, die glauben, die meisten Übel würden schlimmer, wenn man sie bespricht, sie haßte und fürchtete die Klage. Ihre Hilfe blieb nie aus, aber sie kam still und Dank verbietend, mit ebenso großer Scheu vor einem Freuden- wie vor einem Schmerzensausbruche.

»Nur still! Nur gescheit!« war das ganze Arsenal der Trosteworte, über welches sie verfügte. Die Leute nannten sie gleichgültig. Ihre Nächsten allein wußten, was dieses große, weiche Herz erduldet und verloren, bis es sich gestählt hatte zu dieser äußern Gleichgültigkeit.

Der Vater erfuhr von all den Verkehrtheiten seiner Zweitgeborenen nichts. Er wäre der letzte gewesen, der verstanden hätte, dem Übel zu steuern. Der heißblütige Mann, der tapfere österreichische Offizier, der seine Jugend im Kriegsdienste zugebracht, hatte im bürgerlichen Leben, in das er sich 1815 zurückzog, sein soldatisches und ziemlich gewalttätiges Wesen beibehalten.

»Nicht lieben, fürchten sollt ihr mich«, diese Worte bekamen die Untergebenen oft von ihm zu hören. Ob seine Kinder ihn liebten, fragte er nicht. Es ist die Pflicht der Kinder, ihre Eltern zu lieben, und daß seine Kinder ihre Pflicht tun, versteht sich von selbst. Ihnen gegenüber beobachtete er ein summarisches Verfahren und erklärte sich unfähig, bei der Erziehung seiner Töchter »in das Detail«, wie er zu sagen pflegte, einzugehen. Seine Methode gipfelte in dem einfachen Satze: »Sind die Mädels brav, dann tun sie nur ihre Schuldigkeit; sind sie nicht brav, dann strafet sie.«

Er sah seine Kinder selten außer beim Mittagstische und richtete an sie nur dann das Wort, wenn Klage über die Kleinen geführt worden war. Dies geschah nicht von Seite der Großmutter, die seine Heftigkeit fürchtete, es wurde von Miß Sophia Chalonner, der Erzieherin, besorgt, einer fahlen Engländerin mit rötlichen Wimpern.

Sie hatte Jane Eyre gelesen und fühlte sich ungemein geneigt, mit dem Herrn des Schlosses einen Roman mit gleichem Ausgange auszuführen. Sie ließ keine Gelegenheit vorübergehen, den unzugänglichen Mann in ein Gespräch zu verwickeln, zu dem ihr wichtige Mitteilungen, die sie über ihre Schülerinnen zu machen habe, den Vorwand boten. Der Graf schnitt ihr gewöhnlich die Rede mitten entzwei und gab ihr die Versicherung, sie nehme Kleinigkeiten viel zu hoch. Er kenne seine Kinder durch

und durch, es sei überflüssig, so viel Wesens aus unbedeutenden Fehlern zu machen, die sich mit den Jahren von
selbst abstreifen würden. Manchmal jedoch geschah es,
daß ein unvorsichtiges Wort, eine von Miß Sophia harmlos
gemeinte Äußerung einen unbegreiflichen Grimm in ihm
weckte, der sich dann über die Häupter der Kinder gewit-
terähnlich ergoß.

Eines Vormittags, an dem er, von einem langen Ritte
heimkehrend, in der Avenue vom Pferde stieg, und erhitzt
und ermüdet in das Haus eilen wollte, trat ihm Miß Chalonner mit feierlicher Miene in den Weg. Allem Anscheine
nach hatte sie ihn, trotz der brennenden Julisonne, vor
dem Schlosse erwartet. Rasch den Hut lüftend, suchte er
ihr mit einem kurzen »Guten Tag« zu entrinnen; doch
folgte sie ihm und bat, im Interesse der Kinder, um einen
Augenblick Gehör. Es wurde ihr mit unverhohlenem Wi-
derstreben gewährt. Die Engländerin, statt ihren ungedul-
digen Hörer sofort in medias res zu versetzen, begann mit
angeborenem Ungeschick von ihren Gefühlen für die ihr
anvertrauten Wesen zu sprechen. In dieser Auseinandersetzung wurde sie jedoch durch ein barsches – »Zur Sache!«
unterbrochen, das sie gänzlich verwirrte. Ohne weitere
Vorbereitung platzte sie nun mit der Beteuerung heraus, es
würde ihr nicht eingefallen sein, den Umstand besonders
zu betonen, daß Clary gestern ihren neuen Hut, für den
ihr doch empfohlen worden Sorgfalt zu tragen, dem Hof-
hund, der eine Schar Gänse jagte, nachgeworfen …

»Wenn nicht … Wenn nicht –«, ergänzte der Graf, und
wischte sich den Schweiß von der Stirne, und klopfte die
hohen Stiefel mit der Reitgerte.

»Wenn nicht«, fuhr Miß Sophia schnell atmend fort,
»Clary und sogar die sonst vernünftige Elisa lachend zugesehen hätten, als der Hund den Hut zerriß und zerbiß …«

»Nun denn«, fiel der Vater ihr in die Rede, »ist das alles?«

»Nein«, erwiderte Miß Chalonner, »das Schlimmste kommt. Als ich den Mädchen ihr Betragen verwies, lachten sie noch ärger als zuvor, und Clary beantwortete meine Ermahnungen in so unpassender Art, daß ich mich dadurch verletzt bekennen muß, Herr, in meinen besten Empfindungen!«

Auch dieser schmerzliche Ausruf verfehlte seine Wirkung.

»Ich ersuche Sie, derlei Lappalien in Zukunft nicht mir, sondern meiner Schwiegermutter zur Kenntnis zu bringen. Ich beschäftige mich, wie Sie wissen, nicht mit Details«, sagte der Graf trocken.

Miß Chalonners Nase überzog sich mit leuchtender Röte.

»Es ist traurig«, sagte sie – ihre dünnen Lippen zuckten nervös – »sehr traurig, denn überhaupt – die Kinder sind auf keinem guten Wege – sie haben wenig Pflichtgefühl; sie haben – ich bedaure es aussprechen zu müssen – keine Religion.«

Das war ein gefährliches Wort!

Es faßte eine ganze Menge von Anklagen zusammen, es setzte eine Reihe von vorangegangenen Irrtümern voraus. Hätte Miß Sophia ihren Herrn besser gekannt, sie würde es niemals ausgesprochen haben. Alles, was dem Herkömmlichen widerstrebte, war dem strengen Hausvater ein Greuel. Denselben Abscheu hätte es ihm eingeflößt, zu hören: Deine Töchter sind Frömmlerinnen! Bei ihm, unter seinem Regimente hieß es sich in den vorgeschriebenen Grenzen halten.

Weh dem, der sie überschritt oder nicht erreichte! Ein Zuviel wäre nicht minder verdammungswürdig gewesen als ein Zuwenig.

»Keine Religion?!« rief der Graf mit der auffahrenden Heftigkeit einer in Brand geratenen Rakete. »Und das erfahre ich erst jetzt? … Keine Religion – meine Töchter?! Worin unterrichtet sie denn Pater Joseph seit zwei Jahren? Wozu sind Sie da? … Keine Religion? Ist das die Frucht seiner Lehren und Ihrer Erziehung? … Ei, ei, da wollen denn wir zum Rechten sehen!«

Er ging sporenklirrend und ließ Miß Sophia vernichtet zurück und in Verzweiflung über das von ihr heraufbeschworene Unheil. Was hatte sie gewollt? Ach, sich nur ein wenig interessant machen, die Aufmerksamkeit des Löwen erregen, seine Anerkennung ihrer Verdienste wecken, – und nun fügte es ihr Unstern, daß sie ihn gereizt hatte, und daß er, statt ihr seine Huld zuzuwenden, sich brüllend und bedrohlich gegen sie erhob!

Und das mußte an jenem Wochentage geschehen, an dem Pater Joseph nach erteilter Unterrichtsstunde im Schlosse zu speisen pflegte. Bei der Tafel herrschte heute tiefes Schweigen; schwer wie Gewitterluft lag es auf allen Anwesenden, denn das Angesicht des Hausherrn war umdüstert. Er hatte den höflichen Gruß des Geistlichen kaum erwidert und den Kindern die Hand entzogen, die sie ihm küssen wollten. Diese saßen stumm da und lächelten nur manchmal über den Tisch zur Großmutter hinüber, die ihnen dann verständnisvoll und beruhigend zunickte. Pater Joseph hatte keinen Begriff davon, warum er einmal über das andere erröten mußte. Miß Chalonner wagte nicht den Blick von ihrem Teller zu erheben und aß mit so krankhaftem Appetit, als säße sie bei ihrem Henkersmahle.

Das Diner war beendet. Der Graf bot seiner Schwiegermutter den Arm, um sie zum schwarzen Kaffee in den Salon zu führen. Ihnen folgte, durch einen einladenden Wink dazu aufgefordert, Pater Joseph. Die Großmutter nahm ihren gewohnten Platz in der Sofaecke ein und ihre Strickerei zur Hand; der Priester lehnte den Stuhl ab, den sie ihm anwies, denn der Herr des Hauses hatte sich noch nicht gesetzt. Er ging mit dröhnenden Schritten im Zimmer auf und ab. Sein dichtes, kurz gehaltenes Haar, das bürstenähnlich auf seinem Kopfe emporstand und mitten in die Stirn in einer scharfen Spitze hereinwuchs, gab ihm ein strenges Aussehen, auch wenn er nicht so finster blickte, die schwarzen Augenbrauen nicht so fest zusammenzog wie jetzt. Seine Reckengestalt war danach angetan, noch ganz anderen Leuten zu imponieren, als einer alten Frau und einem schüchternen Landgeistlichen.

Vor dem letzteren blieb er nun, in seiner Wanderung inne haltend, plötzlich stehen und fragte mit fast drohender Stimme: »Darf ich fragen, geistlicher Herr, ob meine Töchter genügend vorbereitet sind, um ihre erste Beichte ablegen zu können? Es wäre Zeit, denk' ich.«

Die Großmutter ließ ihre Strickerei in den Schoß sinken und stieß ein kurzes, von einem schnalzenden Tone begleitetes »Ah!« hervor, das ihr eigentümlich war.

Pater Joseph erwiderte: »Beichte, Euer Hochgeboren … Die Kleinen? – das schiene mir doch zu früh.«

»Wie?« erwiderte der Hausvater, »die Kinder genießen Ihren Unterricht seit zwei Jahren, in zwei Jahren wird man doch ein paar Kinder zur Beichte vorbereiten können?«

»Aber sie sind noch nicht in dem Alter …« meinte der Priester.

»Natürlich nicht«, fiel die Großmutter ein, der der Ärger den Mut gab, ihrem Schwiegersohn entgegenzutreten.

Erfreut über ihre Zustimmung, fuhr Pater Joseph fort: »Von so jungen Kindern kann man keine ordentliche Gewissenserforschung erwarten.«

»Keine Gewissenserforschung? das wäre arg«, lautete die

grimmige Entgegnung. – »Meine Kinder werden doch unterscheiden können zwischen Gut und Schlecht. Das werden sie doch bei Ihnen gelernt haben? ... Oder nicht? – Ich will mich einmal selbst überzeugen von den Resultaten Ihres Religionsunterrichtes.«

Großmutter und Lehrer erschraken. Von solch einem improvisierten Examen, bei dem der Prüfende vor Ungeduld und die Geprüften vor Angst bebten, war, wie sie aus Erfahrung wußten, nichts Gutes zu erwarten. Aber die alte Frau wagte keinen Einwand, der Priester keinen Widerstand mehr, und eben schickte sich der Graf an, die Kleinen rufen zu lassen, als rasche Schritte im Vorgemache erschallten, hastig an der Tür gepocht wurde, und der Verwalter totenblaß mit der Nachricht eintrat, es sei Feuer ausgebrochen auf einem nahen Hofe.

Wahrhaftig! – o wie bitter hat er es später bereut, wie viel tausendmal sich's vorgeworfen! – es war ein: »Gott Lob!« was der menschenfreundliche Pater Joseph bei dieser Trauerbotschaft auf seinen Lippen unterdrückte.

Alle eilten an die Fenster. Hinter dem gegenüberliegenden Kiefernwalde hoben sich schwere Rauchwolken, zwischen denen grelle Flammen aufzüngelten, an dem klaren Horizont empor.

»Die große Scheune brennt«, sagte der Graf mit plötzlicher Ruhe. »Gestern haben wir dort die letzte Garbe Sommerfrucht eingeführt.«

In dem Augenblicke rasselten auch schon die Feuerspritzen und die Wasserwagen am Schlosse vorbei, und im gestreckten Galopp fuhren die Jucker mit der Britschka in den Hof. Der Jäger stand da, seinem Gebieter Hut und Stock überreichend.

»Vorwärts denn! Sie fahren mit, Herr Verwalter. Und Sie, geistlicher Herr, ich bitte dringend, sorgen Sie dafür, daß meine Kinder in vierzehn Tagen zur Beichte geführt werden können.«

II.

Pater Joseph blieb nichts übrig, als sich einem Willen zu fügen, der um so vieles stärker als der seine war. Sein ganzes Dichten und Trachten ging nun dahin, die ihm auferlegte Pflicht gewissenhaft zu erfüllen. Statt einmal wöchentlich, sah man ihn nun täglich nach dem Schlosse wandern.

Die Wirtschafterin Benedikta schüttelte so bedenklich den Kopf, daß die reichgarnierte Haube, die ihn krönte, förmlich ins Wanken kam, wenn sie den Priester jeden Nachmittag im Sonnenbrand über den Bergrücken hinschreiten sah, der zwischen den Gründen seiner Ortschaft und der Besitzung des Schloßherrn die Grenze bildete. Drüben fiel der Berg steil in einen Tobel ab, den ein Wildwasser durchrauschte und ein geländerloser Steg überbrückte. Dieser war an mancher Stelle schadhaft, und nach Regengüssen, wenn der angeschwollene Bach seine Stützen erschütterte, durchaus nicht gefahrlos zu betreten. Jedesmal bat Benedikta, ihr hochwürdiger Herr möge doch den Umweg über die Fahrstraße nicht scheuen; aber so viele Zeit hatte er nicht zu verlieren und ihre Vorstellungen wurden immer lächelnd abgewiesen. Da stand sie denn am Hause und blickte ihm nach, ihre Augen mit der Hand vor der Sonne schirmend. Die alte getreue Seele liebte den Gottesmann, wie man ein Kind liebt, und verehrte ihn zugleich als ein höheres Wesen. Es tat ihr in der Seele weh, ihn so ruhelos zu sehen, seitdem er die »herrschaftlichen Kinder« zum Empfang des heiligen Sakramentes der Buße vorbereiten mußte.

»Ob es den Schloßleuten auch nur ein einziges Mal einfiele, ihn im Wagen abholen zu lassen«, dachte sie. »Da soll er hin und her laufen wie ein Bote und kann sich ihretwegen den Hals brechen auf dem Steg! Und wozu das alles? Warum müssen die kleinen Mädels jetzt schon zur Beichte? Was sollen denn die für Sünden haben? Steht nicht vor jeder, die sie begehen könnten, die englische Gouvernante Schildwache?«

Indessen schritt Pater Joseph rüstig seinem Ziele zu, gestützt auf den mächtigen Regenschirm, den ein Futteral aus Pappe mit schwarzem Glanzpapier überzogen umschloß: eine der ausgezeichnetsten seiner buchbinderischen Leistungen und ein Werk, auf das er sich nicht wenig zu gute tat, denn, sagte er: »Wenn es schön ist, schützt das Futteral den Schirm, und wenn es regnet, der Schirm das Futteral.« Der lange Rock des Priesters flatterte im Winde, und sein rosenrotes, mit unzähligen Pockennarben übersätes Gesicht wurde beim Gehen purpurfarben. Er nahm oft den Hut herab, um sich mit ihm Kühlung zuzuwehen. Dabei kamen die lichtblonden Löckchen zum Vorschein, die sein Haupt bedeckten und Clary veranlaßt hatten, ihm zu sagen: »Geistlicher Herr, deine Haare sehen aus wie das Vlies vom Gotteslamme.«

Die beiden Schülerinnen erwarteten ihren Lehrer am Gartengitter. Er nahm ein Kind an jede Hand, die Kleine schulterte den Regenschirm wie ein Gewehr, und man begab sich in die Studierstube.

»Wie wird's heute gehen?« fragte Pater Joseph, am Lehrtische Platz nehmend.

»Es wird gut gehen!« beeilte sich Clary mit Zuversicht zu antworten.

»Du hast wohl den festen Vorsatz dazu gefaßt?« sprach der Geistliche.

Sie schüttelte den Kopf –: »Das nicht –«

»Wie? – Nun, so fasse ihn jetzt.«

»Ich habe mir gestern abend gedacht«, erklärte das Kind, »wenn ich erwache und es scheint die Sonne, dann schreiben Sie mir ein ›Ausgezeichnet‹ in meinen Katalog; wenn es aber regnet, bekomme ich nur ein ›Gut‹, oder vielleicht gar nur ein ›Kaum genügend‹.«

Das war ein wenig verheißender Anfang! Der Lehrer unterdrückte jedoch alles, was sich über diesen Fatalismus sagen ließ, und erwiderte nur: »Von dir hängt es ab, nicht vom Wetter, ob du eine gute oder eine schlechte Note erhältst.«

Er prüfte zuerst Elisa. Sie hatte fleißig gelernt und sprach die Beichtformel mit einer Innigkeit, die den Geistlichen rührte und ihn von der letzten Sorge befreite, sie könne die volle Bedeutung der heiligen Handlung, der sie im Begriffe war sich zu unterziehen, nicht verstehen.

Als an Clary die Reihe kam, hielt sie mit einemmal inne im Aufsagen des Eingangsgebetes, das sie überdies ohne alle Teilnahme sprach, und fragte: »Wem werden wir denn beichten?«

»Wem anders als mir?« antwortete Pater Joseph.

Sie schlug verwundert die Hände zusammen. – »Ihnen, Hochwürden? – ach nein! Sie wissen ja ohnehin alle unsere Sünden, wozu sollen wir sie Ihnen erst sagen?«

»Dein Vater und deine Großmutter verlangen, daß du ihnen einen begangenen Fehler eingestehst, wenn er ihnen noch so gut bekannt ist, nicht wahr?« versetzte Pater Joseph und erklärte ihr – ach, nicht zum erstenmal! – daß es sich in der Beichte, die sie vor Gott ablegen werde, um drei Dinge handle: um strenge Gewissenserforschung, um ein reumütiges Eingeständnis ihrer Sünden und um den festen Vorsatz, sie nicht wieder zu begehen: »Nur dann«, schloß er, »kann ich dir die Lossprechung im Namen Gottes erteilen.«

»In seinem Namen!« rief Clary und blickte ihn mit leuchtenden Augen an. »Dazu hat Gott Ihnen das Recht gegeben. Das war gut von ihm, daß er es Ihnen gegeben hat! … Er! … Er selbst –: Gott! …«

Ganz durchdrungen von der Weihe und Heiligkeit, mit der ihr Lehrer ihr plötzlich umkleidet erschien, senkte sie das kleine Haupt wie geblendet.

Pater Joseph war sehr bekümmert. Wie oft hatte er ihr schon erklärt, der Priester besitze als Stellvertreter Gottes die Macht, zu binden und zu lösen, und nun erst kam ihr das längst Gehörte, längst, wie er meinte, Begriffene als etwas Neues, Ungeheures zum Bewußtsein. Und wer weiß, was für tolle, unberechenbare Folgerungen sie nun wieder daran knüpfen wird! Er beeilte sich, der Flut von Fragen, die er schon hereinbrechen sah, zuvorzukommen.

»Weiter! weiter! fahre fort!« befahl er streng, und litt dabei unsäglich.

Ach, hätte er tun dürfen nach seinem Gefühle, nach seiner Einsicht! Die Bücher würde er zugeschlagen und dem Kinde zugerufen haben: Hinunter mit dir in den Garten, übers Feld! Spiele, hüpfe, tanze im Sonnenschein, du Mücke, anstatt hier dein armes Hirn zu zerquälen mit Gedanken, die ihm zu schwer sind. Suche nach roten Beeren im Walde, statt nach schwarzen Sünden in deinem Gemüte.

Clary war glücklich in der Gebetformel, die nach vollbrachter Beichte zu sprechen ist, bis zu dem Satze gelangt: Und ich nehme mir ernstlich vor, lieber zu sterben, als Gott wieder durch eine Sünde zu beleidigen, – da machte sie eine Pause.

»Das habe ich gelernt, weil's hier steht«, bemerkte sie, »aber im Beichtstuhle werde ich's nicht sagen.«

Pater Joseph seufzte tief. »Warum nicht?« fragte er mit einer der Verzweiflung verwandten Geduld.

»Weil es nicht wahr ist«, erwiderte das Kind.

»Wieso, nicht wahr?«

»Im Evangelium heißt es, der Gerechte fällt siebenmal an einem Tage, und …«

Sie stockte, betroffen über die außerordentliche Traurigkeit, die sich in den Zügen ihres Freundes malte.

Nun hätte er von Todsünde, von schwerer Beleidigung Gottes sprechen sollen – aber er sah die flackernde Aufregung, die sich des Kindes bemächtigt hatte, und wollte die Verwirrung in diesem Köpfchen nicht noch vergrößern. So schnitt er jede weitere Erörterung mit den Worten ab: »Genug für heute. Tue, was dir vorgeschrieben ist, und grüble nicht.«

»Was mir vorgeschrieben ist? Ich *muß* versprechen, lieber zu sterben, als Gott wieder durch eine Sünde zu beleidigen? Ich *muß?*« fragte Clary und erblaßte. »Lieber zu sterben!« wiederholte sie. »Und Elisa verspricht das auch?«

Ihr Blick haftete angstvoll auf ihrer Schwester; wie schützend legte sie den Arm um ihren Hals.

»Elisa ist ein gutes Kind«, sagte Pater Joseph, »und tut, was sie soll, ohne viel zu fragen. Sie weiß: die Sprache, die ihr geboten wird im Beichtstuhl zu sprechen, das ist die Sprache der Reue.«

»So, so – die Sprache der Reue …« Sie schwieg und sann. Plötzlich wie durchzuckt von einem lichtspendenden Gedanken, rief sie: »Eine unfruchtbare Reue gibt es und eine fruchtbare, haben Sie uns gelehrt.«

Daran knüpfte nun der Priester den Beginn seines Vortrags. Aber Clary war während des ganzen Restes der Stunde unerträglich zerstreut. Und Pater Joseph konnte nicht umhin, statt des zierlichen: »Sehr brav«, das er so gern von schwungvollen Schnörkeln umgeben, die das Lob wie Flügel trugen, oder gar schief, als ob es vor Bewunderung hintenüber schlüge, in den Katalog ein kahles: »Kaum genügend« einzuschreiben.

Angesichts dieser vollendeten Tatsache erwachte Clary aus ihren Träumereien. Sie las mit Entsetzen das verhängnisvolle Wort, dann blitzten ihre Augen über den Katalog der Schwester hin. Diese legte rasch die Hand auf das »Ausgezeichnet«, das sie erhalten hatte, damit der Kleinen durch seinen Anblick nicht allzu weh geschehe.

»Siehst du«, sagte Pater Joseph, »die Sonne hat nichts zu tun mit den Noten, die du bekommst.«

Er erwartete einen Ausbruch von Tränen und von Beteuerungen für die Zukunft, allein Clary weinte nicht und versprach auch nichts. Sie blieb tief in sich versunken den ganzen Tag, dabei aber ein Muster von Gehorsam und von Sanftmut. Sie machte Fleißaufgaben, schrieb ihren Beichtzettel dreimal ab, und Elisa bemerkte, daß er jedesmal länger geriet. Als sie zu Bette ging, wollte ihr Abendgebet gar kein Ende nehmen. Sie betete für alles, was lebt, für alles, was leidet, dann für alles, was nicht mehr lebt, aber noch leidet: für die armen Seelen im Fegefeuer, sie betete sogar für die Verworfenen in der Hölle.

Am nächsten Morgen legte sie alle ihre Spielereien zusammen und verteilte sie, die liebsten zuerst, unter die Kinder der Hausleute und des Dorfes. Sie lauerte jedem vorüberziehenden Bettler auf und entschuldigte sich, nachdem sie ihn beschenkt, daß ihre Gabe nicht reichlicher ausgefallen war. Sie ging mit einer seltsam seligen Miene umher, als ob ein überirdisches, geheimnisvolles Glück über sie gekommen wäre.

Es war am Tage vor der Beichte. Pater Joseph empfahl sich nach erteiltem Religionsunterricht bei der Großmutter, die unter den Lindenbäumen hinter dem Schlosse auf und ab wanderte. Die alte Frau strickte auch im Gehen; am Arme hing ihr das runde Körbchen mit dem Knäuel feinen Zwirnes; ihre Hände bewegten sich mechanisch. Die Züge ihres edlen Gesichtes trugen denselben kühlen, teilnahmslosen Ausdruck, der ihrer Umgebung zum erstenmal am Todestag ihrer einzigen Tochter aufgefallen war.

Der Geistliche hatte schon Abschied genommen, verweilte aber noch.

»Wie schön es ist!« sagte er, als hielte ihn das Landschaftsbild fest, das sich den Augen der beiden alten Leute darbot.

Und es war in der Tat schön.

Das Schloß mit seinen Gärten lag auf einem Hochplateau, das gegen Süden den Ausblick über das weite Land, die wohlgepflegten Felder und die von seinen Wasseradern durchrieselten Wiesen gewährte, gegen Norden hingegen durch eine dreifache Kette bewaldeter Berge abgegrenzt war. Ein vielzinkiger Turm krönte die Ecke des linken Schloßflügels, dem die steilen Wände mächtiger Basaltfelsen zum Unterbau dienten. Ihre dunklen Pyramiden ragten hier kahl empor, indessen sie, je tiefer sie sich gegen das Tal senkten, von einer kleinen, aber kräftig ans Licht des Daseins drängenden Vegetation überwuchert waren. Zwischen ihren Moosen und Eriken erhoben sich einzelne Fichten und Föhren, Ausläufer der nahen Wälder.

Das erste Geschoß des Turmes, der sich in unmittelbarer Verbindung mit den Gemächern der Großmutter befand, wurde von den Kindern und ihrem Aufsichtspersonal bewohnt. An einem der Fenster stand jetzt Clary. Sie blickte wie verzückt in die untergehende Sonne, die, prächtig noch im Scheiden, den Horizont mit flammenden Lichtströmen übergoß. Die Wälder, die bereits kühler Schatten umfing, hauchten den empfangenen Wärmesegen als duftigen Rauch in die Atmosphäre, wie ein Dankopfer für die königliche Lebensspenderin. Sie versank langsam; ihre letzten Strahlen vergoldeten die Wolkensäume, die Bergeshöhen und die flatternden Locken des Kindes dort oben, das immer noch unbeweglich, dem majestätischen Schauspiele ganz hingegeben, hinausstaunte in die Welt.

Längst hatte Pater Joseph sie bemerkt. Der wahre Grund seines Zögerns, den Heimweg endlich anzutreten, war sein stilles Bangen um den Liebling, das danach rang, sich wenigstens in einem Worte auszusprechen.

»Blicken Euer Gnaden doch da hinauf«, sagte er bittend und wies auf die Kleine.

Aber die Großmutter erhob den Kopf nicht; sie fuhr in ihrer Arbeit und in der Betrachtung der Gegend fort, und erwiderte ablehnend: »Habe sie schon gesehen, vorher.«

»Was geht in ihr vor?« begann der Geistliche von neuem. »Ich wünsche, der morgige Tag wäre glücklich vorüber.«

Die alte Frau wollte es nicht gelten lassen, daß sie sich gleich ihm beunruhigt fühlte.

»Wird auch vorübergehen; alles geht vorüber, alles wird gut«, murmelte sie.

»Das gebe Gott!« sprach der Priester, und sie schieden.

Der Abend war herangekommen, der Herr des Hauses saß in seinem Arbeitszimmer am Schreibtische, neben ihm in einem Lehnstuhl seine Schwiegermutter. Die Lampe an der Decke brannte und warf ihr grelles Licht auf die Rechnungen, Berichte und Wirtschaftsjournale, die sich tagsüber auf dem Pulte des tätigen Ökonomen aufgehäuft hatten. Er nahm eines nach dem andern vor, teilte seiner Schwiegermutter hie und da ein Resultat mit, oder stellte eine Frage; er war durchaus nicht blind für die Überlegenheit ihres Geistes, er ließ ihrem schlagfertigen Verstand Gerechtigkeit widerfahren und befolgte sogar zuweilen ihren Rat.

Jetzt näherten sich kleine Schritte. Schüchtern wurde die Tür geöffnet, gerade weit genug, um zwei schlanke Gestalten hereinschlüpfen zu lassen. Hand in Hand traten die Mädchen ein, stellten sich vor ihren Vater hin, und tief ergriffen begann Elisa: »Wir kommen, dich bitten, uns zu verzeihen, lieber Vater, wenn wir dich wissentlich oder unwissentlich beleidigt haben. Wir gehen morgen zur Beichte.«

Während sie ihr Sprüchlein sagte, hatte sich der Blick des Grafen forschend und streng von einem seiner Kinder zum andern gerichtet. Als das Mädchen nun hochaufatmend schwieg, sprach er: »So, so. Ihr geht morgen zur Beichte. Das ist recht. Frauen müssen Religion haben. Es gibt nichts Schrecklicheres, als ein Weib ohne Religion. So! – Also – so! ich verzeihe euch.«

Die Kleinen stürzten sich auf seine Hände und küßten sie. Sie waren unbeschreiblich gerührt.

Dann wendeten sich die Kinder zu ihrer Großmutter. Die alte Frau unterbrach jedoch ihre eingelernte Ansprache nach dem ersten Satze.

»Schon gut ... Nur gescheit ...«, sagte sie. Ihre zitternden Hände legten sich auf die Häupter ihrer Enkel, und sie umschlang beide in einer Umarmung.

Man hörte nichts mehr als ein leises Geflüster: »Verzeih uns! ... Verzeih uns!« – und ein lautes Schluchzen.

»Geht jetzt«, sagte endlich der Vater, und die Mädchen schlichen davon. Die durchwanderten das ganze Schloß und baten sich nach frommem Brauche die Verzeihung eines jeden Hausgenossen aus.

Als sie zu ihren Zimmern zurückkehrten, lag auf einem Treppenabsatze Faßan, der große Hühnerhund. Halb im Schlafe blinzelte er seine Freundinnen an, gähnte, machte die Augen zu und fegte die Fliesen mit seinem wedelnden Schwanze. Clary beugte sich über ihn, küßte ihn vielmals und bat auch ihn um Verzeihung.

Eine Weile, nachdem die Kinder zu Bette gebracht worden waren, erhob sich Elisa sachte aus dem ihren. Sie wollte ihr Gebetbuch zu den Handschuhen und dem Tuche legen, die man ihr neben dem weißen Kleide, das sie morgen tragen sollte, zurecht gerichtet hatte.

Nach dem Buche in ihrer Tischlade suchend, fand sie in einer Ecke die Päckchen verborgen. Darin lag Clarys höchstes Kleinod, ein goldenes Kettlein, das einstens ihrer Mutter gehörte. Es war vielfach in feines Papier gewickelt, mit Seide fast kunstvoll verschnürt, und auf seiner äußersten Umhüllung stand in unbeholfener Kinderschrift: »Zum Andenken«.

III.

Die Schloßkapelle war festlich geschmückt. Alle Kerzen auf dem Altare brannten, in ihrem Glanze glitzerten die köstlich verzierten Reliquienschreine. Die Mutter Gottes lächelte herab aus ihrer blauen, sternenbesäten Nische; Blumen- und Weihrauchduft erfüllten den hochgewölbten Raum.

Im Oratorium knieten der Schloßherr, die Großmutter, Miß Chalonner und die rangältesten Beamten und Diener. Die ersten Reihen der Kirchenstühle waren den Armen des Dorfes eingeräumt worden, die übrigen von den Hausleuten besetzt. Über alle Häupter hoch hinweg ragte

Benediktas stolze Haube. Ihre Besitzerin befand sich in eigentümlich erregter und zugleich versöhnlicher Stimmung. Ihr heißer Wunsch war erfüllt, der geistliche Herr heute abgeholt worden in herrschaftlicher Equipage. Sie hoffte, dies werde von jetzt an immer geschehen, und grollte nur noch mit der Vergangenheit.

Ehrwürdig nahm der Priester sich aus in seinem schneeigen Chorhemde, mit umgehängter Stola. Er war blaß, wie man ihn nie gesehen, ein Zug von schmerzlicher Spannung lag um seinen Mund. Vom runden Fenster über dem Altare fiel ein Sonnenstrahl gerade auf sein Haupt, und in dem hellen Lichte bemerkte Benedikta mit wehmütigem Schrecken, daß so manche seiner kleinen Locken schon weißlich schimmerte.

Im Beichtstuhl kniete Elisa vor ihrem Lehrer. Sie hatte eben ihre Beichte beendet und hörte mit demütig auf die gefalteten Hände gebeugter Stirn seine milde Ermahnung an. Dann sprach er das: »Absolve te«, sie empfing seinen Segen, erhob sich, und Clary nahm die Stelle ihrer Schwester ein.

Ihre Beichte dauerte lange. Benedikta konnte nicht umhin zu denken, sie hätte nicht geglaubt, daß ein so kleines Kind ein so großes Sündenregister haben könne. Pater Joseph schien jedoch über den Seelenzustand seines jüngsten Zöglings andern Sinnes. Auffallend kurz war die priesterliche Lehre, die er ihr erteilte. Aber inniger hatte er wohl nie gebetet als jetzt, da er die Worte der Vergebung über den Liebling seines Herzens sprach.

Beide Mädchen knieten nun auf einem Betschemel mitten in der Kapelle nieder. Der Geistliche trat in die Sakristei und bald darauf im Ornat an den Altar. Elisa folgte dem Meßopfer in stiller Versunkenheit, Clary schien aufgelöst in Andachtsglut. Als der Priester das Allerheiligste zum letzten Segen erhob, sah er den Blick des Kindes mit solcher Verzückung emporgerichtet, daß die kaum beschwichtigte Angst vor einer unbestimmten Gefahr von neuem in seinem Herzen erwachte.

Die heilige Handlung war vollbracht; die Armen, großmütig beschenkt, entfernten sich, die Schloßbewohner gingen dem Hause zu. Pater Joseph war zum Frühstück geladen und sollte folgen. Als er, umgekleidet, aus der Kapelle trat, fand er zu seiner Überraschung den Grafen, ihn erwartend, auf der Schwelle. Eine so große Ehre hatte der hochfahrende Mann ihm nie erwiesen, und wie gern würde Joseph auch heute auf sie verzichtet haben! Hinderte sie ihn doch, den Kindern nachzueilen, die an der Seite ihrer Großmutter schon einen weiten Vorsprung gewonnen hatten. So viel der Respekt es ihm erlaubte, drängte er, von einer unerklärlichen Unruhe getrieben, und dabei bemüht, sie zu verbergen, vorwärts.

Im Portal trafen sie die alte Frau, Elisa und Miß Chalonner. Clary, nach der der Geistliche fragte, sei vorangegangen, sagte man ihm.

»In den Speisesaal?«

Miß Chalonner vermutete es.

»Zum Frühstück!« mahnte der Graf, und die Gesellschaft begab sich in den Saal.

Clary war nicht da.

»Wo mag sie nur bleiben?« rief Pater Joseph.

»Wer?«

»Die Kleine – «

»Ach, die füttert gewiß ihre Tauben, weil sie's am Morgen nicht tun konnte«, sprach Miß Chalonner.

»Ich will sie rufen«, sagte der Geistliche hastig und schritt hinaus. Er durchlief die Gänge, er rannte in den Hof, – zum Taubenhause im Kindergarten – auch hier war

Clary nicht. Die Vögel flogen unruhig ein und aus, sie schienen zu warten auf die kleine Beschützerin, die heute so lange zu kommen zögerte. Pater Joseph kehrte rasch in das Schloß zurück und fragte jeden, dem er begegnete, nach dem Kinde. Niemand wußte Auskunft. Endlich sagte ein Diener, er habe sie in das Turmzimmer treten gesehen. Dahin eilte nun der Geistliche; er keuchte die Treppen hinan, er erreichte die Tür, riß sie auf und schrak zusammen vor dem Anblick, der sich ihm darbot.

Das Fenster, an dem Clary gestern im Abendrot gestanden hatte, war offen; davor lag ein umgeworfener Stuhl und auf dem Boden das aus einer Stirnwunde blutende Kind.

»Sie hat sich hinabstürzen wollen, – ist abgeprallt am Fensterkreuze … Der sie beschützte, sei gelobt! Gott sei gelobt!« schrie es auf in der Seele des Priesters. Er weinte, er jubelte, er mußte sich Gewalt antun, um nicht niederzuknieen zu ihr, um sie nicht in seine Arme zu nehmen, ihr zu danken, daß sie lebe.

»Unglückliches Geschöpf«, sagte er, »was hast du getan?!«

Sie, halb betäubt, fuhr mit der Hand über die Augen: »Ich habe Wort halten wollen«, sprach sie, »lieber sterben als noch eine Sünde begehen –«

»Schrecklich! schrecklich!« unterbrach er ihre stockende Rede. »Um keine Sünde mehr zu begehen, begehst du die größte, die ein Christ begehen kann!«

Als ein strenger Richter hätte er vor ihr stehen sollen, aber in dem Tone seiner Stimme lag mehr Trauer als Verdammung.

Der Großmutter fiel das lange Fortbleiben Clarys auf. unter dem Vorwande, sie habe noch einen Auftrag zu geben, ging sie nach den Zimmern der Kinder. Sie fand dort

Pater Joseph damit beschäftigt, ihrer Enkelin ein nasses Tuch an die Stirn zu drücken. Dabei sprach er ihr leise und beschwichtigend zu.

»Was ist denn geschehen?« fragte die alte Frau, ihre Sorge mühsam bemeisternd.

Der Priester sah Clary an. Ihr Gesicht glühte, Träne um Träne lief über ihre Wangen herab.

Ein tiefes, wenn auch noch nicht ganz deutliches Bewußtsein schweren Unrechts dämmerte beschämend in ihr auf. Sie litt alle Qualen der Reue für eine Tat, die ihr als das rascheste Beförderungsmittel zur Seligkeit erschienen war. Jetzt stand sie da, kummervoll, betrübt und verdienter Strafe gewärtig, an einem Tage, der ihr ein Tag reinsten Glückes hätte sein sollen.

Ihr alter Freund übte Erbarmen.

»Euer Gnaden wollen geruhen, nicht zu fragen«, sagte er zu der Großmutter. »Was hier vorgegangen ist, soll ein Geheimnis bleiben zwischen dem Beichtvater und dem Beichtkinde.«

Die Großmutter richtete ihre klugen Augen mit durchdringendem Blick auf Clary und dann, bange fragend, auf den Geistlichen. Er bemerkte, daß sie die Farbe wechselte und mit einer unwillkürlichen Bewegung auf einen kleinen roten Flecken deutete, der am Querholz des Fensterkreuzes haften geblieben war.

»Wie Sie wollen, geistlicher Herr«, erwiderte sie nach einem Augenblicke des Besinnens. – Wie Sie wollen. Aber jetzt kommen Sie.«

Sie ging voran; Pater Joseph und Clary folgten.

Die Kleine fragte, leise auf ihre Stirn deutend: »Sieht man's sehr? – Ach, wenn Papa es bemerkte!«

Papa jedoch bemerkte es nicht. Er war, als sie eintraten, in eifrigem Gespräch mit dem Architekten begriffen, der

103

den Plan zum Silo gebracht hatte, der an der Stelle der jüngst niedergebrannten Scheune errichtet werden sollte.

IV.

Pater Josef stand am geöffneten Fenster seiner Arbeitsstube und trommelte Wirbel um Wirbel auf dem Fensterbrette.

Benedikta war schon öfters ein und aus gegangen, hatte den Tisch gedeckt, die Suppe aufgetragen und dieses Ereignis bereits dreimal angekündigt, wobei sie ein fast kriegerisches Geklapper mit dem Bestecke vollführte. Jetzt schwand ihr letztes Restchen Geduld und sie rief mit einer Art bitterer Schadenfreude: »Sie ist schon kalt!«

»Schon kalt«, wiederholte ihr Gebieter mechanisch, wendete sich und nahm Platz am Tische. Aber er aß nicht. Er faltete die Hände und schien sich zu vertiefen in die Betrachtung der zahlreichen Fettaugen, die auf seiner Brühe schwammen. So saß er unbeweglich da, den Kopf auf die Brust gesunken, traurig bis in den Tod.

Vergeblich hatte er gehofft, sich über die Gefahr beruhigen zu können, in der sein Liebling geschwebt hatte, vergeblich sich wiederholt, daß sie überstanden sei und niemals wiederkehren werde. Die nicht, aber eine andere, die man ebensowenig vorauszusehen vermag. Das Gemüt dieses Kindes gleicht nicht einer Blume, die sich schließt beim herannahenden Unheil; es gleicht einem wunderlich geformten Baume, der dem Blitz des Himmels hundert Arme entgegenstreckt. Ist's möglich, den zu beschützen, der sein Verhängnis selbst herabbeschwört?

Man kann's wohl nicht und muß es doch versuchen. Der Zweifel an dem Siege entschuldigt nicht das Aufgeben des Kampfes.

Pater Joseph sinnt, und plötzlich durchzuckt ihn ein Gedanke, bei dem sein Atem stockt und sein Herz in wilden Schlägen pocht. Und es ist kein feiges Herz. Neulich, als er im Gußregen auf dem Stege ausglitt und einen Augenblick über dem Abgrund hing, hatte es so ruhig weiter geschlagen!

Mit schwerem Bangen wird er sich bewußt, daß er nicht das Recht habe, dem Vater zu verschweigen, welch ein Verlust ihm gedroht hatte. Die Zeit ist gekommen, in der der rücksichtslose Mann aufmerksam gemacht werden muß: »Gib acht, die Kinder, über die dein Wille unumschränkt zu herrschen glaubt, haben lebendige Seelen!«

Der Priester kämpfte mit dem Aufruhr in seinem Innern.

Die Luft im engen Stübchen lastete auf seiner beklommenen Brust; er trat in sein Gärtlein hinaus und begann die welken Blüten von den Rosenbäumen abzulesen. Aber auch in dieser Beschäftigung unterbrach ihn Benedikta mit der Frage, ob er denn heute durchaus fasten wolle?

Er bejahte es, holte aus dem Hause seinen Hut und seinen Schirm und ging dann, einen Kranken im Orte besuchen.

Als er wiederkehrte, war sein Plan entworfen. Was er zu tun hatte, wußte er; daß er es tun werde, stand in dem Augenblick fest, in dem ihm aufgeleuchtet hatte: es ist deine Pflicht, – und nun war er auch über das Wie im reinen.

Seine Mahnung sollte nicht wie ein Tropfen Wassers verzischen, der auf glühendes Eisen fällt, sondern wie ein Samenkörnlein in fruchtbare Erde sinken. Das Gemüt, in das er es streuen will, muß vorbereitet werden, es aufzunehmen. In der sonntäglichen Predigt kann das geschehen. Er wird ihr den Text aus Paulus 1, 27 zugrunde legen: »Was töricht vor der Welt ist, hat Gott erwählt, auf daß es die Weisen beschäme.«

Wie gut läßt sich da manches anknüpfen, so recht geeignet, ein blindes Selbstvertrauen zu erschüttern! Und wenn es gelang, dann wird der fromme Mann vor das Weltkind treten und sagen: »O Herr, laß dich warnen, durch die Handlung eines törichten Kindes!«

Er hat die Feder ergriffen und beginnt seine Predigt zu schreiben. Zeile um Zeile entsteht, Satz um Satz; er spricht jeden laut nach und ist zufrieden. Die Befangenheit seiner Seele löst sich bei dem Klange der eigenen Worte, die schlicht und mild mehr wie Bitten denn wie Ermahnungen lauten.

Da gleitet ein Schatten über sein Papier; es ist jemand am Fenster vorbeigegangen, der Sand des Weges knistert unter einem energischen Schritte. Jetzt wird er im Flur vernehmbar, die Tür öffnet sich und vor Pater Joseph steht der Mann, mit dem alle seine Gedanken eben beschäftigt sind. Verwirrt murmelt er eine Begrüßung und macht Miene, sich zu erheben.

»Bleiben Sie!« rief der Graf, indem er, beide Hände auf Pater Josephs Schultern legend, ihn auf seinen Sessel zurückdrückte, »ich will Ihnen nur sagen, Hochwürden, da ich's am Morgen vergaß, daß ich die Pension bewilligt habe, um die Sie neulich für die Witwe Ihres alten Kirchendieners eingekommen sind. Und dann muß ich Ihnen noch danken, es ist alles vortrefflich gegangen heute.«

Pater Joseph erhob langsam das Haupt: »Danken wir Gott dafür – es hätte auch alles schlecht gehen können.«

»Wieso! Was meinen Sie? … Was meinen Sie?!« fragte der Graf, und warf Pater Joseph einen Blick zu, über den der friedliebende Priester erschrak.

Nun war die Katastrophe eingetreten, die vorzubereiten er allen seinen Scharfsinn und alle seine Überlegung anzustrengen gedachte. Ein paar verhängnisvolle, fast unwillkürlich gesprochene Worte hatten sie heraufbeschworen.

»Reden Sie, geistlicher Herr! reden Sie doch!« rief der Graf, und seine Wangen röteten sich vor Ungeduld.

Pater Joseph stand auf, holte einen Sessel herbei und stellte ihn neben den seinen an den Arbeitstisch. Mit sanfter Entschlossenheit lud er den Gast ein, Platz zu nehmen.

Es waren ihm zwei Dinge eingefallen: – daß er in seinem Hause sei, und in der Ausübung einer Pflicht begriffen. In seiner Brust regte sich etwas, das sie gar selten schwellte – Selbstbewußtsein.

Kurz und bündig erzählte er dem Vater, was sich heute mit seinem Kinde begeben hatte. Es ist doch gut, sich vor der Gefahr zu fürchten, das erspart wie oft die Furcht in der Gefahr. Was der fromme Mann mit so großer Seelenangst beschlossen, vollführte er mit kaltem Mute. Die unwilligen Äußerungen, die der Graf während seiner Rede dazwischen warf, brachten ihn nicht außer Fassung ... Ruhig beendete er seinen Bericht, indes sein Hörer zornig aufflammte: »Das ist ja Wahnsinn! Was haben Sie dem Kinde vorgeredet?« Seine gewaltige Stimme hallte wie Donner in dem kleinen Zimmer. »Womit haben Sie ihr den Kopf heiß gemacht, und diese Verwirrung der Begriffe erzeugt? ... Ihre Schuld ist es ...«

Er sprang auf und Pater Joseph erhob sich auch.

»Wohl«, fiel er dem Grafen ins Wort, »es ist meine Schuld. Ich hätte mich Ihrem Willen nicht fügen sollen, denn ich wußte, daß man nicht an ein Kind Gewissensfragen stellen darf, bevor es Recht und Unrecht klar voneirander zu unterscheiden weiß.«

»Um so schlimmer, wenn die Kinder das nicht wissen! ... Ihre Aufgabe war's, es ihnen beizubringen! Sie haben diese Aufgabe nicht gelöst! ... In der Absicht zu sündigen, da liegt's! Sie hätten sagen müssen, die Sünden werden euch angerechnet, die ihr vorsätzlich begangen habt, die anderen sind keine …«

Der Graf hielt inne in der übersprudelnden Raschheit, mit der er diese Behauptungen hervorgepoltert hatte.

»Wer sündigt vorsätzlich?« fragte Pater Joseph. Seine milden Augen ruhten mit Festigkeit auf dem harten Tadler. »Der größte Verbrecher entdeckt noch gute Gründe für sein arges Tun.«

Auf diese Einwendung fand der Graf nicht gleich eine Antwort. Um so höhere Entrüstung klang aus dem Tone, mit dem er nach einer Pause sprach: »Mit solchen Ansichten sollten Sie überhaupt gar keine Beichte hören!«

»Je nun, – vielleicht im Gegenteil«, erwiderte der Priester.

Seine Ruhe brachte den Aufgeregten ganz außer Fassung. Es fielen harte Worte, aber – Demut ist Unverwundbarkeit – sie trafen nicht.

»Und zuletzt«, schloß der Graf, »ahnte Ihnen nichts Schlimmes? Sie müssen blind gewesen sein! … Auf wen kann man sich verlassen! Immer und immer nur auf sich selbst. Ich will die Leitung übernehmen …«

Sein heißes Blut wallte über, er vergaß, womit er begonnen hatte, und fuhr eifrig fort: »Ich will das Kind lehren! ich will ihr sagen, was sie getan hat, wenn sie es nicht weiß, und eine Strafe diktieren, an die sie denken soll!«

»Um Gottes willen«, rief der Priester, »das tun Sie nicht. Das wäre ein Unglück …« In seinem Herzen schrie es schmerzlich auf: – O das alte, immer unbegreifliche, immer wiederkehrende Rätsel, der Mißverstand zwischen Eltern und Kindern! Muß euch der Einsame lehren, wie ihr umgehen sollt mit eurem eigenen Fleisch und Blut? –

»Was wäre ein Unglück?« fragte der Graf beinahe drohend.

»Alles, was sie mahnen würde an die Torheit, die sie begangen hat. Kein Wort darf sie daran erinnern.«

»– So, das meinen Sie? – Nun, ich meine anders. Ei, ei, geistlicher Herr, Sie wollen mich hindern, mit ihr davon zu sprechen? … Stellen Sie sich zwischen den Vater und das Kind … Oder? …«

Die Augen des heftigen Mannes nahmen die Starrheit an, die der Zorn ihnen zu verleihen pflegte. Was ihn umgab wie mit einem gegen die Wahrheit errichteten Walle, was die Aufrichtigkeit von seiner Seite scheuchte, den besten Willen ihm gegenüber lähmte, worunter jeder litt, der mit ihm umging, und was nur die sanfte Frau, die er zu früh verlor, nie erfahren hatte – sein schlimmster Feind, sein Mißtrauen bemächtigte sich seiner: »Fürchten Sie vielleicht, daß Sie das Kind Lügen strafe?« warf er schneidend hin.

Wie beschämt für den Verblendeten machte der Geistliche nur schweigend eine abwehrende Bewegung.

In diesem Augenblicke tönte ein leises, unterdrücktes Gekicher durch das Fenster herein. Etwas war vorbeigehuscht, hatte sich niedergeduckt und kletterte nun auf den schmalen Mauersockel hinan, der das Haus umgab. Vier kleine Hände klammerten sich an das Gesimse, ein paar goldene Stimmen riefen: »Wer kommt? … Wer ist schon da?« und empor tauchten ein ganzer und ein halber Schopf. Elisas schönes Gesicht kam zum Vorschein, es stützte sich mit dem rosigen Kinn auf ihre Finger. Clary hingegen gelang es trotz aller Anstrengung nur, die Spitze ihres Näschens bis zu der Höhe ihrer Hände zu erheben. Und ihre großen blauen Augen guckten triumphierend herein, klar wie Tau und von treuherziger Fröhlichkeit leuchtend. Der Hut war ihr in den Nacken geglitten und umgab ihren blondgelockten Kopf wie ein Heiligenschein. Auf der Stirn aber lief quer herüber von der Schläfe bis an die Wurzeln der Haare ein Streifen schmal und dunkelrot, das sprechende Zeugnis ihrer Tat, die Wunde, die sie davongetragen hatte aus ihrem ersten Lebenskampfe.

Die beiden Männer wechselten einen raschen Blick, und der des Vaters senkte sich. Mächtig und plötzlich überkam ihn und erschütterte ihn in allen Tiefen seines kräftigen Wesens das Bewußtsein der überstandenen Gefahr und der großen Liebe zu dem Kinde, das er doch nie recht kennen zu lernen gesucht hatte.

Er eilte an das Fenster, hob sein kleines Mädchen herein und drückte es mit überströmender Zärtlichkeit an sein Herz.

»Du Teuererkaufte! Du Teuererkaufte!« sprach er, »die Mutter fehlt dir, – sie mußte fort, als du kamst … Das büßest du.«

Das Kind verstand seine Worte nicht, desto besser aber seine Zärtlichkeit, wie fremd ihr auch die Sprache war. Sie schlang beide Arme jubelnd um seinen Hals und ihr glückseliges Gesichtchen, das sich an seine Wange schmiegte, schien zu sagen: Jetzt hab’ ich, was ich brauche, jetzt wird mir mein Recht!

Der Vater stellte sie so sachte nieder auf den Boden, als fürchtete er sie zu zerbrechen, und sagte, sich zu Joseph wendend: »Geistlicher Herr, meine Hand ist zu schwer für diese zarten Geschöpfe – leihen Sie die Ihre! – Und auch Ihren Rat leihen Sie mir … Mein Herz soll ihn hören!« rief er beteuernd, da Pater Joseph bei diesen Worten lächelte – »Und wenn mein harter Kopf sich einmal wieder störrig zeigt, dann mahnen Sie mich nur an heut!«

Er hielt sein Töchterchen an der Hand, als sie in das Gärtlein hinaustraten, an dessen Eingang Miß Chalonner,

Benedikta und Elisa eben im Begriffe waren, die Großmutter zu begrüßen, die angefahren kam, um den Geistlichen zu besuchen und die Kinder abzuholen.

Der Graf verweilte nicht lange in der kleinen, heitern Gesellschaft. Allein wanderte er fort. Er hatte, als Miß Sophia ihm mit einem schmachtenden Blicke Guten Abend gewünscht, auf den Geistlichen gedeutet und gesagt: »Ein wahrer Freund meiner Kinder!«

Sie fand, dies sei in einem Tone geschehen, der etwas Bedrohliches für sie hatte.

Die Aufrichtigkeit

Die Aufrichtigkeit schritt eines Tages durch die Welt und hatte eine rechte Freude über sich.

– Ich bin doch eine tüchtige Person, dachte sie; ich scheide scharf zwischen gut und schlecht, mit mir gibt's kein Paktieren; keine Tugend ist denkbar ohne mich. Da begegnete ihr die Lüge in schillernden Gewändern, an der Spitze eines großen Zuges. Mit Ekel und Entrüstung wandte die Aufrichtigkeit sich ab. Die Lüge ging süßlich lächelnd weiter; die letzten ihres Gefolges aber, kleines, schwächliches Volk mit Kindergesichtern, schlichen demütig und schüchtern vorbei und neigten sich bis zur Erde vor der Aufrichtigkeit.

»Wer seid ihr denn?« fragte sie.

Eines nach dem andern antwortete: »Ich bin die Lüge aus Rücksicht.« – »Ich bin die Lüge aus Pietät.« – »Ich bin die Barmherzigkeitslüge.« – »Ich bin die Lüge aus Liebe«, sprach die vierte, »und diese Kleinsten von uns sind: das Schweigen aus Höflichkeit, das Schweigen aus Respekt und das Schweigen aus Mitleid.«

Die Aufrichtigkeit errötete; sie kam sich plötzlich ein wenig plump und brutal vor.

Der Vorzugsschüler

Mutter und Sohn saßen einander gegenüber am Tische, der als Arbeits- und Speisetisch diente, und dessen eine Hälfte schon für die Abendmahlzeit gedeckt war. Eine Petroleumlampe mit grünem Schirm beleuchtete hell die Schulbücher, die der Knabe vor sich aufgeschichtet hatte, und die ungemein geschont aussahen nach einer mehr als halbjährigen Benutzung. Es war Ende März, und in wenigen Monaten mußte Georg Pfanner aus der dritten Klasse, wie aus jeder früheren Vorbereitungs- und Gymnasialklasse, als Vorzugsschüler hervorgehen. Mußte! Wohl und Weh des Hauses hing davon ab, der − wenigstens relative − Frieden seiner Mutter, der Schlaf ihrer Nächte … Wenn dem Vater schien, daß »sein Bub« im Fleiße nachlasse, wurde sie zur Verantwortung gezogen. Das wirkte viel stärker auf den Jungen, als die strengste Ermahnung und Strafe getan hätte. Für seine Mutter empfand er eine anbetende Liebe, und er war das Ein und Alles der freudlosen, vor der Zeit gealterten Frau. Die beiden gehörten zueinander, verstanden einander wortlos, sie hatten, ohne es sich selbst zu gestehen, ein Schutz- und Trutzbündnis gegen einen Dritten geschlossen, dem sie im stillen immer unrecht gaben, auch wenn er recht hatte, weil sie sich im Grund ihrer Seele in steter Empörung gegen ihn befanden. Frau Agnes würde erstaunt und wahrscheinlich entrüstet gewesen sein, wenn man ihr gesagt hätte, daß ihre Empfindung für ihren Mann längst nichts mehr war als eine Mischung von Furcht und von Mitleid. Georg würde eher die ganze Schule zum Kampf herausgefordert, als geduldet haben, daß ein unehrerbietiges Wort über seinen Vater gesprochen

113

werde. Aber weder der Mutter noch dem Sohne wurde es wohl in seiner Nähe. Seine Anwesenheit bedrückte, sie löschte jede heitere Regung im ersten Aufflackern aus. Und doch war der einzige Lebenszweck dieses Mannes die Sorge um das Wohl seines Kindes in Gegenwart und Zukunft.

Frau Agnes ließ ihre Arbeit in den Schoß sinken und blickte nach der Schwarzwälder Uhr, die an der Wand neben dem Kleiderschrank ihr blechernes Pendel schwang. So spät schon, und der Mann kam noch immer nicht aus dem Bureau. Sie lasteten ihm dort so unbarmherzig viel Arbeit auf, und er besorgte sie widerspruchslos und nahm noch welche mit nach Hause, um seine Vorgesetzten nur gewiß zufrieden zu stellen und beim nächsten Avancement berücksichtigt zu werden.

Ja, der Mann plagte sie, und es war sehr begreiflich, daß er übermüdet und mürrisch heimkehrte. Und der Junge, der liebe, geliebte Junge, plagte sich auch. Heute ganz besonders. Dunkelrot brannten seine Wangen, und sogar die Kopfhaut war gerötet, und die Stirn zog sich kraus. In Hemdärmeln saß er da, die Ellbogen auf den Tisch gestützt, preßte das Kinn auf seine geballten Hünde und starrte ratlos zu seinem Hefte nieder. Dreimal schon hatte er die Rechenaufgabe gemacht und jedesmal ein anderes Resultat erhalten, und keines, das sah er wohl, konnte das richtige sein.

Die Mutter wagte nicht, ihn anzusprechen, um ihn nicht zu stören, warf nur verstohlen von Zeit zu Zeit einen bekümmerten Blick auf ihn, vertiefte sich wieder in ihre Arbeit und flickte emsig am schadhaften Futter der Jacke, die er ausgezogen hatte.

Nun wurde nebenan ein Geräusch vernehmbar. Im Schloß der Küchentür drehte sich der Schlüssel.

»Der Vater kommt«, sprach Frau Agnes. »Bist fertig, Schorschi?«

»Mit der Rechnung noch lang nicht.« Sein Mund verzog sich, und unter seinen blonden Wimpern quollen plötzlich Tränen hervor.

»Um Gottes willen, Schorschi, nicht weinen, du weißt ja – der Vater …«

Da trat er ein, und sie stand auf und ging ihm entgegen, und er erwiderte ihr schüchternes Willkomm mit einem ungewohnt freundlichen: »Na, grüß euch Gott.«

Offizial Pfanner war um ein weniges kleiner als seine Frau und ungemein dürr. Die Kleider schlotterten ihm am Leibe. Seine dichten, eisengrauen Haare ragten auf dem Scheitel bürstenartig in die Höhe, seine noch schwarz gebliebenen Brauen bildeten zwei breite, fast gerade Striche über den dunkeln, sehr klugen Augen. Den Mund beschattete ein mächtiger, ebenfalls noch schwarzer Schnurrbart, den Pfanner sorgfältig pflegte, und der dem Beamten der k. u. k. österreichischen Staatsbahn etwas Militärisches gab.

Pfanner hatte einen großen Pack Schriften mitgebracht und war doch nicht unwirsch. Er ließ sich von seiner Frau den Überrock ausziehen und sagte sanft und ruhig: »Bring das Essen und lösch die Lampe in der Küche aus. Die brennt, ich weiß nicht zu was. – Lern weiter!« befahl er dem Sohn, der sich nach ihm umgewendet hatte und ihn scheu und ängstlich ansah.

»Es ist so schwer«, murmelte Georg.

Der Vater näherte sich ihm, stand jetzt hinter seinem Stuhl: »Schwer, fauler Bub? Deine Faulheit überwinden, *das* wird dir schwer. Einem Kind, das Talent hat, wird nichts schwer. Faul bist.«

»Ich hab alles fertig«, sprach Georg mit einem trockenen Schluchzen und drängte die Tränen zurück, die ihm
wieder in die Augen treten wollten, »nur die Rechnung
nicht …«, da kippte seine Stimme um, der Satz endete in
einem schrillen Jammerton, und zugleich beugte der Kopf
des Jungen sich tiefer. Seinem Bekenntnisse mußte unaus-
bleiblich die Strafe folgen. Er erwartete mit dumpfer Resignation den wohlbekannten Schlag der kleinen harten
Hand, die wie ein Hammer niederfiel und sein Ohr und
seine Wange auf Tage hinaus grün und blau marmorierte.

Aber heute zürnte der Vater nicht. Nach einer Weile
streckte sich sein Arm über die Schulter des Knaben, der
Zeigefinger bezeichnete eine Stelle in der Rechnung, deren sorgfältig geschriebene Zahlen eine Seite des Heftes
bedeckten.

»Da sitzt der Fehler. Siehst du?«

War's möglich, daß Georg ihn noch immer nicht sah?
daß er sich keinen Rat wußte, auch dann nicht, als der Vater zu erklären begann. Er tat das auf eine so völlig andere
Art als der Lehrer! Dem Kinde wollte trotz aller Anstrengung und Mühe das richtige Verständnis durchaus nicht
aufgehen. Dazu die Furcht: Jetzt reißt dem Vater die Geduld, jetzt kommt der Schlag. Zuletzt dachte er nur noch
an die bevorstehende Züchtigung und wünschte, sie wäre
vollzogen, damit er sich nicht mehr vor ihr ängstigen
brauche.

»Gib acht, du gibst nicht acht!« rief Pfanner und begab
sich auf seinen Platz am oberen Ende des Tisches, wo für
ihn gedeckt war. Die Mutter hatte das Abendessen aufgetragen. Kartoffeln in der Schale, ein schönes Stück Butter,
ein Laib Brot, eine Schüssel mit kaltem Fleisch. Die stellte
sie zagend vor ihren Mann hin, und seine Mißbilligung
blieb nicht aus.

»Fleisch am Abend – was heißt das? Keine neue Ein-führung, bitt ich mir aus.«

Sie entschuldigte sich. Sie log. Die Nachbarin hätte so schönes Fleisch vom Land bekommen und ihr dieses vor-her schon eingekaufte sehr billig abgetreten: »Es ist auch noch für morgen da«, setzte sie hinzu, um einer wieder-holten Rüge vorzubeugen, die viel schärfer ausgefallen wäre. Sie hätte aber auch die schärfste über sich ergehen lassen. Es galt einen Kampf, in dem sie, die sonst willens-schwache Frau, um keinen Preis nachgeben durfte.

Das Abendessen war längst vorbei, die Mutter zur Ruhe gegangen, Vater und Sohn verweilten noch bei ihrer Ar-beit. Pfanner befaßte sich mit dem Aufstellen einer statisti-schen Tabelle, Georg kam mit seiner Rechnung nicht zu Ende. Die Aufmerksamkeit weder des einen noch des an-dern war völlig bei seiner Beschäftigung. Jeder von ihnen hatte heute ein Glück erfahren, und die Erinnerung daran stellte sich immer und immer wieder zerstreuend und ab-lenkend ein.

Pfanner war dem Herrn Subdirektor begegnet, und der hatte ihn angesprochen und ihn der Wohlmeinung des Herrn Direktors und seiner eigenen versichert. Der Herr Direktor warte nur auf die erste Gelegenheit, den uner-müdlichen Fleiß und Diensteifer des Offizianten die ge-bührende Anerkennung zuteil werden zu lassen.

»Für außergewöhnliche Leistungen außergewöhnliche Auszeichnungen. Verlassen Sie sich darauf.« Mit diesen Worten hatte der hohe Vorgesetzte ihn verlassen, und Pfanner war weiter gewandert, von einem wohltuend freudigen Gefühl ergriffen. Worauf durfte er sich Hoff-nung machen? Auf Beförderung außer der Tour? Auf eine große Remuneration? Die wäre ihm vielleicht das Liebste. Georgs Sparkassenbuch würde dadurch eine unverhoffte

Bereicherung erfahren. An jedem letzten Tage des Monats nahm er es aus der Lade und ließ die wenigen, mühselig vom Gehalt ersparten Gulden eintragen, um nur ja nicht unnötigerweise einen Heller Zinsen einzubüßen.

Der Sparkassenbeamte lachte schon: »Was bringen's denn heut, Herr Offizial, einen halben Gulden, einen ganzen?«

Pfanners Hochmut litt unter diesen Spötteleien. Und jetzt stellte er sich vor, wie ihm sein würde, wenn er einen Hunderter oder gar zwei hinlegen könnte und nachlässig sagen: »Bitte, tragen Sie heute das ein, ins Buch von meinem Buben.«

Sein Georg an der Spitze eines, wenn auch kleinen Vermögens – er liebte ihn mehr, wenn er daran dachte.

Der zukünftige Kapitalist hielt die Feder in der Hand und sann. Nicht über seine Rechnungsaufgabe. Seine Gedanken trugen ihn weit weg aus der kahlen, dürftig eingerichteten Stube ins Freie, wo jetzt schon neues Leben sich zu regen begann und ein Frühling sich ankündigte, von dem er wieder nichts haben sollte. Dem Frühling würde der Sommer folgen, die Schule geschlossen werden, und die Kameraden würden auf Ferien gehen, einige in die Nähe von Wien, andere glückliche ganz aufs Land, auf das wirkliche Land, oder gar ins Gebirge, in die Wälder, an die schimmernden Seen und Flüsse, an brausende Wasserfälle … Nur er kam nie hinaus aus den trostlosen Straßen der Vorstadt, nie fort vom müdmachenden, langweiligen, verhaßten Straßenpflaster, auf dem man sich die Schuhe zerriß und die Füße wund ging. Dazu des Vaters ewig wiederholtes: »Lern! Hast gelernt? Kinder sind da, um zu lernen.«

In seinem Jungen aber schrie es: Nicht nur um zu lernen! Manchmal schon hatte er sich ein Herz gefaßt und gesagt: »Die andern sind jetzt auf Ferien und lernen nicht.«

Da war der Vater bös geworden. »Sind das Vorzugsschüler? Wenn ja ein paar darunter sind, dann sind sie nicht leichtsinnig und zerstreut wie du, fauler Bub. Haben vielleicht nicht einmal Talent wie du, dafür aber Fleiß, eisernen Fleiß. Ferien ... was Ferien! Ein tüchtiger Mensch braucht keine, will keine. Hab ich Ferien?« Es war der Stolz Pfanners, daß er noch nie Urlaub genommen.

Indessen, trotz all der väterlichen Strenge, hatte es einige Jahre gegeben, in denen Georg eine Frühlingsfreude genossen. Und heute war der gesegnete Tag, an dem ihm endlich ein langgehegter, heißer Wunsch erfüllt wurde. Er trug das Mittel, Frühlingsfreude wieder zu erwecken, in seiner Tasche.

Um ein Stockwerk tiefer als die Familie Pfanner, im dritten des gegenüberliegenden Hauses, wohnte ein Schüler, der eine Nachtigall besaß. Wenn der Frühling anbrach, hing er ihren Käfig unter den Fenstersims an die Mauer. Der Käfig war eng und schmal, hatte dicke Sprossen und bot seiner Bewohnerin wenig Raum und wenig Licht. Sie sang wundersam in ihrer traurigen Gefangenschaft. Ihre süßen Lieder klangen nicht nur klagend und sehnsuchtsvoll, auch hell und jubelnd. Die Nachtigall schien in Entzücken zu schwelgen über die eigenen zärtlich lockenden Melodien und war wie berauscht von ihrer Lieblichkeit und Pracht. Die Töne, die der kleinen Brust entquollen, erfüllten die Gasse mit Wohllaut.

Georg brachte jeden freien Augenblick am Fenster zu, beugte sich hinaus und sandte der Nachtigall seine Liebesgrüße. Der Schuster, das konnte man leicht bemerken, kümmerte sich nicht viel um die holde Sängerin. Wäre sie

Georgs Eigentum gewesen, wie hätte er sie gehegt und gepflegt! Sie war seine Freundin, seine Wohltäterin, sie zauberte ihm den Frühling in die traurige Stube und Schönheit und Poesie in sein ödes Leben. Er lauschte ihr, und wundersame Bilder tauchten vor ihm auf, Landschaften im purpurnen Grün des neuen jungen Lebens, blütendurchhaucht, lichtgetränkt, alles, wovon er gelesen und gehört, das zu erblicken er sich gesehnt hatte, das für ihn das ewig Unerreichbare bleiben sollte.

Bis Johanni ging es so fort, dann hörte die Nachtigall auf zu schlagen, und der Schuster nahm das Bauer wieder in das Zimmer herein. Im letzten Frühjahr hatte Georg vergeblich auf das Erscheinen des Bauers gewartet. Der Schuster mußte die Nachtigall verschenkt haben, oder vielleicht war sie gestorben, und mit ihr all die schönen Träume, die ihr Gesang geweckt, und die stille, geheimnisvolle Wonne, sich ihnen zu überlassen und ihnen nachzuhängen.

Nun aber, vor einiger Zeit an einem grauen, frostigen Februarmorgen, tönten Georg, als er in die Nähe der Schule kam, die schmerzlich vermißten Nachtigallenklänge entgegen. Er stieß einen Freudenschrei aus, sah um sich, sah zu den Häusern empor, und da war nirgends ein Vogelbauer zu entdecken, und nirgends stand ein Fenster offen, aus dem der Gesang hätte dringen können. Die Töne schlugen einmal stärker, einmal schwächer an sein Ohr. Sie wanderten, näherten, entfernten sich, und plötzlich lachte Georg laut auf. Die Nachtigall, die so prachtvoll sang, spazierte vor ihm her, blieb stehen, schmetterte ihre Lockrufe in die Luft hinaus, ging ein Stück weiter, kehrte um und kam jetzt auf ihn zu. Sie hieß Salomon Levi, war fünfzehn Jahre alt und trug schiefgetretene Stiefel, einen schwarzen Kaftan, einen steifen, breitkrempigen Hut. Ihre

eingefallenen Wangen entlang baumelten ein paar glänzende, rabenschwarze Schläfenlocken.

»Herrje Salomon!« hatte Georg ausgerufen, »was ist mit
dir? bist eine Nachtigall worden?«

Der Angeredete trug an einem fettigen Riemen ein Ta-
bulett, noch einmal so breit als er selbst, und hinkte von
früh bis abends unermüdlich auf dem Kai vor der Schul-
gasse auf und ab. Sein Warenlager erfreute sich unter den
Studenten des Rufes großer Solidität und bestand aus
Brief- und Geldtaschen, Spiegeln, Messern, Uhrketten
und dergleichen. Der junge Hausierer führte auch allerlei
Spielzeug, das auf Georg eine starke Anziehung übte. Er
hatte nie, nicht einmal als kleines Kind, Spielzeug besessen.

»Spielereien kaufen – Geld hinauswerfen, Unsinn!«
sagte Pfanner. »Ein Kind, das Phantasie hat, ein Kind wie
meines braucht keine. Ein Scheit Holz oder ein hölzernes
Pferd sind dasselbe für ihn, sind ihm beide ein lebendiges
Pferd. Eine Puppe in Seidenkleidern oder der in Zeitungs-
papier gewickelte Stiefelknecht sind ihm eines wie das
andre, ein lebendiges Kind.«

Für Georg haftete der Reiz des Versagten an jedem Gegenstand in Salomons Auslagekasten. Er kam nie ohne
Herzweh an ihm vorüber und knüpfte, so oft es anging,
ein Gespräch mit ihm an, um alle die Kostbarkeiten, die er
ausbot, mit Muße betrachten und sogar berühren zu dürfen.

»Ach Salomon«, sagte er einmal, »wie glücklich bist du!
Brauchst nichts zu tun als immer auf und ab zu gehen, und
mußt nicht mehr in die Schule, hast so viele schöne Sachen und kannst sie den ganzen Tag ansehen. Wie froh
mußt du sein!«

Salomon sah ihn wehmütig an. In welchem Irrtum befand sich Georg! Wenn Salomon all die »schönen Sachen«

anbrächte, und noch viel andere und Geld für sie bekäme und studieren könnte, dann wäre er froh.

Sie hielten nun täglich eine Unterredung, eine kurze bloß, denn Georg wußte, daß der Vater ihn daheim fast regelmäßig, mit der Uhr in der Hand, erwartete, und wenn er sich um ein paar Minuten verspätete, dann wogen die gar schwer für seine arme Mutter.

So flüchtig aber auch die Begegnungen der beiden Knaben waren, sie bildeten allmählich ein starkes Band. Jeder von ihnen kannte das Leiden; einer bedauerte den andern und beneidete ihn auch. Fürs Leben gern hätten sie getauscht, verhandelten oft darüber und waren schon gute Bekannte gewesen vor jenem Februarmorgen, an dem der Vorzugsschüler dem Hausierer zugerufen hatte: »Bist eine Nachtigall worden?«

Helles Entzücken durchströmte ihn, als Salomon ihm ein Instrumentchen zeigte, nicht größer als eine Nuß, in dem alle Flötentöne der Nachtigall schliefen. Man brauchte es nur zwischen die Lippen zu nehmen und geschickt mit der Zunge zu behandeln, um den lieblichen Gesang zu wecken. Er hätte sich auf die Knie werfen und Salomon beschwören mögen: »Sei gut, sei großmütig, schenk mir die Nachtigall!« Aber das Bild seines Vaters schwebte ihm vor, er vernahm die Worte: »Du bist ein Beamtensohn, du unterstehst dich nicht etwas anzunehmen, nicht ein Endchen Bleistift, nicht eine Feder. Von keinem Mitschüler, von keinem Menschen.«

So stotterte er denn mit fliegendem Atem: »Was kostet die Nachtigall?«

Sie kostete zwanzig Heller, und Salomon hatte heute schon ein paar Dutzend verkauft und hoffte, noch ein paar Dutzend zu verkaufen und bald auch seinen ganzen Vorrat, denn sie gingen reißend ab.

Georg überlegte: »Wirst du in fünf Tagen keine mehr haben …? Hebe mir eine auf, ich bitte dich. Wenn ich mein Jausenfeld erspare, habe ich in fünf Tagen zwanzig Heller beisammen und kann dir die Nachtigall bezahlen.«

Salomon war sehr ungläubig. Mehrmals schon hatte Georg versucht, sein Jausengeld zu sparen, um bei ihm einen Einkauf machen zu können, es aber nie weiter gebracht, als bis zu acht, höchstens zu zehn Heller. Dann war er plötzlich an einem Nachmittag zu hungrig geworden und hatte sein ganzes Geld auf einmal ausgegeben, für eine besonders lockende Brezel. Beim Bäcker an der Ecke bekam man so köstliche! Er hatte auch schon seinen kleinen Besitz an Kupfermünzen Ärmeren, als er selbst war, geschenkt. Salomon zweifelte mit gutem Grund an der Fähigkeit des »jungen Herrn«, etwas zurückzulegen. Dennoch erfüllte er ihm seinen Wunsch. Eine Nachtigall blieb unverkauft, die beste. Wer die zu behandeln verstand, konnte ihr ganz besonders klangreiche Töne entlocken.

Und heute hatte Georg sie erworben, war glorreich vor Salomon hingetreten, hatte ihm zehn Zweihellerstücke in die Hand gezählt und die Nachtigall in Empfang genommen.

Die Unterweisung in der Art sie zu gebrauchen war »dreingegangen«. Das kleine Instrument wanderte von einem Mund zum andern, und sogleich, mit bewunderungswürdiger Schnelligkeit lernte Georg dem Tabulettkrämer seine Kunst ab.

»Was ein Talent zur Musik! Ich hab müssen lernen drei Tag, bis ich hab spielen gekonnt. Sie können gleich spielen, besser als ich.«

Georg erwiderte glückselig, es sei ja so leicht. Ach, wenn alles so leicht wäre, wenn sich die Mathematik und die Geschichte und das Griechische auch so leicht erlernen ließen!

In Salomons melancholischen Augen leuchtete es auf: »Mir möchte leicht sein das Studieren«, sprach er und sah sehr hochmütig und sehr traurig aus.

Jetzt war es nahe an elf Uhr. Frau Agnes hatte sich auf Befehl Pfanners zu Bett begeben, sie schlief aber nicht; sie beobachtete vom dunklen Alkoven aus ihren Mann, der mit unvermindertem Eifer linierte, rubrizierte, und ihren Jungen, der müd und blaß sich über sein Heft beugte oder mit verträumten Augen emporblickte zu dem grauen Fleck, den der Rauch der Lampe allmählich an die Decke gemalt hatte. Er durfte noch immer auf des Vaters grimmig wiederholtes »Bist fertig?« nicht mit ja antworten; er war eben nicht bei der Sache. Er hatte eine Hand in die Tasche gesteckt und die Finger um die Nachtigall gelegt und preßte sie manchmal, als ob sie etwas Lebendiges wäre und es fühlen könnte, mit großer, sanfter Liebe.

Der Heimweg, der ihm sonst immer endlos vorkam, war ihm heute zu kurz gewesen. Fast die ganze Zeit hindurch hatte er die Nachtigall schlagen lassen, und Kinder und selbst Erwachsene waren stehen geblieben und hatten ihm zugehört und sich über die herzige Musik gefreut. Es wäre ihm ein Glück gewesen, vor der Mutter eine Probe einer neu erworbenen Kunst abzulegen. Aber das ging nicht an, die Mutter würde sogleich gesagt haben: »Du mußt dem Vater das Ding zeigen, du weißt ja, er mag Spielerei nicht.« Und wenn Georg auch geantwortet hätte: »Es ist keine Spielerei, es ist ein Instrument«, würde sie doch dabei geblieben sein: »Hinter dem Rücken des Vaters darf man nichts tun und nichts haben.« So hatte sie es immer gehalten … bis heute.

Georg aber konnte nicht vergessen, daß ihm vor Jahren der jüngste Sohn der Nachbarin, Karl Walcher, seine Flöte geliehen, sie ihm auch gern geschenkt hätte, dem spartanischen Verbote Pfanners zum Trotze. – Was Georg einmal gehört hatte von den Kinderliedern an, die seine Mutter ihm vorgesummt, bis zum feierlichen Kirchengesang, alles hatte er sich gemerkt und die Melodie ganz richtig herausgebracht auf dem höchst primitiven Instrumentchen. Frau Walcher und ihre Söhne hatten ihn bewundert und sogar sein Vater ihm manchmal ein zustimmendes »Nicht übel« gespendet. Aber gar früh war ihm seine Freude verdorben worden.

»Laß die Dummheiten – lern!« hatte es bald geheißen. An dem geringsten Versäumnis, an jeder Zerstreutheit des Knaben wurde der Flöte die Schuld zugeschrieben. Nach kurzer, nach schrecklich kurzer Zeit hatte der Vater sie ihrem Eigentümer zurückgestellt. So würde er gewiß auch die Nachtigall nicht dulden, und deshalb mußte sie vor ihm verborgen bleiben, die liebe, herrliche.

Als Georg endlich zur Ruhe gehen durfte, erhielt sie ihren Platz unter seinem Kopfkissen. Nach Mitternacht erwachte er und zog sie an seine Lippen. Um sie zu küssen, natürlich nur; sie schlagen zu lassen konnte ihm doch nicht einfallen … Zwar – die Eltern schliefen. Zwischen ihnen und ihm, am Mauervorsprung des Alkoven, tickte kräftig, jedes schwache Geräusch übertönend, der flinke Gang der Schwarzwälderin. Dennoch wäre es nicht geraten … und während er dachte: nicht geraten, berührte seine Zungenspitze schon das kühle Metallplättchen. Ohne seinen Willen, fast ohne sein Zutun begann die Nachtigall ihren Gesang zu erheben. Sie klagte, sie lockte, sie verkündete eine unerfüllbare Sehnsucht. Ihre Töne stiegen, schwollen, brachen plötzlich ab. Herrgott im Himmel … Zu laut, zu laut! Der Vater hat einen gar leisen Schlaf … Entsetzlich erschrocken, von Schauern der Angst durchrieselt, steckte Georg seinen Kopf unter die Decke. Am nächsten Morgen beim Frühstück erzählte der Vater von einem seltsamen Traum, den er in der Nacht gehabt. Der Schuster hatte wieder eine Nachtigall angeschafft, und Pfanner war gewesen, als ob er sie so laut schlagen hörte, daß er darüber erwachte, und dann, das war das Merkwürdige, hatte er sich eingebildet, wach zu sein und sie noch zu hören. Seine Frau konnte nicht genug staunen, auch ihr hatte etwas ganz Ähnliches geträumt, und das mußte wohl etwas zu bedeuten haben.

Georg stand auf und trat ans Fenster, damit die Eltern sein Erröten nicht sähen.

Auch Frau Agnes hatte ihr Geheimnis, und sie mußte, um es zu bewahren, allerlei Ausflüchte gebrauchen, die gar oft weitab von der Wahrheit lagen. Seit einiger Zeit war bei allen Mahlzeiten der Tisch reichlicher besetzt, und Pfanner hatte doch nicht mehr Wirtschaftsgeld bewilligt als früher. Seine Frau konnte nicht immer bei der Wahrheit bleiben, wenn er sie darüber zur Rede stellte. Ungern genug hörte er schon und fühlte sich gedemütigt, wenn sie gestand, einige Konfektionsarbeiten gemacht und durch Vermittlung Frau Walchers unter der Hand verkauft zu haben. Nie hätte er erfahren dürfen, daß sie ein eben entbehrliches Kleidungsstück oder Hausgerät ins Versatzamt getragen, einen noch aus dem väterlichen Hause mitgebrachten kleinen Schmuckgegenstand veräußert hatte. Er hielt viel auf diese Reste einer ehemaligen Wohlhabenheit; es schmeichelte ihm, sich seine einst sehr schöne Frau – nur leider die Hellblonden verblühen so schnell! – aus einem guten und damals fast reichen Hause geholt zu haben. Der geringste Zufall konnte alles an den Tag bringen und dann – Agnes schloß die Augen und erzitterte bei dem Gedanken, was dann geschehen würde. Aber gleichviel, das Kind mußte um jeden Preis besser genährt werden als bisher.

Frau Adjunkt Walcher hatte sich schon vor einem Jahre in ihrer kurz angebundenen, offenherzigen Weise darüber ausgesprochen: »Mir scheint immer, Sie halten Ihren Schorsch zu kurz in der Kost, Frau Offizial. So ein Bub will tüchtig essen. ›Das Lernen zehrt, und in einen kleinen Ofen muß man öfter nachlegen als in einen großen‹, sagt mein Mann. Er und ich sind oft hungrig schlafen gegangen – Herrgott, ein Adjunkt mit tausend Gulden Gehalt! – unsere zwei Buben waren immer satt geworden. Sehen auch aus wie die Knöpf. Ihr Schorsch schießt in die Höh, wird ja bald den Herrn Offizial eingeholt haben, setzt aber kein Lot Fleisch an.«

»Finden Sie, daß er schlecht aussieht?« hatte Frau Agnes in Bestürzung ausgerufen.

Nun, das fand die Frau Adjunkt gerade nicht, aber so gewiß »kleber« und eine bessere »Farb« sollt er haben: »Die Nahrung muß ausreichend sein«, sie betonte das Wort mit Wohlgefälligkeit, es kam ihr so gebildet vor. »›Ausreichend‹, sagt mein Mann. Das viele Lernen schlägt sich sonst den Kindern auf die Nerven.«

Dies Gespräch hatte entschieden; die Liebe der Mutter hatte über den Widerwillen der ehrlichen Frau gegen Falschheit und Lüge gesiegt. Ihrem Manne Vorstellungen zu machen, einen Versuch zu machen, ihn zur geringsten Mehrausgabe zu bewegen, wäre ihr so wenig eingefallen, als einem Stein zuzureden, sich in Brot zu verwandeln. Eine Erörterung zwischen ihm und ihr kam überhaupt nicht vor. Vom Anfang ihrer Ehe an hatte sein herrisches und ablehnendes Wesen jede Möglichkeit, ihm vertrauensvoll zu nahen, ausgeschlossen. Was konnte eine Frau ihm zu sagen haben? Er war er, und außer ihm war die Pflicht, und diesen beiden höchsten Mächten unterstand die Welt, die er begriff. Erst als sein Sohn ihm geboren wurde, gab es ein zweites Wesen, das ihm ebenso wichtig war, wie er sich selbst. Eine Fortsetzung seines Ich, eine vervollkommnete Fortsetzung. Alles, was seinem Ehrgeiz versagt geblieben, was er nicht errungen, sollte sein Sohn erringen.

Er war aus Armut und Niedrigkeit hervorgegangen, hatte einen nur mangelhaften Schulunterricht genossen und niemals die Aussicht gehabt, es zu einer höheren Stellung zu bringen. Als kleiner Beamter lebte er und würde er sterben. Aber der Sohn: Das Gymnasium als Primus absolvieren, den Doktorhut summa cum laude erwerben, schon in den ersten Anfängen der Laufbahn von der Glorie reichster Verheißungen umstrahlt, steigen von Erfolg zu Erfolg, von Ehren zu Ehren – das sollte der Sohn. Den nüchternen Offizial Pfanner, den unfehlbaren Rechner, den trockenen Vernunftmenschen nahm, wenn er sich diesen Vorstellungen hingab, die Phantasie auf ihre Flügel und trug ihn über alle Gipfel des Wahrscheinlichen sausend hinweg. Und wenn er dann wieder zur Erde niederstieg und seinen Georg zufällig einmal müßig einhergehen sah, wetterte er ihn an: »Lern!«

Er selbst, der immer in der Zukunft lebte, die Gegenwart und was sie darbot, geringschätzte, entfremdete sich mehr und mehr seinen Standesgenossen. Er erwies sich ihnen gefällig, machte Arbeiten, die ihnen zugekommen wären, hatte aber dabei nur seinen eigenen Vorteil, die Verbesserung seiner Stellung im Auge. Dem Verkehr mit ihnen, den Zusammenkünften im Kaffeehaus und im Stammgasthaus, ging er so viel als möglich aus dem Wege. Er hatte keinen Sinn für die geselligen Freuden, die seine Kollegen am liebsten beim »goldenen Wiesel« genossen. Dort fanden sich meist auch einige Vorgesetzte mit ihren

Bekannten ein. Anstandshalber konnte Pfanner nicht immer fortbleiben, und wenn er kam, es war ein Mißgeschick! – da begegnete er richtig jedesmal dem Manne, den er haßte, dem Kunstschlosser Herrn Obernberger. Vor Jahren hatte es dem als ein großer Vorzug gegolten, mit den Herren Eisenbahnbeamten im Gasthaus zusammenkommen zu dürfen. Jetzt hatte der Standpunkt sich verrückt. Seitdem die Arbeiten aus der Kunstschlosserei Obernbergers erste Preise auf den Ausstellungen erhalten hatten, seitdem er viele hundert Arbeiter in seinen Werkstätten beschäftigte, im eigenen Hause wohnte, im eigenen Wagen vorfuhr und das Band des Franz Josefs-Ordens im Knopfloch trug, eilten die meisten der Herren ihm bis zur Tür entgegen, und bei Tisch erhielt er den Platz zur Rechten des Inspektors.

Das alles hätte Pfanner hingehen lassen und sich nicht weiter darum gekümmert. Aber dieser Schlosser hatte einen Sohn, und dieser Sohn trat seinem Georg im Gymnasium auf die Fersen, konnte ihn einholen, konnte ihn überflügeln, denn der verdammte Bub hatte Talent, sein ärgster Feind mußte das zugeben. »Talent um eine Million«, wie Herr Obernberger sagte, »aber nicht um einen Heller Fleiß.«

Es war nach der Schule. Pepi Obernberger und Georg Pfanner gingen ein Stück des Weges miteinander. Sie waren beide aufgerufen worden vom Professor des Griechischen, und Pepi hatte besser bestanden. Georg schritt sehr kleinlaut und mit einem ganz roten Kopf neben ihm her. Der Vater versäumte nie, zu fragen: »Hat der Herr Professor dich aufgerufen, und wen noch und wie ist's gegangen?«

»Du weißt immer«, sagte Georg zu seinem Kameraden.

»Hast heut wieder sehr gut gewußt. Ich wär froh, wenn ich immer so gut wüßt wie du.«

Pepi fing sogleich zu prahlen an: »Hol's dieser und jener!« Ihm lag nichts an dem dummen Plunder. Kasusartige Endungen, Komparation der Adjektiva, dummes Zeug! Er plagte sich auch gar nicht damit. Wenn der Trottel von einem Professor eine neue Walze einlegte in seinen Werkelkasten und anfing, sie herunterzuleiern, da höchstens hörte er ein bißchen zu. Zu Hause sah er nie ein Buch an, das war ihm viel zu fad.

»Geh, geh!« fiel Georg ungläubig ein, und er verbesserte sich: »Fast nie, auf Ehre! Daß sie mir immer so gute Zeugnisse geben, das danke den Schafsköpfen der Teufel. Ich gift mich drüber, weil's meinem Alten auf die dumme Idee bringt, einen Professor aus mir zu machen. Aber nein! Lieber als so ein verschimmelter Zopf werden und auf alles zu verzichten, was schön ist: Rad fahren, reiten, jagen, tanzen, kutschieren, Billard spielen im Kaffeehaus, Gletscher besteigen – lieber erschieß ich mich!«

Georg sah ihn aufmerksam an. Er war so ganz und gar das Ebenbild seines Vaters, des braven, fröhlichen Herrn Obernberger mit dem runden Kopf und dem runden Gesicht und dem freundlich lächelnden Munde. Und der Mensch sprach von Selbstmord?

»Red nicht so!« rief Georg. »Du wirst keine Todsünde begehen; Selbstmord ist eine Todsünde und eine Feigheit.«

»Unsinn!« stieß Pepi höhnisch aus. »Wie kann man so ein Esel sein und alles nachplappern, was sie einem in der Schul sagen. Aber du hast nie einen eigenen Einfall. Hast den Kopf schon ganz ausgestopft mit Pappendeckel. Adje!« – Du Schulesel! setzte er in Gedanken hinzu und bog ab, um die nächste Tramwaystation zu erreichen.

Georg ging langsam vorwärts und sagte sich doch mit

Unbehagen, daß jeder Schritt ihn dem Hause näher brachte, wo der Vater ihn gewiß schon erwartete mit der ständigen Frage, die er heute mit so großem Zagen beantworten würde.

O das traurige Haus, das kahle, große, mit den langen Gängen und den schmalen Stiegen, und das lichtarme Zimmer, in dem man immer saß zu dreien, und wo keines sich vor dem andern retten konnte. Dahin mußte er zurückkehren; heute und morgen und alle Tage und noch fünf Jahre lang. Wie soll man das erleben, und hat man's erlebt, fangen neue Studien an, die schwersten. Wie ein grauer Berg, den er nicht werde übersteigen können, bäumte die Zukunft sich vor ihm auf, ein ödes, trostloses, der Verzweiflung verwandtes Gefühl ergriff sein Herz und durchtränkte es mit unsagbarer Bitternis. Plötzlich kam ein nie gekannter Trotz über ihn. Obwohl die Uhr am nächsten Turme halb eins schlug, obwohl er genau wußte, daß er werde sagen müssen: »Ja, ich habe mich aufgehalten unterwegs«, setzte er sich auf eine Bank im kleinen Square vor Beginn der Gasse, in der die elterliche Wohnung lag, zog die Nachtigall aus der Tasche und ließ sie schlagen. Sie tröstete, sie milderte jedes herbe Gefühl. Sie hob ihn hinweg über Drangsal und Sorge zur lichten Höhe unbefangener Heiterkeit.

Er hatte ja nicht nur Betrübnis und Gram in seiner Seele, tief in ihrem Innersten unter dunkeln Schatten lohte rot und warm die Flamme junger Lebensfreude und die unausgesprochene immer zum Schweigen verdammte wollte sich einmal hinaussingen. Sie jubelte in die rauhe Luft, zum wolkenschweren Frühlingshimmel empor, mit der Stimme der Nachtigall.

Georg fand den Vater nicht daheim. Er war dagewesen, hatte sich umgekleidet und zu einer Beamtenversammlung ins Stammgasthaus begeben. Mutter und Sohn sprachen es nicht aus, welch ein Fest das Alleinbleiben für sie war. Um jede Minute, die er auf dem Heimweg vertrödelt hatte, tat es Georg jetzt leid. Die Stube kam ihm auf einmal freundlicher, die Luft reiner vor als sonst. Auf dem Tisch in einem Glase stand ein kleiner Veilchenstrauß; Frau Walcher hatte ihn gebracht.

Georg beugte sich über ihn und sog seinen zarten Duft ein: »Die gute Frau Walcher«; er lächelte seine Mutter pfiffig an. »Hat sie den auch vom Land gekriegt, wie neulich wieder das gute ›Junge‹ vom Hasen?«

Frau Agnes errötete. So war ihr der Schorschi hinter ihre Schliche gekommen? Sie wich seinem auf sie gerichteten Blick aus, sie antwortete nicht, sie sprach nur: »Der Vater hat dir sagen lassen, du sollst lernen.«

»Schon recht«, erwiderte er übermütig und warf die Schultasche in weitem Bogen auf das Sofa, wo sie emporschnellte und einen fröhlichen Hupf machte.

»Aber Georg, du bist ja heut wie ausgewechselt.«

»Ja, ja, Mutter!« Er stürzte auf sie zu und schloß sie in seine Arme.

Sie wehrte: »Sei gescheit.«

»Nein, gescheit bin ich heute einmal nicht. Ich muß dich lieb haben und küssen, dein liebes Gesicht, deine lieben Hände. Jeder Finger bekommt einen Kuß.«

Nun denn! Ach, die Zärtlichkeit des Kindes tat sehr wohl. »Jetzt aber setz dich und iß, es wird ja alles kalt.«

Und sie setzten sich und aßen und ließen sich's schmecken und plauderten und dachten nicht an morgen, und waren so glücklich, wie die armen Leute sind, die ganz in der Gegenwart leben, den Augenblick genießen, jeden Gedanken von der Zukunft abgewendet, die ihnen nichts Gutes bringen kann.

Nach dem Mittagsbrot begab die Mutter sich an die Nähmaschine und wollte noch ein Stündchen fleißig sein. Die alte Nähmaschine, die sich die letzte Zeit hindurch nur schwer in Bewegung setzen ließ und den Dienst auch schon mehrmals versagt hatte, glitt heute dahin wie ein Schlitten auf fest gefrorener Bahn. Was war denn da geschehen? Gestern noch hatte die Mutter gedacht, die alte Getreue werde überhaupt nicht mehr brauchbar sein und nicht einmal in der Fabrik hergestellt werden können. Was war geschehen? Der Vater hatte sie auseinander genommen und sie ausgezeichnet repariert.

»Der Vater?« das gab dem Georg zu denken. »Hat denn der Vater gelernt, Nähmaschinen reparieren?«

»Gewiß nicht. Aber weißt du, der Vater kann vieles, was er nicht gelernt hat, er hat zu allem Talent.«

Hat es nicht gelernt und kann es, weil er Talent hat. Etwas können, das man nicht gelernt hat, heißt also Talent haben. Er versank in Grübeleien.

»Aber Mutter, ich hab doch auch Talent.«

Sie mußte lachten. Es war wirklich, wie wenn ein Zweifel aus seinen Worten spräche: »Nun, ich meine, du hörst es oft genug, um es zu wissen«, und sie griff zärtlich mit der Hand in seinen zerzausten blonden Schopf.

»Wenn's nur wahr ist, Mutter, wenn's nur recht wahr ist«; er schluckte mühsam und benetzte die trocken gewordenen Lippen mit der Zunge. Die Traurigkeit, die ihn nach dem Gespräch mit Pepi angewandelt hatte, wollte sich wieder in ihm regen; aber die Anwesenheit der Mutter bannte sie rasch. Sein Herz ging weit auf, nicht das kleinste Geheimnis blieb darin. Von allem, was bisher stumm und schweigend in ihm gelegen, redete er, und während er es tat, wurde ihm manches klar und ausgemacht, was er sich selbst nie eingestanden hatte. Die Mühe, die das Lernen ihm verursachte, und daß es ihm so schwer wurde, sich etwas »auswendig zu merken«. Andere lernten viel leichter auswendig und merkten sich's viel länger.

»Du hast kein sehr gutes Gedächtnis«, meinte die Mutter und dachte, das kommt oft vor bei den Talentvollen. Sie gab dem Sohn auch etwas Ähnliches zu verstehen; er zuckte die Achseln.

»Wer Talent hat, das findest du selbst, kann auch, was er nicht gelernt hat. Ich hab vielleicht gar kein so großes Talent zum Lernen in der Schule. Aber vielleicht zu etwas anderem ... Das Singen in der Volksschule hat mich so gefreut. Da hab ich immer einen Einser gehabt ... und – weißt du noch, die Flöte! Ach, wenn ich hätte lernen dürfen Flöte spielen, oder gar Violine ... Jetzt hab ich halt nichts mehr als nur – soll ich's dir sagen? soll ich? Ja? – Bleib sitzen – ganz ruhig.«

Er stand auf und ging in den dunkelsten Winkel des Alkoven, und leise schwirrten von dort her die Töne der Nachtigall zu der Mutter herüber. Sie staunte, legte die Hände in den Schoß und hörte zu und überhörte, daß die Küchentür geöffnet wurde, und nun auch die Zimmertür.

»Du machst schon Feierabend?« sprach Pfanner eintretend, »und wer musiziert? und wo ist der Bub?«

Er befand sich in schlechter Laune.

In der Versammlung war ein Antrag, den Pfanner und einige ältere Beamte eingebracht hatten, abgelehnt worden. Beim Mahle, das sie gemeinsam einnahmen, hatte sich dann Obernberger eingefunden, einen Flaschenkorb in der mächtigen Rechten, und hatte Bordeaux und

Champagner in so guter, bescheidener Weise serviert, daß selbst der Herr Direktorstellvertreter sich herbeiließ, ein Gläschen anzunehmen. Nur Pfanner lehnte schroff ab. In Gift hätte sich ihm ein vom »Schlosser« kredenzter Trunk verwandelt. Bis zum Überdruß renommierte der wieder mit seinem Pepi und gab die tollen Streiche des Burschen so stolz und behaglich zum besten, daß Pfanner zuletzt nicht mehr an sich halten konnte: »Wenn's der meine so treiben würde, der sollt mich kennen lernen.«

Da waren denn gleich Entschuldigungen und ein großes Lob des Pepi nachgekommen. Was für ein lieber Kerl der im Grunde sei, und was für ein goldenes Herz er habe und – ein Talent! Die Herren Professoren zweifelten gar nicht daran, daß er in diesem Jahre Primus werden würde.

Primus – der Sohn des Schlossers! Pfanner hatte plötzlich einen gallbittern Geschmack im Munde, und das Essen widerstand ihm. Sein Georg war nur in der ersten Klasse Primus gewesen, in der zweiten zweiter Vorzugsschüler, und nun in der dritten konnte er's allem Anschein nach gar nur zum vierten, dem letzten Vorzugsschüler, bringen. Er hatte ein »Genügend« gehabt in Griechisch und ein »Befriedigend« in Geometrie. Wohin kam er, wenn er von nun an nicht lauter Vorzugsklassen errang? Wohin überhaupt, wenn er in seinen Leistungen von Jahr zu Jahr zurück blieb? Pfanner sah alles schon verloren, alle Mühe umsonst angewendet, alle Opfer umsonst gebracht. Der Sohn würde am Ende auch nichts anderes werden als der Vater, ein armseliger, kleiner Beamter. Dieser Sohn, dem alle Hilfsmittel geboten waren, der nur die Hand nach ihnen auszustrecken brauchte. Aber es ging ihm zu gut, der Hafer stach ihn, und er überließ sich seinem Leichtsinn und seiner Faulheit.

Von Erbitterung erfüllt, mit dem Vorsatz, die Zügel schärfer anzuziehen, war Pfanner nach Hause gekommen. Da fand er seine Frau müßig im Zimmer sitzend und dem Vogelgesang lauschend, den sein großer Bub, im Alkoven versteckt, nachahmte.

»Schämst dich nicht?« fuhr er ihn an, als Georg auf seinen Befehl hervortrat, »hast Ehr im Leib oder keine? Was tragst da in der Hand! Aufmachen die Hand!«

Der Knabe gehorchte. Der Gedanke, eine Entschuldigung vorzubringen, kam ihm gar nicht. Pfanner erfuhr alles, und sein Unwillen, seine Entrüstung kannten keine Grenzen. Dieser Bub! Wirklich ein ungeratener Sohn. Spielt da, der bald Vierzehnjährige, mit einer Lockpfeife, oder was das ist. Spielt bei Tag und Nacht, ja, ja – er besann sich jetzt – hat noch die Eltern zum Narren gehalten. Wenn er abends lernen soll, fallen ihm die Augen zu, spielen kann er bis in die Nacht. »Aber wart nur … Her mit dem Quark!«

Ein fruchtloser Widerstand des Schwächeren, ein rascher Sieg des Stärkeren, ein Armschwung … Das Fenster stand offen – die Nachtigall flog hinaus.

Frau Agnes zucke zusammen. Georg stand da wie erstarrt, mit weit aufgerissenen Augen.

»Vater, meine einzige Freud!« schrie er auf, und galt es nun, was es mochte, die härtesten Worte, die grausamsten Schläge, er mußte weinen um seine »einzige Freud«, weinen, schluchzen, sich auf den Boden werfen und sich winden in Trostlosigkeit und Verzweiflung. Daß der Vater tobte und schrie, hörte er nicht, daß der Vater einen Knoten ins Taschentuch flocht, sah er nicht, daß Hieb auf Hieb auf ihn niedersauste, fühlte er nicht. Er wußte und fühlte nur, daß er ein armes Kind war, dem immer das weggenommen wurde, woran sein Herz hing.

»Aufstehen! Still! Augenblicklich still!« wetterte Pfanner und hatte nicht das geringste Mitleid mit dem Kinde, das sich endlich vom Boden erhob und heftige Anstrengungen machte, sein Schluchzen zu unterdrücken. Vielmehr forderte sein Zorn noch ein Haupt, sich darüber zu ergießen. Wer trug Schuld an dem frevelhaften Leichtsinn des Buben, wer unterstützte ihn noch darin? Die Mutter, die verbrecherisch schwache, törichte Mutter! Wenn aus dem Buben nichts wird, wenn er heranwächst zu einer Last und sogar Schande der Eltern – Müßiggang ist aller Laster Anfang – wenn er elend untergeht, fällt die Verantwortung auf ihr Gewissen, und sie wird einst dafür zur Rechenschaft gezogen werden.

Pfanner verstand es, seine Umgebung stumm zu machen. Es kam kein Laut über die Lippen seiner Frau. Bis zu einem gewissen Grade hatte sie sich im Laufe ihrer Ehe an sein maßloses Übertreiben gewöhnt, und jetzt freute sie sich gar, daß seine Vorwürfe sie trafen. So diente sie ihrem Jungen eine Zeitlang wenigstens als Schild.

Der Mann schrie und tobte, und dabei zog er den Rock und die Weste aus und legte sie sorgfältig auf einen Sessel. Sogar in der Wut gegen seine nächsten Menschen verfuhr er schonend mit seinen Sachen. Nun entstand eine Pause, aber nur als Vorbereitung zu einem neuen Schrecknis, zu der Frage: »Sind die Aufgaben gemacht?«

»Ich werd sie morgen machen«, erwiderte Georg bang und zögernd. »Morgen ist Sonntag …«

»Ja so. Bring die Aufgaben!« Pfanner sah sie durch. »Eine Fabel aus Deutsch in Latein übersetzen. Griechische Grammatik zu lernen. Unregelmäßigkeit der Deklination. Geometrie: Drei Aufgaben. Geschichte: Wiederholung, von den Kreuzzügen bis zu Rudolf von Habsburg. Und von alledem nichts gemacht? nichts? Das alles soll morgen bewältigt werden?« Er dekretierte: »Geschichte heute noch wiederholen, aufmerksam durchlesen. Wenn man am Abend etwas aufmerksam durchliest, weiß man es am nächsten Morgen wörtlich.«

»Es sind sechsundzwanzig Seiten«, wagte Georg einzuwenden.

»Zweiundzwanzig, vier Seiten nehmen die Illustrationen ein.« Er legte das Buch vor ihn hin: »Setz dich, lern!«

Der Knabe tat, wie ihm geheißen worden. Gut also, gut, so setzt er sich denn hin und lernt. Daß er müd und schläfrig ist, was liegt daran, ihm ist alles recht, er lernt. Wenn er sich nur zu Tod lernen könnte, das wäre ihm das allerliebste. Wenn er tot wäre, hätte er Ruhe, und seine Mutter hätte Ruhe, brauchte sich seinetwegen nicht beschimpfen zu lassen. So begann er denn zu lesen: »Schon in den ersten Jahrhunderten trieben Andacht und Glaubensinnigkeit die Christen zu den heiligen Stätten …«

An schönen Sonntag-Nachmittagen unternahm Pfanner regelmäßig einen Spaziergang, und Georg durfte ihn begleiten. Ein Vergnügen, auf das die Mutter längst freiwillig verzichtet hatte, und von dem das Kind trauriger heimkehrte, als es ausgewandert war. Mit dem Vater spazieren gehen, bedeutete an jeder Unterhaltung, jedem Genuß *vorüber* gehen. Dort drüben, im lustigen Prater, wurde nach der Scheibe geschossen, im Luftschiff, im mechanischen Ringelspiel gefahren, da gab's Theateraufführungen, Wachsfigurenkabinette, eine Damenkapelle, Zigeunermusik. Und ein Aquarium und ein Panorama und so vieles Schöne noch, von dem Georgs Mitschüler zu erzählen wußten. Wenn er eine Anspielung wagte, eine Frage stellte: »Warst du schon einmal im Wurstelprater? Hast du schon einmal die Zigeuner spielen gehört?« antwortete der Vater voll Verachtung, was man im Wurstelprater zu sehen und zu hören bekäme, sei lauter törichtes Zeug, an dem nur ungebildete Menschen sich zu ergötzen vermöchten. Im Bogen wich er allem aus, was seine eigene Neugier hätte reizen können oder gar ihn selbst in Versuchung bringen, sich einen guten Tag zu machen: einmal in einem Jahre, nein – einmal in vielen Jahren. Er *wollte* nicht! wollte nicht ein paar Gulden unnötig ausgeben, die ins Sparkassenbuch des Kindes gelegt werden könnten.

Als sie nach Hause kamen, erwartete sie ein gutes, kräftiges Abendessen.

»Weil heute Sonntag ist«, entschuldigte sich Agnes, da Pfanner ihr neuerdings Verschwendung vorwarf.

Es war ein Verdacht in ihm rege geworden, den er nicht aussprach, der ihn aber quälte, und der entweder getilgt oder gerechtfertigt werden mußte. Kürzlich hatte er sich um Lebensmittelpreise erkundigt, hatte gerechnet und herausgebracht, daß die Ausgaben, die sich seine Frau fortgesetzt erlaubte, unmöglich mit dem ihr zur Verfügung gestellten Küchengelde bestritten werden konnten. Erarbeitet wollte sie den Überschuß haben? Lächerlich! Er, der Sohn einer armen Näherin, wußte, was seine Mutter verdient hatte mit täglich zwölfstündiger emsiger Arbeit. Ihm ins Gesicht sollte seine Frau, die ihren Haushalt ohne jegliche Unterstützung bestellte, nicht behaupten, daß sie imstande sei, sich eine regelmäßige Einnahme zu verschaffen. Womit also bestritt sie die Mehrauslagen? Pfanner begnügte sich nicht lange mit den ausweichenden Antworten, die sie ihm gab. Eines Tages stellte er ein scharfes Verhör an, und sie, in die Enge getrieben, angeekelt von der erniedrigenden Pein, immer neue Ausflüchte ersinnen zu sollen – gestand.

Ja denn, ja, sie verkaufte, sie versetzte, sie gab ihr Letztes her, damit das Kind, das in fortwährender geistiger Anspannung lebte, ordentlich ernährt werde, in den Jahren der Entwicklung und des stärksten Wachsens.

Pfanner zürnte, höhnte: Was hatte denn er gehabt in diesen selben Jahren? Wer hatte denn gefragt, wie er sich nähre? Georg wuchs auf wie ein Hofratssohn im Vergleich zu der Art, in der sein Vater aufgewachsen war. Er hatte sich mit vierzehn Jahren schon sein Brot selbst verdienen müssen, sein Brot im Sinne des Wortes! und nicht etwa ein frisch gebackenes. Die Entbehrungen hatten ihm gut angeschlagen, er war immer gesund geblieben. Warum sollte sein Bub anders geartet sein als er und wie ein Weichling behandelt werden, den man aufpäppeln muß?

Agnes beharrte zum erstenmal während ihrer langen Ehe in Auflehnung gegen den Mann. Der Augenblick, den sie so sehr gefürchtet hatte, war gekommen und fand sie stärker, als sie geglaubt hatte sein zu können. Ruhig ließ sie die Anklagen Pfanners über sich ergehen, und indes er ihr vorwarf, ihn hintergangen zu haben, grübelte sie nach über eine Möglichkeit, ihn noch weiter zu hintergehen. Es mußte sein, um des Kindes willen.

So widerstandsfähig wie sein Vater gewesen, war eben der blasse, hochaufgeschossene Junge nicht, der jetzt mit einem: »Guten Abend, Vater und Mutter!« eintrat und schweratmend an der Tür stehen blieb, als ob die gewitterschwüle Atmosphäre, die im Zimmer herrschte, ihm auf die Brust gefallen wäre.

Einige Tage später feierte Georg seinen vierzehnten Geburtstag. Er hatte zwei Vorzugsnoten aus der Schule mitgebracht. Mit feierlichem Ernst und mit der Mahnung, das kostbare Geschenk zu schonen, übergab ihm sein Vater einen neuen Sommeranzug, eine hübsche Mütze und ein

Paar solide Halbstiefel. Am Nachmittag blieb Pfanner länger als gewöhnlich am Tische sitzen und sprach, nachdem Frau Agnes das Zimmer verlassen hatte, eingehender und zutraulicher zu Georg, als es bisher je geschehen war.

Er wußte wohl, die Mutter nannte ihn grausam, und fand, daß er zu viel verlange von seinem Sohne. Wenn es nach ihr ginge, würde der jetzt freilich gute Tage haben, die Schule Schule sein lassen und nur tun, was ihm gefiele. Aber dann? Wie würde die Zukunft aussehen nach einer vertrödelten Jugend? Und ist die Zukunft nicht die Hauptsache? Ausgerüstet mit der Macht des Wissens soll Georg der seinen entgegengehen. Ohne Mühe freilich ist Wissen nicht zu erringen. Will er der Feigling sein, der vor der Mühe flieht, oder der Held, der sie aufsucht, mit ihr ringt, sie überwindet? Es gibt keinen Sieg außer diesem ersten. Ohne ihn ist kein hohes Ziel zu erreichen.

»Das deine soll ein hohes sein!« rief Pfanner aus. »Du bist nun kein Kind mehr, und ich kann dir sagen, das Ziel, das du dir stecken sollst, ist, ein Staatsmann zu werden. Einer, der mit überlegenem Geiste und mit starker Hand die Teufel der Zwietracht, die unsere Heimat zerreißen, bezwingt, das große Wort: ›Gleiches Recht für alle‹ von den Lippen in die Herzen verpflanzt und es zur Tat, und uns einig, groß und glücklich macht. Denk' dir, ein Mann sein, der das vermöchte! Er würde der Retter, der Erlöser, der Abgott seines Volkes.«

Georg hörte ihm voll Bewunderung zu. Daß sein Vater mit ihm redete wie mit einem Ebenbürtigen, machte ihn unendlich stolz. Der Glaube an sich selbst, der ins Schwanken gekommen war, erwachte wieder. »Ein ordentlicher Mensch sein, ist viel, und der mittelmäßig Begabte mag sich damit begnügen«, hatte der Vater unter anderem gesagt, »ein außerordentlich Begabter ist sich selbst und den

141

andern schuldig, ein großer Mensch zu werden. Bei ihm kommt es nur auf den Willen an, auf den unerschütterlichen Entschluß …«

Er konnte nicht einschlafen an diesem Abend. Die Zukunftsbilder, die sein Vater entworfen hatte, standen zu lebhaft vor ihm. Von der Tätigkeit eines Staatsmannes machte er sich allerdings keinen rechten Begriff, sah sich vorerst auf der Rednerbühne, einer Versammlung gegenüber, die ihn mit höhnenden Zurufen empfing, Feindseligkeit blickte aus aller Augen, in jedem Gesicht stand ein: Nein! geschrieben. Und er begann zu sprechen, und allmählich verstummten die Zurufe, und von den Gesichtern verschwand der mißgünstige Ausdruck, Teilnahme und Zustimmung wurden rege und begannen sich zu äußern, vereinzelt erst, dann immer häufiger, endlich völlig einstimmig. Er hatte seine Zuhörer hingerissen durch die Gewalt seines Wortes. Und alle, vom ersten bis zum letzten, sahen den Führer in ihm und folgten ihm willig und entzückt; denn sie wußten, was er wollte, war das Gute, das Weise, und der Weg, den er sie führte, war der Weg zu ihrem Heile.

Auf seinen nächsten Gängen zur Schule blieb er nicht mehr bei Salomon stehen. Er dankte für die freundlichen Winke und Verbeugungen des Hausierers nur mit einem kurzen Grußwort. Einmal hielt er sich aber doch bei ihm auf. Salomon hatte ihn gar zu inständig flehend angesehen und fragte gar zu trübselig: »Habe ich Ihnen was getan, junger Herr, sind Sie böse auf mich?«

»Was dir einfällt«, erwiderte Georg, »was werd' ich denn bös auf dich sein.«

Es kam Salomon halt so vor. Vielleicht hatte die Nachtigall sich doch nicht bewährt, hineinschauen kann man ja nicht, und vielleicht wünschte der junge Herr eine andere.

Salomon war bereit, ihm eine andere zu geben, um den halben Preis.

»Eine andere um den halben Preis«, erwiderte Georg. Gewaltig ergriff ihn die Versuchung, auf den lockenden Antrag einzugehen. Aber er bestand, er siegte in seinem kurzen Seelenkampf.

»Nein, nein, ich brauch keine Nachtigall mehr, ich will keine!« rief er. »Ich bin jetzt vierzehn Jahre alt, und es gehört sich nicht mehr für mich zu spielen. Ich muß lernen, ich muß trachten, Vorzugsschüler zu bleiben, ich darf keinen andern Gedanken haben als lernen.«

Diesen Vorsatz führte er aus.

Es kamen Tage, an denen sein Fleiß an Raserei grenzte. Sie verflossen und ließen eine schauderhafte Erschöpfung zurück. Niemandem, nicht einmal seiner Mutter, vertraute er, was um diese Zeit in ihm vorging. Ich werd noch närrisch, dachte er. In meinem Kopf ist kein Blut und kein Hirn; in meinem Kopf ist es weiß und leer. Das Lernen hat alles aufgefressen und muß jetzt auch aufhören, weil es nichts mehr zu fressen findet. Das ist ganz natürlich und ganz albern und ein peinigender Zustand, aus dem sich aufzuraffen unmöglich ist …

Wie im Halbschlaf saß er bei seinen Büchern, und eben in dieser Zeit ließ Pepi sich herab, einer Anwandlung des Fleißes nachzugeben, und kam ihm nach, überholte ihn in großen Sprüngen. Aus jedem Gegenstand, in dem er aufgerufen wurde, erhielt er eine Vorzugsklasse.

Und wieder fragte ihn Georg: »Wie machst du's, daß du immer weißt? Sag mir's, wie du's machst?«

Pepi steckte die Hände in die Taschen und warf die Beine, als ob er sie von sich schleudern wollte:

»Zu langweilig! … Dumme Fragerei!« … In abgebrochenen Sätzen nur geruhte er zu antworten. Sein Alter gab klein bei, weil er ihm gedroht hatte, sich zu erschießen. So tat er ihm denn auch etwas zu lieb und legte seinem Genie keinen Kappzaum mehr an: »Und jetzt mach ich ihm halt die Freud und werd Primus.«

»Ja, ja, wenn's geht!«

»Wenn's geht?«

»Gar gewiß ist's doch nicht. Es ist noch der Rott da und der Bingler.«

»Ich werd Primus«, wiederholte Pepi voll Aufgeblasenheit. »Alles geht und wird, wie ich's haben will – grad so!«

»Wie du's haben willst?«

»Grad so. Das kannst du nicht begreifen. Du freilich nicht, du armer Büffler. Weil du nur ein Büffler bist, kannst du's nicht begreifen. Du möchtest nur; ich kann, was ich mag.«

Georg warf sich in die Brust: »Und ich auch«, wollte er antworten; doch brach ihm die Stimme …

Ihm war, als ob der Boden sich aufrisse und zwischen ihm und dem gottbegnadeten Kameraden ein unüberbrückbarer Abgrund gähne. Drüben, mitten in fruchtbaren Gefilden, in denen alles grünte und blühte, stand Pepi, und wohin sein Fuß trat, entsprang ein Quell, und was seine Hand berührte, wurde zur herrlichen Frucht. Und er hüben, auf kargem, steinigen Boden, der widerstrebend nur und ungern sich den schattigen Zweig, den nährenden Halm entringen ließ.

Warum die schreiende Ungerechtigkeit, warum dem Andern alles und ihm so bettelhaft wenig?

Pepi beobachtete seinen stillen Kampf und verzog höhnisch den Mund. »Büffler!« sprach er. »Büffeln kommt von Büffel und Büffel gehören zu der Gruppe von Rinder.«

144

Da ergriff wilder Zorn den sanftmütigen Georg. Er sprang auf Pepi zu und packte ihn an der Gurgel.

Der unerwartet Angefallene brüllte und wehrte sich mit Händen und Füßen, und bald waren die beiden umringt von einer johlenden Schar, die sich an dem Zweikampf beteiligte, fast durchweg zugunsten Georgs. Den vielbeneideten, vielgehaßten Pepi einmal gänzlich überwunden abziehen zu sehen, gewährte jedem einzelnen einen köstlichen Genuß. Jämmerlich zugerichtet, in zerfetzten Kleidern verließ er den Plan. Das begab sich unweit der Schule, und an der Straßenecke hatte Salomon gestanden und der Schlacht mit gespannter Teilnahme zugesehen. Er begleitete Georg mit Glückwünschen und Heilrufen; der aber winkte traurig ab. Er hatte etwas getan, was seinem ganzen Wesen widersprach, schämte sich seines Erfolges und betrachtete mit Entsetzen seinen neuen Rock, an dem die Spuren der Schlägerei zu sehen waren. Nun begann er zu rennen, um früher als der Vater heimzukommen. In Schweiß gebadet betrat er die Küche, legte das Ohr an das Schloß der Zimmertür und horchte. Alles still, nur die Nähmaschine schnurrte, die Mutter war allein. O Gott sei Lob und Dank! Hastig trat er ein und sprudelte die Geschichte seines jüngsten Erlebnisses heraus: »Und jetzt flick mir den Rock, Mutter, flick mir den Rock!«

Das Abendessen wurde schweigend eingenommen. Eine dumpfe Verstimmung herrschte im Hause. Pfanner schmollte noch immer mit seiner Frau. Er hatte die Scheine über alle von ihr versetzten Gegenstände an sich genommen, um sie nach und nach einzulösen. Gott weiß, unter welchen Bitternissen. Jeder Gulden, den er ins Versatzamt brachte, war ein Raub am Sparkassenbuch seines Sohnes; an diesem künftigen Vermögen, aus dem die Kosten der Rigorosen und des Freiwilligenjahres bestritten werden sollten. Es gab Augenblicke, in denen er die Törin haßte, die Schuld an dem Raube trug. Ihn wieder gut zu machen, lag nicht in ihrer Macht, in der seinen aber lag, sie büßen und leiden zu machen. Tag für Tag wiederholte sich dieselbe Tortur. Tag für Tag verlangte er die Hausrechnung zu sehen, ging jeden einzelnen Posten durch, bemängelte jeden. Mit grausamer Kunst erniedrigte er die Mutter in Gegenwart des Kindes durch sein zur Schau getragenes Mißtrauen.

»Wer einmal betrogen hat, gleichviel in welcher Absicht, betrügt wieder! man muß sich vor ihm in acht nehmen.«

Gepeinigt sah Georg zu ihr hinüber und warf ihr hinter dem Rücken des Vaters Küsse zu. Um seinetwillen wurde sie beschämt, er war der unschuldige Urheber ihrer Qual. Und sie, alles erratend, was in ihm vorging, bezwang sich, bemühte sich, gelassen und standhaft zu bleiben bei den Kränkungen, die sie erfuhr. Der Mann hielt für Unempfindlichkeit, was höchster Heldenmut war und verschärfte die Lauge in den Ausdrücken seiner Geringschätzung. Wie immer war es auch heute gegangen. Agnes fühlte sich kaum noch imstande, ihre Selbstbeherrschung zu bewahren, als ein heftiger Riß an der Glocke sie erschreckte. Sie schrie auf; auch Georg erschrak. Es war etwas so völlig Ungewohntes, daß um diese Zeit jemand Einlaß bei ihnen begehrte.

»Nervös, wie die elektrisierten Frösch«, brummte Pfanner. »Habt ihr in eurem Leben noch nicht läuten gehört? Sieh nach, wer's ist«, befahl er der Frau.

Sie zündete rasch eine Kerze an und eilte in die Küche. Schon wurde ein zweites Mal geschellt, noch ungeduldiger, noch heftiger als früher. Als Agnes öffnete, stand ein großer, breitschultriger, fein gekleideter Mann da und fragte: »Ist Herr Offizial Pfanner zu Hause?«

Wer konnte das sein? Vielleicht ein Vorgesetzter, der Herr Inspektor oder gar der Herr Oberinspektor?

»Ja, er ist zu Hause«, sagte sie, »belieben einzutreten.«

Ohne Gruß ging er an ihr vorbei! er hielt sie offenbar für die Magd und ihr war der Irrtum recht. Sie hätte in ihrem grauen, ausgewaschenen Perkalkleide, in ihren geflickten Schuhen einem Vorgesetzten gegenüber nicht für die Frau eines k. u. k. Beamten gelten mögen. Höflich stieß sie die Zimmertür vor dem Fremden auf, trat in die Küche zurück und hörte nur noch ihren Mann in durchaus nicht respektvollem Tone sagen: »Herr Obernberger? Was verschafft mir das Vergnügen?«

Obernberger schloß die Tür hinter sich, die Magd sollte das Gespräch zwischen ihm und Pfanner nicht mit hören.

»Vergnügen werden Sie von meinem Besuch nicht haben«, erwiderte er in erregtem Tone, »ich kommte, um mich zu beklagen.«

Hoho! Das konnte unangenehm werden. Pfanner hatte ein böses Gewissen. War eine der wegwerfenden Reden, die er über Obernberger zu führen pflegte, dem »Schlosser« hinterbracht worden? Vielleicht auch einem der Vorgesetzten, bei denen der Meister in hohem Ansehen stand? Verfluchte Geschichte! Pfanner verbarg seine Bestürzung hinter einem besonders borstigen Wesen: »Nur heraus mit der Sprache, genieren Sie sich nicht. Ich kann was vertragen«, sagte er.

Georg war aufgesprungen und hatte einen Sessel herbeigeholt. Obernberger nahm Platz. Er betrachtete den Knaben, der mit gesenkten Augen und krampfhaft verschlungenen Fingern vor ihm stehen blieb, streng und prüfend.

147

»Herr Obernberger! Herr Obernberger!« sprach Georg leise und flehentlich.

O, wenn er früher an Herrn Obernberger gedacht hätte, er würde seinen Sohn nicht geprügelt haben. Herr Obernberger war immer so gütig mit ihm, wenn er ihn traf, und neulich, als er im Wagen gekommen war, den Pepi aus der Schule abzuholen, hatte er Georg eingeladen, mitzufahren. Eine Seligkeit wäre es gewesen, der Einladung zu folgen, aber er wagte es nicht. Der Vater hätte gewiß gesagt: »Hast vergessen, daß du keine Gnaden annehmen sollst?«

Je länger Obernberger seine Augen auf Georg ruhen ließ, je milder wurde ihr Ausdruck, und jetzt redete er ihn an: »Wissen Sie, daß ich schon auf dem Wege zum Herrn Direktor war, um mich über Sie zu beklagen? Ich mag Ihnen aber doch Ihre gute Note in Sitten nicht verderben und will mich mit einer häuslichen Züchtigung begnügen, die Ihnen Ihr Vater sicher erteilen wird, wenn er hört, was vorgefallen ist. Herr Offizial«, wandte er sich an Pfanner, »Georg hat heute nach der Schule meinen Sohn angefallen und ihn gewürgt, und andere haben sich hineingemischt, und mein Pepi ist mir nach Hause gekommen, ganz zerrissen und das rechte Aug so blau und geschwollen, daß er weder lesen noch schreiben kann. Und das ist geschehen ohne daß er zum Streit den geringsten Grund gegeben hätte.«

»Nicht den geringsten Grund?« wiederholte Pfanner, hob sich halb von seinem Sitz und es war, als ob er auf den Sohn losspringen wollte.

»Nicht ohne Grund«, hauchte Georg mehr als er sprach. »Er hat mir gesagt, daß ich ein Büffler bin. Büffeln kommt von Büffel und Büffel gehören zu der Gruppe der Rinder, hat er gesagt.«

Pfanner schwieg und saß wieder gerade auf seinem Sessel. Obernberger war betroffen.

»Ist das wahr?« fragte er, und Georg beteuerte: »Es ist wahr.«

»Hinaus!« rief Pfanner ihm plötzlich zu und wies mit ausgestrecktem Arm nach der Küchentür.

Draußen stand die Mutter neben dem Herde und zitterte an allen Gliedern und fragte sich, was für ein neues Unheil über ihren Georg hereingebrochen sein möchte. Er lief auf sie zu, war bleich wie Wachs, und grünliche Schatten zogen sich längs der Nase zu den Mundwinkeln herab: »Mutter, Mutter!« preßte er hervor, »was wird jetzt mit mir geschehen?«

In der Stube jedoch begab sich das Unerhörte. Pfanner entschuldigte seinen Sohn. Der Junge war schüchtern von Natur und nur zu sanft für einen Buben. Wenn er einmal losgeschlagen hatte, mußte er arg herausgefordert worden sein. Er sei auch vollkommen wahrhaft, versicherte der Vater und wußte wie gutes Recht er dazu hatte.

»Können Sie das von Ihrem Pepi auch sagen?« fragte Pfanner und setzte die gewisse, militärische Miene auf, die er sich angeeignet hatte, als er einst, nach wenigen Monaten seiner Dienstzeit, zum Korporal befördert worden war.

Der gutmütige Obernberger stand immer noch unter dem Eindruck, den ihm die Todesangst auf dem Gesichte Georgs gemacht hatte. Der große, breite Mensch schmolz in der Nähe des kleinen, hitzigen Pfanner ordentlich zusammen. Ein gewaltiger Schneemann in der Nähe eines Häufleins glühender Kohlen. Er hatte keine Ursache, sich auf die Wahrheitsliebe seines Pepi zu verlassen und weil er das nicht eingestehen wollte, schwieg er.

»Fragen Sie Ihren Pepi aufs Gewissen, ob mein Sohn

ihn wirklich ohne Grund geschlagen hat«, sprach Pfanner. »Aug in Aug mit dem Buben, in unserer Gegenwart soll er es ihm wiederholen. Tut er das, dann lade ich Sie zu einer Exekution ein, wie sie bei uns noch nicht stattgefunden hat, obwohl ich bei meinem Buben die Prügel nicht spare.«

Bei dieser Abmachung blieb es. Herr Obernberger, der als Richter gekommen war, verließ die Wohnung des Offizials mit dem Gefühl, eine Niederlage erlitten zu haben. Er achtete nicht auf die Zwei, die sich tief verneigten, als er die Küche durchschritt.

Georg lief ihm voran, öffnete mit demütiger Beflissenheit die Tür und flehte: »Verzeihen Sie mir, Herr Obernberger, verzeihen Sie mir!« so leise, mit von Scheu und Tränen so völlig erstickter Stimme, daß der in unangenehme Gedanken versunkene Fabriksherr nichts davon hörte.

Als Agnes und Georg das Zimmer wieder betraten, hatte Pfanner einen großen, mit Zahlen bedeckten Bogen vor sich liegen, den er mit äußerster Aufmerksamkeit durchsah. Georg holte seine Hefte herbei und machte sich an die Arbeit. Eine halbe Stunde verging, ehe der Vater ihn ansprach, und dann – o Wunder! geschah es nicht einmal in unfreundlicher Weise. Er überzeugte sich, daß Georg beinahe fertig war mit seinen Aufgaben.

»Bist du aus Geschichte schon aufgerufen worden?« fragte er.

»Noch nicht.«

»Merkwürdig. So spät?«

»Vielleicht morgen. Wir haben morgen Geschichte.«

»Nun, da kriegst du doch eine Vorzugsklasse?«

»Ich weiß nicht, vielleicht.«

»Du!« schrie der Vater ihn an. »Weißt du, was das heißt,

wenn du keine Vorzugsklasse kriegst? Weißt du, was ein ›Genügend‹ dich kostet?«

»Ich weiß es«, erwiderte Georg tonlos.

»Den Vorzugsschüler kostet's dich, fauler Bub!«

»Ich bin nicht faul, Vater.«

Der Vater hob namenlos erstaunt den Kopf. Sein friedfertiger Junge war heute der Held einer Prügelei gewesen und jetzt vermaß er sich, ihm zu widersprechen. Was war vorgegangen? War in dem Jungen ein Mann erwacht? Sollte er am Ende noch so schneidig werden, wie er sich ihn immer gewünscht?

Frau Agnes hatte ihre Hand auf den Arm des Sohnes gelegt, als er dem Vater widersprochen: »Um Gottes willen, Schorsch!«

»Still«, herrschte Pfanner sie an, »laß ihn reden. Ich bin nicht faul, behauptet er. Also red, 's ist erlaubt, 's ist befohlen!« drang er in ihn.

»Ich lern den ganzen Tag«, sagte Georg. »Ich kann nicht mehr lernen, als ich lern, ich weiß nicht, was ich anfangen soll, damit du zufrieden bist.« Die Tollkühnheit der Verzweiflung kam über ihn und er wagte hinzuzusetzen: »Andere Eltern sind schon zufrieden, wenn ihre Kinder ›Genügend‹ bekommen, und ich soll lauter ›Vorzüglich‹ und ›Lobenswert‹ haben … Und ich soll mich schinden … Und ich …« Er konnte nicht weiter reden, rang die Hände, schlug mit der Stirn auf den Tisch und wand sich in einem Schmerze, über den der Vater selbst erschrak. Zum erstenmal im Leben fühlte er sich ratlos dem Kind gegenüber.

»Ich hab schon ein ›Genügend‹ in Griechisch!« schrie Georg in pfeifenden, gequetschten Tönen. »Wenn ich noch ein ›Genügend‹ bekomme, bin ich kein Vorzugsschüler mehr. Und ich bekomm gewiß noch ein ›Genügend‹ …«

Das war zu viel. Die Worte machten der Langmut Pfanners ein Ende. Alles in ihm, das ein bißchen weich zu werden begonnen hatte, erstarrte wieder: Kein Vorzugsschüler mehr! Dieser Bub, der die Fähigkeit besaß, einen Platz unter den Ausgezeichneten zu behaupten, wollte durch die Schule kriechen mit dem großen Heer der Mittelmäßigen? Pfui über den Buben!

»Du bleibst Vorzugsschüler, oder ich geb dich zu einem Schuster in die Lehre.«

»Tu's, Vater, tu's! Aber warum grad zu einem Schuster!« erwiderte Georg außer sich. »Du kannst mich auch zu Herrn Obernberger geben und ich werd ein Kunstschlosser … Oder auch mit Musik kann ich mein Brot verdienen …«

»Georg, Georg, um Gottes willen!« wiederholte die Mutter. Sie sah ihren Mann fahl werden vor Wut, sah seine Fäuste sich ballen: »Musik? gut, gut! Ich kauf dir einen Leierkasten, kannst in den Häusern orgeln und auf die Kreuzer warten, die sie dir aus den Fenstern werfen.«

Georg preßte das Kinn auf die Brust und starrte zu Boden.

Pfanner sprang auf und führte einen schweren Schlag auf den Nacken des Kindes: »Kein Wort mehr! Und – das merke, komm mir nicht noch einmal mit einer schlechten Note nach Hause. Untersteh dich nicht!«

»Nein, nein«, erwiderte Georg. Er war jetzt ganz furchtlos. Um so besser, wenn er nicht mehr nach Hause zu kommen braucht. Der Vater wird sich nicht mehr über ihn ärgern und wird die Mutter nicht mehr quälen um seinetwillen. Wäre er doch nicht auf die Welt gekommen … – oder wäre er schon draußen – wäre er tot!

Am nächsten Morgen war der Vater von einer furchtbar dräuenden Schweigsamkeit. Die dunkeln Ringe unter sei-

152

nen geröteten Augen, bei ihm das sicherste Zeichen einer schlaflos durchwachten Nacht, gaben ihm das Aussehen eines Kranken. Er frühstückte hastig, nahm seine Schriften unter den Arm, setzte den Hut auf und verließ das Zimmer, ohne den Gruß seiner Frau und seines Sohnes zu erwidern. Man hörte ihn die Küchentür zuschlagen, daß sie dröhnte.

Georg legte die Hefte und Bücher in seiner Schultasche zurecht, war fertig, nahm Stück für Stück wieder heraus, ordnete eins ums andre von neuem, langsam und bedächtig. Die Mutter mahnte zur Eile. Er ließ plötzlich alles liegen und stehen und warf sich ihr in die Arme, und sie drückte ihn an ihr Herz. Sie sprachen nicht, es kam keine Anklage über ihre Lippen, aber glühend brannte sie in ihren Herzen. Wie glücklich könnten sie sein, sie Zwei, wie glückselig, wenn der Ehrgeiz des Vaters nicht wäre, der blinde, törichte, der vom Apfelbäumchen, das ihm Gott in seinen Garten gepflanzt, die Triebkraft der Eiche verlangte.

Dreimal schon hatte Georg Lebewohl gesagt und brachte sich noch immer nicht fort.

»Du kommst zu spät, Schorschi«, sagte Frau Agnes. »Lauf jetzt, lauf! Und sei nicht so traurig«, fügte sie hinzu und strich ihm über die Wangen.

»Du bist selbst traurig«, antwortete er.

»Ach – das vergeht, bei der Arbeit vergeht's.«

»Also adieu«, sagte er und schritt resolut der Tür zu und über die Treppe hinab bis zum ersten Stockwerk. Dort blieb er stehen, besann sich, kehrte plötzlich um und jagte in raschen Sätzen wieder zurück und als er oben ankam, sah er die Mutter vor der Wohnungstür stehen, auf derselben Stelle, bis zu der sie ihn begleitet hatte.

»Was gibt's?« fragte sie wie aus dem Schlaf auffahrend, warf den Kopf zurück und bemühte sich, eine strenge Miene anzunehmen. »Hast was vergessen?«

»Ich hab dir ja nicht ordentlich Adieu gesagt«, und er fiel ihr um den Hals und küßte sie mit stürmischer Zärtlichkeit.

In die Schule kam er zu spät. Der erste Vortrag hatte schon vor einer Viertelstunde begonnen, als er eintrat und sich auf seinen Platz setzte.

»Wo steckst denn?« raunte der Nachbar ihm zu. »Du bist aufgerufen worden und warst nicht da.«

»Unglück, Unglück«, murmelte Georg und gab sich alle erdenkliche Mühe, aufmerksam zuzuhören. In seinem Kopfe ging es sonderbar zu. Es summte und hämmerte darin und übertönte eine Stimme, die vom Katheder herüberklang. Die Worte, die sie sprach, waren unverständlich, flossen ineinander wie Welten … Noch etwas Sonderbares! der breite Saal schien sich zu verlängern ins Unglaubliche. Es war kein Saal mehr, es war ein langer Gang, von merkwürdig kaltem, weißem Licht erfüllt und ganz weit am Ende stand ein schwarzer Strich auf einem Piedestal. Georg mußte mit Gewalt alle seine Denkkraft zusammen nehmen, um sich klar zu machen: das ist der Herr Professor, der einen Vortrag hält.

Er schloß die Augen, lehnte sich zurück. Ich werde heute nicht lernen können, dachte er. Nach einer Weile aber wurde es besser, er vermochte sich aus dem unheimlich traumhaften Zustand, in den er geraten war, heraus zu reißen. Der zweite Vortrag hatte begonnen. Der jetzt sprach, war ein sehr beliebter, von der ganzen Schule verehrter Lehrer, der Professor der Geschichte. Er hatte einen sonst kaum mittelmäßigen Schüler aufgerufen und der bestand mit Ehren. Georg folgte. Ach! wenn er auch so viel Glück hätte, wie sein Vorgänger. Es schien beinahe. Der Professor prüfte aus dem unlängst von Georg Wiederhol-

154

ten und sagte: »Gut, bis auf zwei Jahreszahlen. Sie bekommen ›Lobenswert‹. Ich möchte Ihnen aber gern ›Vorzüglich‹ geben können und stelle deshalb noch einige Fragen. Nennen Sie mir alle deutschen Kaiser bis zu Rudolf dem Ersten.«

Das war keine sehr schwere Frage. Voll Zuversicht begann er sie zu beantworten und gelangte glorreich bis zu Otto III. Da verriet ihn sein Gedächtnis – er ließ den gelehrten und frommen Kaiser ein hohes Alter erreichen und Heinrich II. den ersten Salier sein.

Der Professor zuckte bedauernd die Achseln und unterbrach ihn: »Das geht nicht gut. – Etwas anderes! Erzählen Sie mir die Geschichte von Konradin.«

O – die wußte er! die hatte er seiner Mutter erzählt; so rührend, daß sie dabei weinen mußte. Konradin war ja – nun ja – war in König Enzio … Oder nein, richtig – Enzio war Konradin …

Ein kaum unterdrücktes boshaftes Kichern erhob sich, der Pepi lachte ihn aus. Die Augen des Professors hefteten sich fest auf ihn. Er verstand, daß diese guten, wohlwollenden Augen ganz besorgt fragten: »Sind Sie bei Trost?«

Er hätte schreien mögen: »Nein! ganz verwirrt und konfus bin ich!«

»Sie tun mir leid«, sprach der Professor, »aber – sagen Sie selbst – welche Klasse haben Sie verdient?«

Georg flüsterte etwas völlig Unverständliches. Dem Lehrer schien es, es sei ein Dank gewesen. Der Junge wußte heute nichts, erriet aber viel, erriet das innige Mitleid, das er seinem Lehrer einflößte.

Ehe der dritte Vortrag begann, verließ er die Schule und ging langsam die Straße hinab. Es war ein Frühlingstag mit sommerlichem Sonnenschein, der Himmel wolkenlos, die Luft noch frei von Staub und Dunst. Georg schritt mit weit aufgerissenen, verglasten Augen zwischen den Menschen dahin, die sich in der Hauptverkehrsstraße der Vorstadt drängten. Einem oder dem andern fiel auf, wie sonderbar »verloren« der Junge aussah. Keiner hatte Lust und Zeit, ihn zu fragen, was ihm sei. Ein Tischlerlehrling nur, der einen Handwagen schleppte, und an den er angestoßen war, rief ihm zu: »Hüo! wo hat dein Schädel? Anbaut mit samt der Mitzen?«

Unwillkürlich griff Georg nach seinem Kopfe. Er war barhaupt, hatte seine Mütze in der Schule gelassen und auch seine Lernsachen. Daran lag aber nichts. Ihn würde niemand nach ihnen fragen. Er konnte ja nicht mehr heim. »Komm mir nicht nach Hause mit einer schlechten Note!« Diese Worte dröhnten unablässig an sein Ohr. Jetzt mußte er sie bekommen, die schlechte Note, die erste wirklich schlechte. Was wird der Vater jetzt tun? Und wie wird die Mutter sich kränken … Nein, nein, Vater und Mutter, er wagt es nicht, er kommt nicht mehr zurück, er geht wohin schon mancher unglückliche Schüler gegangen ist: in die Donau. Und diesen Gedanken hält er fest, hegt ihn, befreundet sich mit ihm. Dieser Gedanke mit dem dunklen Kerne hatte eine blendende Atmosphäre und fing an, eine große Helligkeit zu verbreiten. Er gestaltete sich jetzt so: »Ich muß in die Donau, ich will aber auch, und gern. Wie gut ist es, tot zu sein, nicht mehr hören müssen: Lern! Wie gut auch, wenn es keinen Zwiespalt mehr zwischen den Eltern gibt. Aber du begehst einen Selbstmord«, fuhr es ihm durch den Sinn, »und ein Selbstmord ist eine Todsünde.« Ihn schauderte. »Lieber Gott! Allgütiger!« stöhnte er und blickte flehend zum Himmel empor. »Rechne mir meinen Tod nicht als Sünde an! Ich will keine Sünde begehen, ich will sterben für den Frieden meiner Eltern. Mein Tod ist ein Opfertod.«

Ein Opfertod!

An dieses Wort klammerte er sich; es brachte ihm Trost. Es verwandelte die Tat der Verzweiflung in eine Heldentat und schwerste Schuld in ein Märtyrertum. Es ging auf vor dem armen, irrenden, suchenden Kinde wie ein Stern in der Nacht. Keine Erwägung, keine Überlegung, kein Zweifel mehr, nicht die geringste Fähigkeit, sich etwas anderes vorzustellen, nur die rasende, unbezwingliche Sehnsucht, Erlösung zu erfahren und Erlösung zu bringen.

Er war am Ende der Straße angelangt und bog in die Seitengasse ein, die auf den Kai mündete. Bleierne Müdigkeit lag ihm in den Gliedern, sein Kopf brannte und schmerzte bis zur Bewußtlosigkeit. Die Donau, die ist ein kühles, weiches Bett, da findet man Ruhe und Labung. Nur sie erreichen, nur bis zu ihr hinkommen! Eine dumpfe Angst; sie mißgönnen mir die Erlösung, sind hinter mir, verfolgen mich, jagte ihn vorwärts. Er begann zu laufen, und dabei schien ihm, daß er immer auf demselben Fleck bleibe. Das war fürchterlich, noch einmal einen so argen Kampf mit dem Unüberwindlichen kämpfen zu müssen.

»Wohin? Was sind Sie so eilig?« sprach eine wohlbekannte Stimme ihn an. Der Hausierer stand vor ihm.

»Du?« sagte er, »Du, Salomon?«

Ein wenig Zeit nahm er sich zum Abschied von dem Armen. Den hatte er glücklich geschätzt und elend war auch der. Ihm wäre es Seligkeit gewesen, in der Schule zu sitzen und er mußte vom frühen Morgen bis in die späte Nacht in Staub und Sonnenbrand umherziehen und sah so krank aus, und seine schmächtige Gestalt war schon ganz schief vom Tragen des schweren Warenkastens. Ja, ja, wem zu Schweres auferlegt wird, der verkrüppelt. Armer Salomon, den der Wachmann aufscheucht und ›einzuführen‹ droht, wenn er ganz erschöpft einige Augenblicke auf einer Bank ausruhen möchte. Fort, fort auf müden Füßen in den ausgetretenen, geplatzten Schuhen … Georgs Blick glitt über sie hinweg und plötzlich beugte er sich, zog rasch seine neuen Halbstiefel aus und legte sie auf den Warenkasten.

»Nimm sie, ich brauche sie nicht mehr«, sprach er und – lachte. Ja, wahrhaftig, Salomon schwor später darauf, daß er gelacht habe und wie unaussprechlich schmerzvoll dieses Lachen geklungen hatte, kam ihm erst zum Bewußtsein, nachdem alles vorüber war. Zuerst in seiner freudigen Verblüffung hatte er nur Augen für die schönen, guten Stiefel, die ihm wie aus dem Füllhorn des Glückes zugefallen waren. Als er sich besann, daß Georg seine Stiefel gar nicht verschenken dürfe, und wohl nur einen Spaß mit ihm gemacht habe und er sich umsah und rief: »Junger Herr! junger Herr!« – drang schon lautes, vielstimmiges Geschrei an sein Ohr: »Im Wasser!« – »Hineingesprungen!« – »Hilfe! Hilfe!« Von allen Seiten stürzten sie herbei, rannten, krochen die steile Böschung hinab, standen mit vorgestreckten Hälsen, Entsetzen oder stumpfsinnige oder abscheuliche Neugier in den Gesichtern, und deuteten: »Da! dort! Siehst ihn?«

Anstalten zur Rettung wurden getroffen – vergebliche. Eine Stromschnelle hatte den schwimmenden Körper erfaßt und häuptlings an einen Brückenpfeiler geschleudert.

Mit gellenden Weherufen drängte sich Salomon durch die Menge zum Ufer hin. Die Stiefel hatte er fallen lassen, streute im Laufe seine Waren aus und nahm sich nicht Zeit sie aufzulesen … Gott! Gott! Ins Wasser gesprungen – in den Tod gegangen, der, den er bewundert hatte und beneidet und der immer so gut gegen ihn gewesen war.

Pfanner hatte einen schweren Entschluß gefaßt und ausgeführt. Er war zum Direktor des Gymnasiums gegangen, um Georg seiner Nachsicht zu empfehlen. Vor wenigen Tagen noch würde er einen solchen Schritt für unmöglich gehalten und geglaubt haben, sich und Georg durch ihn zu erniedrigen.

Mit so viel Wärme und Verbindlichkeit als ihm irgend zu Gebote standen, sprach er die Bitte aus, seinen Sohn nachsichtig zu klassifizieren, wenn der Bursche auch in letzter Zeit etwas nachgelassen habe im Fleiße. Sein Vater bürge dafür, daß es von nun an besser werden solle.

»Nachgelassen im Fleiße!« Das war dem Direktor neu. So viel er wußte, hatte noch keiner der Professoren sich über Georgs Mangel an Fleiß beklagt. »Ich wäre froh«, sagte er, »wenn ich allen Eltern so Gutes über ihre Söhne sagen könnte, wie Ihnen über Georg. Er ist bei sämtlichen Lehrern vortrefflich angeschrieben, sehr brav und auch durchaus nicht unbegabt …«

»O, das glaub ich!« warf Pfanner hochfahrend ein.

»Durchaus nicht unbegabt«, wiederholte der Direktor kühl, »aber auch nicht ungewöhnlich begabt. Ich fürchte, daß Sie zu viel von ihm verlangen, ihm eine größere Leistungsfähigkeit zutrauen, als er besitzt. Wenn Sie ihn zwingen, seine Kräfte zu überspannen, ruinieren Sie ihn.«

Der Offizial kam tief niedergeschlagen ins Bureau. So verlangte er also zu viel von seinem Buben, so ruinierte er ihn, so sollte Georg nur mittelmäßig begabt sein? Lächerlich. Diese Schulleute irren so oft. Wie viele, von denen ihre Lehrer nichts gehalten, sind große Männer geworden. Er ging an seine Arbeit, vergrub sich in sie, suchte Rettung in ihr vor dem schweren Drucke, der ihm auf dem Herzen lastete.

Gegen Mittag meldete ihm der Bureaudiener, es sei jemand da, der ihn sprechen wolle. Auf dem Gange erwartete ihn Frau Walcher in einem Zustand furchtbarer Verstörtheit. Etwas Entsetzliches sei geschehen, stotterte sie, das Ärgste, das man sich denken könne. Er solle nur gleich mit ihr kommen.

»Was ist das Ärgste?« fuhr er sie an. »Was ist's mit meinem Buben?«

Ihre Antwort war eine Gebärde der Verzweiflung.

Dem Liebling des Gymnasiums wurde ein feierliches Leichenbegängnis bereitet. Alle Professoren, alle Schulkameraden beteiligten sich daran. Meister Obernberger folgte dem Zuge, weinend wie ein Kind, und sein Pepi hatte heute allen Hochmut abgetan.

Der Vater schritt in guter Haltung hinter dem Sarge. Jedes Wort, das am Grabe zum Preise seines Sohnes gesprochen wurde, schien ihm wohl zu tun, während die Mutter immer tiefer in sich zusammensank.

»Am besten für sie wär's«, sagte schwerbekümmert Frau Walcher zu ihrem Manne, »wenn man sie gleich mitbegraben könnt.«

Die zwei Ehepaare traten die Rückfahrt im selben Wagen an. Pfanner und seine Frau wechselten nicht eine Silbe. Einer wich scheu dem Blick des andern aus. Daheim angelangt, gab Agnes den dringenden Bitten der Freundin, zuerst bei ihr einzutreten, nach.

»Da hat sie doch ein paar Stunden Frieden«, dachte die Getreue.

Als der Abend kam und die gewohnte Pflicht sie rief, ging Agnes mechanisch daran, das Abendbrot zu bereiten. Sie betrat das Zimmer, um die Lampe anzuzünden. Aber Pfanner hatte das schon selbst getan. Die Lampe brannte auf dem Tische und dort lagen die Bücher und die Mütze,

die der Schuldiener zurückgebracht hatte. Vor sich aufgeschlagen hatte Pfanner ein dünnes Büchlein – das Vermögen des Kindes, das guldenweise zusammengesparte. Und
in der gebrochenen Gestalt dessen, der da saß und die Gegenstände alle betrachtete, drückte eine herzzerreißende
Trostlosigkeit sich aus. Was ging jetzt vor in dieser Seele!

Agnes kam leise heran.

Die Frau, die er zermalmt und zertreten und zu einer
dienenden Maschine herabgewürdigt hatte, fühlte sich in
diesem Augenblick als die Größere und Stärkere und, im
Vergleiche zu ihm – die Glückliche. Sie durfte ihres Kindes ohne Selbstvorwurf gedenken, von ihr hatte es mit
zärtlicher Liebe Abschied genommen.

»Pfanner«, sprach sie.

Er fuhr auf und starrte sie an mit Entsetzen. Wollte sie
nun Rechenschaft von ihm fordern? Seine Lippen zuckten und zitterten, er brachte keinen Laut hervor. Etwas
hilflos Greisenhaftes lag in seinen entstellten Zügen.

Da wich der Haß, da schwieg der Vorwurf. Sie näherte
sich langsam und sagte: »Du hast ja nur sein Bestes gewollt.«

Überrascht, in demütiger Dankbarkeit nahm er ihre
beiden Hände, legte sein Gesicht hinein und schluchzte.

Ein Idealist

»Wann wirst du endlich heiraten?« sprach ein alter Gänserich zu seinem Sohne. »Es ist wirklich schon die höchste Zeit.«

»Vater«, erwiderte der junge Gänserich, »ich mag keine von unsern Dorfgänsen. Du machst dir keinen Begriff davon, wie sehr ich nicht mag. Unsre Dorfgänse sind entsetzlich, lieber Vater. Beobachte sie nur, wenn sie am Morgen auf die Weide gehen, und wenn sie am Abend von der Weide zurückkommen. Ihr Geschnatter würde ich ihnen noch verzeihen, was sollen sie anders tun als schnattern; aber die blödsinnig eingebildeten Gesichter, die sie dazu machen, der ordinäre Hochmut, mit dem sie die dicken, kurzen Hälse strecken und die Flachköpfe heben – pfui, pfui, das alles ist mir widerlich. Nein, lieber Vater, eine unsrer Dorfgänse heirate ich nicht.«

»Eine der unsren nicht? Hast du vielleicht eine anderweitige im Kopfe?«

»Ja, Vater, es ist so.«

»Und was für eine denn?«

»Eine Schloßgans. Ich habe sie neulich gesehen, drüben im Park auf dem großen Teich. Mitten unter ihren edlen Schwestern schwamm sie schweigend dahin. Ihre Federn waren schneeweiß und hatten einen matten Schimmer, wie manchmal weiße Wolken am Himmel haben, und ihr Hals war lang und biegsam und schmal, und sie bog ihn voll Anmut und trug ihr Haupt mit würdevoller Bescheidenheit – gelassene, majestätische Ruhe lag in jeder Bewegung dieser herrlichen Gans, die wie ein schönes Märchenbild an mir vorüberglitt. Seitdem ich sie gesehen habe, ist mir der Anblick unsrer Dorfgänse völlig unerträglich geworden, und ich bitte, verschone mich mit der Zumutung, daß ich eine von ihnen heimführen soll.«

Der Vater hatte ihn ausreden lassen, herrschte ihm aber dann grimmig zu: »So bleibe unvermählt, du Narr, denn darauf, daß die Schloßgans dich erhört, mache dir keine Rechnung. Hüte dich, ihr einen Antrag zu stellen, du würdest schmählich abgewiesen.«

Statt ihn abzuschrecken, stachelte diese Warnung den Verliebten zu einer kühnen Unternehmung auf. Er putzte sich heraus, so schön er konnte, ging hin und erklärte der vermeinten Schloßgans seine Gefühle. Sie verlor keinen Augenblick ihre hoheitsvolle Ruhe und erwiderte, als er geendet hatte: »Ich weiß nicht, mein Herr, was ich mehr bin, erstaunt oder geschmeichelt. Das aber weiß ich und kann ich Ihnen nicht verhehlen, daß mein Herz bereits an einen Jüngling meines Stammes und meiner Art vergeben ist.«

Im Innersten tödlich verwundet, wackelte der Abgewiesene heim und wurde aus Verzweiflung ein Lebegänserich. Er schloß flüchtige Verbindungen mit schon dreimal gerupften Gänsen wie mit kaum erwachsenen, er war der Schrecken aller Eltern, Vormünder und Gatten, er umwarb die ehrsame Familienmutter wie das unschuldigste ihrer Töchterlein, gewann jede und verachtete alle.

Als seine Sterbestunde kam, versammelte er seine zahlreichen Söhne um sich, und sprach zu ihnen die grausamen und sentimentalen Worte: »Eure Mütter – wer sind sie? wo sind sie? Ich weiß nichts von ihnen, ich erinnere mich keiner von ihnen.

Die Einzige, der meine letzten Gedanken gehören, die Einzige, an die mich noch in dieser Stunde das unzerreißbare Band einer ewig lebendigen Erinnerung knüpft, das ist die Eine, die mich verschmäht hat.«

163

Die Prinzessin von Leidalien

Es war einmal eine wunderschöne Prinzessin. Sie hieß Leiladin und hatte die weißeste Haut, die rosenfarbigsten Wangen und eine Fülle lichtblonder Haare, fein und weich wie Seide. Bis zu den Fersen wallten sie ihr nieder und umhüllten sie gleich einem goldenen Mantel. Sieben Friseure zogen immer hinter ihr her, um ihr prachtvolles Gelock in Ordnung zu halten. Sie kämmten es mit Kämmen aus der veilchenduftenden Schale der Königsschildkröte und bürsteten es mit kleinen in Edelsteine gefaßten Besen aus den Borsten des Edelschweines, das alle hundert Jahre einmal am Kap der Träume geboren wird. Und wenn eines der Haare der Prinzessin beim Frisieren ausging, wurden allen sieben Friseure die Köpfe abgeschlagen.

Die Prinzessin aß und trank und schlief, sie lachte und lächelte hold, machte neue Gedichte, schrieb nette Briefe, sang und tanzte sehr zierlich; sie verstand sich vortrefflich darauf, die Gesandten fremder Höfe zu empfangen und den Vorsitz im Kronrate zu führen.

Von ihrer Schönheit, ihrer Wohlerzogenheit, von ihren Talenten und Tugenden wußte die halbe Welt, von einer Eigentümlichkeit, die sie hatte, nur der Leibmedizinalrat, der Präsident des obersten Kronrates und der alte getreue Hofnarr, sonst niemand. Am wenigsten sie selbst, denn es wurde als Staatsgeheimnis betrachtet: Die Prinzessin war nämlich inwendig aus Pappendeckel.

Der Präsident und der Leibmedizinalrat freuten sich darüber und sagten: »Dieser Pappendeckelhaftigkeit verdankt sie ihren bewunderungswürdigen, der exzeptionellen Stellung, die sie einnimmt, so außerordentlich angemessenen Gleichmut.« Der Hofnarr jedoch schüttelte den Kopf: »Wo aber«, fragte er, »bleibt das Temperament, das ich meines Teils höher schätze als irgend etwas Hohes?«

Die Zeit kam heran, in der die Kronräte die Prinzessin aufmerksam machten, daß es nun für sie schicklich wäre, sich zu verheiraten. Sie nahm das zur Kenntnis und erwiderte: »Meine Kronräte wissen, daß ich immer alles tue, was sich schickt. So verheiraten wir mich denn.«

Bewerber um die Hand einer schönen, reichen Prinzessin braucht man nicht lange zu suchen. Dutzendweise zogen sie heran und bemühten sich, jeder in seiner Art, das goldgefiederte Vöglein zu locken, mit dessen Besitz derjenige eines Krönleins verbunden war. Die Herren überboten einander in der glorreichen Ausübung ritterlicher Künste oder suchten durch geistige Vorzüge zu bezaubern. Wer Verstand hatte, entfaltete ihn wie der Pfau sein Rad; wer Gemüt hatte, erschloß dessen Tiefen und ließ ihre Unermeßlichkeit ahnen.

Manche Woche schon dauerte das Wettbewerben, und keiner von den Freiern durfte sich der geringsten Bevorzugung rühmen. Die Kronräte begannen die Geduld zu verlieren: »Entschließe dich, erwähle einen und gib den übrigen den Laufpaß«, beschworen sie ihre Gebieterin. Aber diese antwortete: »Was würden die verabschiedeten Herren von meiner Wohlerzogenheit denken? Man soll gegen alle seine Gäste gleich liebenswürdig sein. Ich mag nicht einer Person zu Gefallen für unhöflich gehalten werden von einer ganzen Gesellschaft.«

Der Präsident und der Leibmedizinalrat gestanden einander, daß sich in dieser Äußerung eine Eitelkeit kundgebe, deren sie die Prinzessin unfähig gehalten hätten. Da lachte der Hofnarr sie aus und sagte: »Wozu habt ihr euern Verstand, wenn ihr nicht unter anderem auch wißt,

165

daß Pappendeckelhaftigkeit und Eitelkeit unzertrennlich sind?«

Endlich entschlossen sich die Räte, die Wahl selbst zu treffen. Sie sollte auf den fallen, der die Prinzessin am uneigennützigsten liebte, und die Würdenträger griffen, um darüber ins reine zu kommen, zu einem altbewährten Mittel. Sie luden die Freier zu einer vertraulichen Sitzung ein, und der Redner sprach zu ihnen: »Es ist ein Nebensächliches, was wir euch zu eröffnen haben, Hohe und Edle, und wird wirkungslos an euch abprallen, und dennoch geziemt sich's, daß wir es euch mitteilen. Wisset denn, unser die Archive unermüdlich durchforschender Rechtsgelehrter ist auf einen Paragraphen im Gesetz gestoßen, der unsere Prinzessin ihres Reiches und ihrer Reichtümer verlustig macht, sobald sie sich vermählt. In diesem Falle soll die Hochzeit mit königlichem Gepränge ausgerichtet, die Neuvermählte bis an die Grenze gebracht und dort entlassen werden auf Nimmerwiederkehr, und ohne anderes Heiratsgut als ihre Bettlade, ein Kissen und eine Decke.«

Die Gesichter sämtlicher Bewerber verlängerten sich sehr während dieser Rede, nur das eines jungen Helden, eines hübschen, blondhaarigen Burschen mit schwärmerischen Augen und kräftigen Fäusten wurde immer runder und strahlte vor stiller Hoffnungsfreudigkeit wie der helle Vollmond.

Eine finstere Wolke glitt darüber hin, so oft einer der anderen Freier das Wort ergriff. Der eine wollte sich als der wahrste Freund der Prinzessin aufspielen und riet: »Sie lasse das Heiraten sein und regiere nach dem Muster anderer großer unvermählt gebliebener Herrscherinnen.«

»Schlechte Gesetze soll man aufheben«, erklärte ein anderer; ein dritter meinte: »Oder umgehen«, und ein vierter wußte schon, wie das zu machen sei.

Da sprang der junge Held auf und rief: »Das Gesetz soll unangetastet bleiben, es ist weise und liebevoll; es sorgt dafür, daß die himmlische Prinzessin nur von einem heimgeführt wird, dem sie, dem ihr eigenes, holdes, hohes Selbst als Inbegriff aller Erdengüter gilt. Daß sie doch mir zuteil würde! Ich schenkte euch gern die Mitgift, die euer Paragraph ihr auswirft. Behaltet euer Bett, eure Decke, euer Kissen. Mein Schild soll ihr Bett sein, mein Mantel ihre Decke, mein Arm ihr Kissen, bis ich ihr die Welt erobere und zu Füßen lege, was gewiß geschieht, denn der Glücklichste unter der Sonne muß auch unüberwindlich sein.«

Als die Freier ihn so reden hörten, dachten sie: »Der verdirbt uns den Markt«, und erklärten in heller Empörung, um Absurditäten anzuhören, wären sie hier nicht versammelt, wurden aber bald überschrien. Die Räte hatten sich auf den Balkon begeben, schwenkten ihre Taschentücher und riefen: »Heil! dreimal Heil! Es lebe der Bräutigam!«

Grenzenloser Jubel erschallte, die Türen öffneten sich vor den hereinströmenden Hofleuten, Bürgern, Soldaten, Männern aus dem Volke. Eine brausende Verwirrung herrschte, bis es gelang, den allgemeinen Enthusiasmus auf den richtigen Gegenstand zu lenken.

Am verwirrtesten war der Held selbst und geriet in Entrüstung, als er hörte, daß man ihn auf die Probe gestellt und ein bißchen an der Nase herumgeführt hatte. Doch sah er sich auf diese Art zu einem so schönen und herrlichen Ziel gebracht, daß sein Ingrimm nicht lange anhielt, sondern im Glutmeer des Glückes, das in seiner Seele wogte, zerschmolz wie ein Stückchen Blei in einem Hochofen.

Auch Leiladin, die Schöne, strahlte vor Vergnügen. Die

uneigennützige Liebe, die ihr der Held bewiesen hatte, schmeichelte ihr außerordentlich und versetzte sie in rosige Laune. Sie ließ über tausend ihrer Photographien unter die Leute verteilen, die sich glückwünschend nahten, Geschenke brachten oder (auch das kam vor) solche zu erhalten wünschten. Sie trieb Verschwendung mit ihrem huldreichsten Lächeln und bezauberte die leer ausgegangenen Freier durch verstohlene Blicke aller Gattungen: sentimentale, herausfordernde, verständnisinnige und – was weiß ich! – Jeder der Herren bildete sich schon nach wenig Stunden ein: »Mich liebt sie, mich. Der vierschrötige Held wurde ihr nur von ihren Räten aufgehalst. Ich habe im Grunde nicht nötig, jede Hoffnung aufzugeben.«

So befanden sich denn alle in Festesstimmung – mit Ausnahme des Narren. Der erschien beim Galadiner ganz verweint; die Schellen an seiner Kappe waren mit schwarzem Trauerflor überzogen; er ächzte und stöhnte, als er sich auf seinem gewöhnlichen Platz, einem Kissen zu Füßen der Prinzessin, niederließ. Sie ahnte sogleich etwas für sie Schmeichelhaftes, nämlich: »Der arme alte Knecht ist in mich verliebt und unglücklich über meine Verheiratung.«

»Was ist dem Narren?« fragte sie.

»Laß deine Räte peitschen«, sprach er.

»Warum?«

»Sie haben sich geirrt und den Unrechten erwischt. Einen Feuerbrand für mein Wachspüppchen! Mein Wachspüppchen soll einen Schneemann haben, weg von meinem Wachspüppchen mit dem brennenden Span! Deine Räte verdienen die Peitsche! Laß die Räte peitschen!« rief er so lange, bis er selbst gepeitscht wurde.

Die Prinzessin hatte Eile, sich ihrem von Seligkeit und

Bewunderung trunkenen Bräutigam im besten Lichte zu zeigen, als Regentin inmitten des Kronrates, als Musikerin, Reiterin, Tänzerin. Plötzlich fiel ihr ein, daß sie noch keine Probe ihrer Belesenheit gegeben hatte, und sie beschloß, das Versäumte nachzuholen.

Eines Morgens traf er sie, bereits köstlich gekleidet, im Garten, lief ihr fröhlich entgegen und sprach: »So früh schon draußen? und schon so schön frisiert! Sie müssen ja aufgestanden sein, ehe der Tag gegraut.«

»Gegraut?« versetzte sie, »Heinrich, mir graut's vor dir. Goethe, Sie wissen.«

Beim Frühstück, als sie ihm einen Teller voll Brezeln präsentierte, geschah's mit der Aufforderung: »Greift nur hinein ins volle Menschenleben … Vorspiel zu Faust. Sie wissen.« Als sie aus ihrer Teetasse den letzten Schluck getan, widmete sie ihm den Nachruf: »Der ist besorgt und aufgehoben … Schiller. Sie wissen.«

Ganz verblüfft sah der Held sie an, und sie freute sich dessen, denn Verblüfftheit ist ja die moderne Form der Bewunderung, und blieb den ganzen Tag über der verkörperte Zitatenschatz.

Sie spazierten unter hohen Bäumen; ein Vöglein fiel aus dem Neste gerade vor sie hin. Der Held hob es auf, zeigte es der Prinzessin und sagte: »Es ist tot; gestorben …«

»Auch Patroklus ist gestorben. Homer, Sie wissen«, unterbrach sie ihn.

»Zu ihren Füßen«, fuhr er fort; und sie schnitt ihm wieder das Wort ab: »Zu Ihren süßen Füßen, Heine, Sie wissen.«

Ungeduld wollte ihn erfassen – ein Blick auf ihre sieghafte Schönheit entwaffnete ihn. Eine wahre Lichtgestalt, schritt sie neben ihm hin in ihrem weißen, purpurmsäumten Gewande, die jungfräulich schlanke Gestalt, von den schimmernden Wellen der unvergleichlichen Haare umflossen, die die Friseure eben wieder geordnet hatten.

Er betrachtete sie mit innigster Bewunderung und sagte bewegt: »Prinzessin, ich habe schon viele Prinzessinnen gesehen, eine so herrliche wie Sie sind, aber noch nie!«

Sie senkte beschämt die Augen; dieses allerdings etwas matte Lob erschien ihr empörend unzulänglich: »Il y a fagots et fagots. Molière. Sie wissen, hoffe ich«, entgegnete sie, und ihn überkam ein unerträglich maßleidiges Gefühl: »Ja wohl, ich weiß«, rief er aus. »Ist in der Haude- und Spenerschen Buchhandlung zu Berlin erschienen und kostet sechs Mark fünfzig. O Leiladin, teure Holdheit, sagen Sie ›Mäh‹ – aber es komme aus Ihrem eigenen Kopfe!«

Da war sie beleidigt, wie die Pappendeckelnen beleidigt sind, bis auf den Kleister, und als der verliebte Held sah, daß sie den reizenden Mund verzog und daß ihre Stirn sich umdüsterte, ergriff ihn ein heftiger Schmerz. Die ganze Nacht hielt bittere Reue ihn wach; sein Benehmen gegen seine angebetete Braut erschien ihm roh, und er hatte keinen heißeren Wunsch, als das begangene Unrecht gut zu machen.

Am nächsten Tage bat er um Verzeihung mit der Demut und Inbrunst eines Kindes, und die Prinzessin hatte ein zierliches, aber sehr sparsames Lächeln und ermahnte ihn: »Beleiden Sie mich nur nie wieder.«

Sie waren auf einen Altan des Palastes getreten und sahen auf den Marktplatz hinunter. Über diesen bewegte sich schweigend und langsam eine dichte Menschenmenge, die einem kleinen traurigen Zuge das Geleite gab. Er bestand aus sieben Männern in den verschiedensten Lebensaltern; ein flaumbärtiger Jüngling eröffnete, ein Greis in weißen Haaren schloß ihn. Die sieben waren barhäuptig und barfüßig, trugen Armesünderhemden und

170

Stricke um den Hals geknüpft. Hinter ihnen schritten der Scharfrichter und seine Gesellen, neben ihnen die geharnischte, sehr betrübt dreinschauende Scharwache.

Ganz zuletzt kam der Narr.

Er balancierte auf den Spitzen der Daumen und der Zeigefinger seiner hocherhobenen Hände ein Schränkchen aus Kristall, in dem auf blauseidenem Kissen eine goldene, edelsteinbesetzte Spule lag. Sie war umwunden mit etwas Feinem, Köstlichem, das sich vom Balkon aus nicht genau unterscheiden ließ, das aber glänzte wie Sonnenlicht. Ein Fähnlein mit der Inschrift: »Corpus delicti« war auf dem Kasten befestigt.

»Was bedeutet dieser Aufzug? Wer sind diese Menschen?« fragte der Held, und die Prinzessin antwortete: »Es sind meine Friseure, die man zum Blocke führt.«

»Zum Blocke? Was haben sie getan?«

»Das ärgste, was Friseure tun können. Sie haben mir ein Haar ausgerissen.«

»Eines, alle zusammen?«

»Doch nicht. Nur einer wird es getan haben.«

»Nur einer, und sieben müssen sterben?«

Die Prinzessin zuckte die Achseln: »So gebietet ein neues Gesetz.«

»Ein wahnwitziges Gesetz …«

»Entschuldigen Sie, ein vernünftiges Gesetz. Es bezweckt, daß jeder Friseur sich nicht nur selbst in acht nimmt, mich ja nicht zu rupfen, sondern auch sehr acht gibt, daß die andern es nicht tun. Und dann, wie vereinfacht es den sonst oft labyrinthisch verschlungenen Rechtsweg. Kein langes Forschen nach dem eigentlichen Täter. Kein Verhör, keine Zeugenvernehmung, keine Indizienbeweise, nichts. Links das Corpus delicti, rechts der Block, Punktum.«

Der Held lächelte wehmütig. »O Prinzessin«, sprach er, »Ihnen dürfte nicht einmal der Heiland der Antimitleids-Apostel vorwerfen, daß Sie ›verchristelt‹ sind!«

Sie hatte keine Ahnung von dem, was er damit meinte, denn sie wußte nichts von moderner Moral, sondern war der naivste Pappendeckel der Welt.

»Was doch die Erziehung macht!« dachte der Held. »Die der Prinzessin scheint den Plan verfolgt zu haben, gegen jedes der gesunden Menschennatur angeborene gute Gefühl Dämme aufzurichten. Ich aber will sie niederreißen, einen nach dem andern.«

Er sprang vor, lehnte sich über die Brüstung des Balkons und rief hinunter: »Halt, im Namen der Prinzessin, halt!«

Der Zug stand still, und der Verstand Leiladins gleichfalls, ob der Vermessenheit ihres Bräutigams. Dieser ließ jenem aber nicht Zeit, sich wieder in Bewegung zu setzen; er beschwor die Räte, den Hofstaat und sogar die abgewiesenen, aber noch hoffenden Freier, ihm bitten zu helfen, um Begnadigung der Friseure. Seine Wärme, die Innigkeit, mit welcher er flehte, riß viele hin. Sie unterbrachen ihn oft mit lauten Äußerungen ihres Beifalls, während er zu der Prinzessin sprach: »Sehen Sie empor, der Himmel umdüstert sich, der Sturm beginnt zu heulen; bald wird diese wundernette Stadt und ihre blühende Umgebung von grauen Regenvorhängen verhüllt, alle ihre Farbenpracht ausgelöscht sein, und graue Eintönigkeit uns anstarren aus leeren Augenhöhlen. Es dürfte sich scheußlich machen. Und trotzdem werden wir der unfreundlich trüben Welt hie und da noch einen Lichtschimmer und einige Annehmlichkeiten abzugewinnen wissen, und mit Liebe und Treue an ihr hangen. So auch unsere Friseure an ihrer, weiß der Teufel keineswegs erquicklichen Existenz.

Sie sterben ungern, man sieht's; sie teilen den, vielleicht irrtümlichen, aber weit verbreiteten Glauben, daß Atmen ein Glück und das Leben ein hohes Gut sei. Nehmen Sie es ihnen nicht; lassen Sie die Bedauernswürdigen noch eine Zeit lang ihre irdische Mühsal genießen.«

»Mühsal genießen?« rief einer der Freier spöttisch. Es war der patzigste von allen, der Fürst aus Leimsiedeland, und mit seinem schwarzbraunen Gesicht und dem üblen Geruch, den er verbreitete, dem Helden äußerst zuwider. Der nahm von seinem Einwand nicht mehr Notiz, als wenn ein Frosch gequakt hätte, und fuhr fort, die Prinzessin anzuflehen: »Junge Herrscherin! In Ihrer Macht steht es, den heutigen Tag zu dem ruhm- und segensreichsten Ihrer bisherigen Regierung zu machen. Versäumen Sie die Gelegenheit nicht. Begnadigen Sie diese Unglücklichen und heben Sie sogar das Gesetz für immer auf, das den Haarkünstlerberuf an Ihrem Hofe zu einem so entsetzlich gefährlichen macht.«

»Wohin denken Sie?« antwortete die Prinzessin, und stand im Geiste bereits auf den Hinterfüßen. »Ein Gesetz aufheben – das gehört sich nicht.«

»Kürzlich erst«, mischte der Herr von Leimsiedeland sich ein, »meinte er das selbst und eiferte gegen die Aufhebung eines Gesetzes. Jetzt ist er Feuer und Flamme für eine diesfallsige solche.«

Der Held geriet in Zorn über dieses albern bösartige Gerede im Geschäftsstil und war sehr bereit, es nach Heldenart zu widerlegen: »Leimsieder!« rief er aus, »ich werde Ihnen feuern und flammen!« und stürzte auf ihn zu, und würde ihn übel zugerichtet haben, wenn die Kronräte ihn nicht durch ihre geschickte Dazwischenkunft daran verhindert hätten.

Doch taten sie's und – taten noch mehr. Der Gedanke

des Helden war ihnen zu Kopfe gestiegen und begeisterte sie, wie wenn sie selbst ihn gehabt hätten. Die klugen Staatsmänner ergriffen auch gleich das richtige Mittel, um ihn zur Ausführung zu bringen. Sie warfen sich der Prinzessin zu Füßen und brachen in frenetische Jubelrufe aus. Der Gnadenakt, den auszuüben ihr nicht einfiel, wurde als bereits vollzogen angenommen, und die Räte und der ganze Hofstaat erhoben einen Lobgesang auf das Genie, die Hochherzigkeit, den Edelmut der Prinzessin, ernannten sie zur größten und ruhmreichsten Fürstin, die je einen Thron geschmückt und beschlossen, ihr sofort ein Standbild zu errichten, gegen welches die Jupiterstatue des Phidias, von der damals einiges Aufhebens gemacht wurde, sich als unbedeutende Dilettantenarbeit herausstellen solle.

Das war die Sprache, in der man der Prinzessin kommen mußte! Wohlgefällig lauschte sie ihren Klängen wie einer angenehmen Musik und sagte zu dem Herrn vom Leimsiedeland: »Ja, so ist es und nicht anders, ich kann nur handeln, wie meine königliche Langmut es mir gebietet und schenke hiermit sieben Friseuren das Leben.« Sie hatte diese Worte laut gesprochen, und ihre Umgebung intonierte Hymnen zu ihrem Preise; die Verurteilten aber und ihre Angehörigen blieben stumm. Wenn man das Unerhörte noch so deutlich hört, ohne weiteres glauben kann man's nicht. Es dauerte eine Weile, bevor die Verurteilten, deren Fesseln eiligst gelöst wurden, begriffen, daß sie begnadigt waren. Dann äußerte sich ihre Freude in ergreifender Weise.

Der junge Bursche schrie plötzlich so laut und wonnig auf, daß man meinte, zehntausend Nachtigallen schlagen zu hören und rief fortwährend den Namen seiner Geliebten. Sie stand vor ihm und starrte ihn regungslos und glückstrahlend an. Auf einmal riß er sie an sich, hob sie in die Höhe, stellte sie wieder hin und jauchzte: »Tanzen wir!« und sie tanzten, tanzten die Wonne aus, die ihnen sonst die Brust gesprengt hätte.

Ein paar alte Eheleute waren einander ans Herz gesunken, der Mann hielt seine Frau fest umschlungen mit beiden Armen. Als er diese öffnete, glitt sie an ihm zu Boden, tot, überwältigt von der Größe ihres Glückes.

Mitten auf dem Markte hatte sich die Mutter eines kürzlich hingerichteten Friseurs auf beide Knie niedergelassen. Ihrer Sinne nicht mehr recht mächtig, glaubte sie, als rings um sie her lauter Jubel erschallte, er könne nur der Rückkehr ihres Sohnes gelten, der nun heimkommen werde, ihr wieder geschenkt sei durch die Huld der allgepriesenen, allmächtigen Herrscherin. Da kniete sie denn hin, sah völlig verzückt zu der schönen Wundertäterin empor und – dankte, dankte ihr.

Sobald die Friseure sich nur ein bißchen von ihrer Gemütsbewegung erholt hatten, versammelten sie sich um den Narren, öffneten das Kristallschränkchen, wickelten das lange, goldene Haar an der Spule ab und flochten daraus ein mit einer Königskrone gekröntes L. Ein Juwelier brachte das kostbarste Medaillon, ein anderer die schwerste Kette aus seiner Werkstatt herbei. Das L wurde in das Medaillon gelegt, dieses an die Kette befestigt, und das Ganze dem Bräutigam der Prinzessin in feierlicher Weise überreicht.

Und Leiladin, die Schöne, geschmeichelt durch diese auf einem Umwege doch nur ihr dargebrachte Huldigung, erteilte ihrem Zukünftigen die Erlaubnis, die Dekoration annehmen und tragen zu dürfen.

Sodann ließ sie sich von ihm in den Park führen, zu seinem Lieblingsplatz, einer Marmorbank am Waldesrande, neben der eine klare Quelle aus dem Felsen hervorsprudelte und als munteres Bächlein im reinlichen Kiesbette zwischen moosüberwachsenen Steinblöcken zu Tale rauschte. Der Held war heiterer als er noch je gewesen, seitdem er der meist beneidete Mann im Lande geworden war. Er ergriff die Hand Leiladins, küßte und streichelte sie, und die Prinzessin ließ sich's gnädig eine Weile gefallen; dann fragte sie: »Wie finden Sie meine Hand?«

Am Horizont hatten die Wolken sich immer dräuender getürmt und die Form eines ungeheuren Fächers angenommen, der den Himmel verfinsterte. Plötzlich durchzuckte ein feuriger Blitz das Dunkel des großartigen Gebildes, und bald darauf ertönte das majestätische, lang nachhallende Rollen des Donners.

»Das ist doch herrlich!« rief der Held, und die Prinzessin sehr betroffen, daß er den Blitz bewunderte und nicht ihre Hand, sagte mit gespitzten Lippen: »Ja, ja, entzükkend!«

Wenn sie »entzückend« sagte, bekam er reglmäßig eine Gänsehaut, denn es klang leer und oberflächlich und kalt zum Erfrieren.

Er kreuzte die Arme über der Brust, rückte von ihr weg bis ans äußerste Ende der Bank und sprach leider recht bärbeißig: »Sie haben heute ein gutes Werk getan. Ich war von der Wirkung, die es hervorbrachte, gerührt; mir sind die Tränen in die Augen getreten, und ich sah mit Erstaunen, daß die Ihren trocken blieben.«

»Aggressiv, Sie sind immer aggressiv«, schmollte Leiladin. »Weinen verdirbt die Augen; man hat mich gelehrt, meine schönen Augen zu schonen.«

»Deshalb also?« sprach er laut, und zu sich selbst im stillen: »auch die Fähigkeit zu weinen haben sie ihr wegerzogen.«

»Überdies«, fuhr sie eigensinnig fort, »Sie selbst sagen,

daß ich ein gutes Werk getan, und gleich darauf wundern Sie sich, daß ich nicht geweint habe. Worüber denn? Viel eher sollte ich mich freuen und lachen.«

»Lachen?« Er wurde immer nachdenklicher; ihm fiel ein, daß er sie noch nie so recht hingegeben und aus vollem Herzen hatte lachen gehört … Nein, stets nur mit Herablassung, karg und stoßweise, als ob sie fürchte, sich etwas zu vergeben, oder höchstens, um ihre allerliebsten blanken Zähne zu zeigen.

»Ach«, setzte er nach einer unerquicklichen Pause mit gesteigerter Bärbeißigkeit hinzu, »wenn Sie nur lachen könnten! Aber Sie lachen nicht, Sie weinen nicht, Sie fühlen nicht Mitleid noch Mitfreude, Sie haben wahrscheinlich gar kein Herz.«

»Ich?« beinahe hätte sie unartig aufgeschrien. Eine förmliche Revolution entstand in ihrem faserigen Innern. Die beleidigte Eitelkeit wand sich und zischte wie eine gereizte Schlange.

Zum ersten Male im Leben vom kräftigen Flügel der Wahrheit gestreift, empfand sie diese Berührung als widersinnig rohe Ungerechtigkeit. »Kein Herz? Woher kämen denn die hehren Gesinnungen, die mich unermeßlich hoch über jeden mir Nahenden stellen, mag er dem niederen Volke oder dem hohen Adel angehören, wenn nicht aus meinem großen Herzen?« Sie geriet in Zorn und förderte boshafte Sticheleien und ausschweifende Selbstverherrlichungen zutage.

»Sie hat auch keinen Verstand«, dachte der Held. »Natürlich, woher denn Verstand nehmen, wenn man kein Herz hat? Und ihr ewiges Selbstlob ist eine große Schamlosigkeit. Ich bin ein unglücklicher Mensch; ich habe mich in ein Bild ohne Gnaden, in eine seelenlose Hülle verliebt!«

177

In leidenschaftlichem Schmerze warf er sich auf die Erde nieder, tobte und schluchzte, und die Prinzessin trat mit tadelnder Gebärde von ihm hinweg:

»Ihr Benehmen mißfällt mir sehr«, sagte sie; »wie habe ich mich geirrt, da ich Sie für wohlerzogen und für eine vornehme Natur gehalten.«

Diese Worte brachten ihn völlig außer sich: »Ich will nicht wohlerzogen, ich will nicht vornehm sein! Was liegt mir an diesen Läppereien. Rasen will ich!« Er biß die Zähne zusammen und trommelte mit der Faust auf den Boden. »Rasen wie ein Bulle, wie ein angeschossener Tiger über das vermaledeite Schicksal, das mich zwingt, ein Wesen, das nicht lachen, nicht weinen, nicht teilnehmen kann, mit brennendem Herzleid zu lieben!«

Die Prinzessin verstand ihn weniger denn je, fühlte sich aber beleidigt; empört und ratlos blickte sie um sich und war erfreut, als sie ihren Hofstaat in der Ferne auftauchen sah. Sogleich machte der zürnende Ausdruck ihres Gesichts einem freundlichen Platz. Sie eilte ihren Herren und Damen entgegen, wandte im Vorwärtsschreiten den Kopf zurück und sprach mit dem holdesten Lächeln: »Ich speise heute allein. Adieu, mein Held.«

Der sprang auf und sah ihr finster nach. Eine Zeit lang verharrte er in düsterem Sinnen, dann ging er raschen Schrittes dem Palaste zu.

Er hatte einen Entschluß gefaßt.

Im Gefolge eines der Freier, eines indischen Prinzen, befand sich dessen Leibspiritist, Herr von Gelsensprung, der die ziemlich eintönigen Abendunterhaltungen im Schlosse schon öfters durch Proben seiner Zaubermacht belebt hatte.

Zu diesem begab sich unser Held.

Er fand ihn an seinem chemischen Herde stehend, über

eine Retorte gebeugt, die er beim Erscheinen des Besuchers eilends mit einem seidenen Taschentuche bedeckte. Ohne lange Einleitung brachte der Prinz sein Anliegen folgendermaßen vor: »Herr von Gelsensprung, Sie ergötzten uns neulich sehr. Sie ließen im verdunkelten Zimmer Kasserollen herumfliegen; eine davon traf mich an der Stirn und hat mir, sehen Sie, einen blauen Fleck geschlagen. Diese Kunst, und noch manche andere, welche Sie uns zum besten gaben, schien mir ziemlich zwecklos. Könnten Sie nicht einmal eine Kunst machen, die einen Zweck hätte, einen vortrefflichen?«

»Es gibt keine Zwecke, es gibt nur Gesetze«, erwiderte Herr von Gelsensprung. »Aber womit kann ich dienen?«

»– Mit einem Herzen. Ja! … Meine Braut hat nämlich kein Herz. Ich befürchtete das schon lange; nach und nach ist es mir zur Gewißheit geworden. O Herr von Gelsensprung, Sie sind ein Wundermann, tun Sie ein Wunder, verschaffen Sie meiner Braut ein Herz!«

Der Zauberer schlug die Hände zusammen und rief: »Ugh! … Dear me, o dear! dear! Ein Herz wünschen Sie? … Wie sich das fügt! Welch ein Gesetz, einen Zweck im Gesetze! … Ei, ei! Ih, ih!«

Er hüpfte ganz gespenstisch im Zimmer umher, schleuderte seine spinnenartigen Arme und Beine von sich und fing sie wieder auf – wuchs auf einmal bis zur Decke empor, kroch durch den Türspalt zum Zimmer hinaus und durch ein Mausloch wieder herein und rieb sich dabei sehr geschwind und ohne einen Augenblick auszusetzen, die gewaltige Adlernase mit beiden Zeigefingern.

»Machen Sie keine Dummheiten; zur Sache!« fuhr der Held, dem diese Callotschen Manieren zuwider waren, ihn an.

»Zur Sache, ja«, sprach der Herr von Gelsensprung,

setzte sich ruhig und sittsam hin und legte die Hände auf die Knie.

»J'ai votre affaire. Dort, sehen Sie, ein Herz, mit dem ich, mein Seel, nicht weiß, was anfangen. Es ist mir neulich bei einer großartigen Zitierung – ich vergaß meine Ärmel aufzustreifen – am Ellbogen hängen geblieben.«

»Wenn es nur gut ist«, sagte der Held beunruhigt. »Ich habe keine große Meinung von den Herzen, die einem am Ellbogen hängen bleiben.«

»Exquisit ist es! Prima Sorte. Ich füttere und tränke es seit acht Tagen mit den edelsten Empfindungen, und es schluckt sie, wie nur adäquateste Nahrung geschluckt wird.«

»Wohlan denn. Ich lege also die Hand darauf, es ist mein.«

»Zuerst«, versetzte Herr von Gelsensprung, »muß es das Eigentum der Prinzessin werden, in deren hohles Innere ich's hineinzaubern will.«

»Schmerzlos, hoffe ich.«

»Ja wohl, im Schlafe. Ob es jedoch gedeiht, das hängt von zwei Bedingungen ab: Geheimnis und Sympathie.«

»Was heißt das?«

»Daß Sie, obwohl Sie ein Held sind, wie Ehren-Simson, Siegfried und so weiter, nicht schwatzen dürfen. Ein einziges Wort zu irgendwem über unser Experiment, und es fällt ins Wasser.«

»Ich werde schweigen. Und was ist's mit der Sympathie?«

»Das könnten Sie sich an den Fingern abzählen«, erwiderte Herr von Gelsensprung, unwirsch über das viele Fragen. »Ich setze einen guten Herzenskeim ein. Findet er absolut keine Nahrung, geht er zugrunde innerhalb weniger Tage; findet er nur die geringste, ihm entsprechend sympathische, wird er leben und prosperieren.«

»Er wird sie finden!« rief der Held voll Begeisterung und Zuversicht. »Lassen Sie uns nicht länger säumen. Meine angebetete Prinzessin dürfte sich jetzt in ihr Boudoir zurückgezogen haben, zum Nachmittagsschläfchen, und – im Schlafe, sagten Sie … O Olympos! … das wäre der richtige Augenblick – Mensch, Apotheker, Hampel, Magier. Die große Stunde naht.

Greifen Sie nach Ihrem Apparat.«

Dieser hübsche Vers ist der einzige geblieben, den der Held im Laufe eines ruhmreichen Lebens gemacht hat, und er setzte in Prosa hinzu: »Es wird zwar jetzt niemand vorgelassen, aber für mich als Bräutigam und für meine Begleitung muß eine Ausnahme gemacht werden.«

»O Lieber, wie naiv Sie sind! Wenn man mit mir eintritt, geschieht das nicht in so umständlicher Weise«, sprach Herr von Gelsensprung. »Ich mache uns unsichtbar, da ersparen wir das Antichambrieren.«

Er zog drei Nachtmützen aus seinem Wäscheschrank, setzte eine dem Helden, die andere der Retorte und die dritte sich selbst auf, und sie eilten, durch diese einfache Vorrichtung vor allen indiskreten Blicken geschützt, über Treppen und Gänge. Sie eilten an traumseligen Wachtposten, kosenden Liebespärchen, in wichtige Besprechungen vertieften Räten vorbei, unbemerkt bis an die Pforten der prinzeßlichen Gemächer. Vor der Tür des Zimmers, in dem sechs besonders ausdauernde Hofdamen immerwährenden Dienst hatten, fuhr der Held plötzlich zusammen, wie wenn eine Hornis ihn gestochen hätte.

»Herr von Gelsensprung«, rief er; »mir kommt ein Skrupel, Herr von Gelsensprung!«

»Vor allem«, bemerkte dieser, »reden Sie nicht so laut, denn ich habe nur unsere Schritte und nicht unsere Stimmen unhörbar gemacht; denn nehmen Sie zur Kenntnis, daß Ihr Skrupel jedenfalls zu spät kommt. Es ist höchste Zeit, das Herz einzusetzen; es schwillt und glüht bedrohlich, könnte seine vorläufige Behausung sprengen, entweichen und, herren- und konduitelos herumvagierend, viel Unglück anrichten.«

»Die Sache derer, die es trifft«, sprach der Held mit der ihm zustehenden Rücksichtslosigkeit. »Was mich quält, ist mein Skrupel. O, Herr von Gelsensprung, wenn die Prinzessin doch schon ein Herz hätte! … ein noch unentwickeltes, noch nicht zur Sprache gekommenes, aber vorhandenes – und Sie zauberten ihr noch eines ein … Was dann?«

»Was? – können Sie nicht zählen? Eins und eins sind eben zwei.«

»Entsetzlich!«

»Warum? das kommt oft vor.« Der Hexenmeister grinste abscheulich: »Eines für Sie, eines für den Herrn von Leimsiedeland.«

»Ungeheuer!« schrie der Held und wollte ihn erwürgen, erwischte ihn aber nicht gleich, weil er ja unsichtbar war. Im nächsten Augenblick besann er sich, schluckte seinen Zorn hinunter und sagte nach einiger Überlegung: »Geschehe denn, was mag; vorwärts, vorwärts im Namen aller guten Geister!«

Sie gingen durch das Gemach, in dem die sechs Hofdamen kerzensteif und lautlos saßen, den Schlaf der Gebieterin bewachend, geraden Wegs ins Boudoir.

Die Prinzessin hatte es in die täuschend nachgeahmte blaue Grotte verwandeln lassen, und beim Betreten dieses magischen Raumes verlegte die Bewunderung sowohl dem Helden wie Herrn von Gelsensprung den Atem. Ganz natürlich. Den Anblick der blauen Grotte hat schon mancher Italienreisende – wer aber hat den der Prinzessin Leiladin in der blauen Grotte gehabt?

Sie lag auf einer weich ausgepolsterten, mit braunem Sammet überzogenen Chaiselongue, welche die Form eines Nachens hatte, und leise und sanft auf künstlichen Wellen schaukelte. – Zwei Seiten voll Punkte und Gedankenstriche würden nicht schildern, was der Held empfand, als er die schönheitsberauschten Augen auf dem in der Zauberbläue der Beleuchtung ersilbernden, rhythmisch abgetönten Angesicht der Geliebten ruhen ließ. Näher tretend, kniete er neben ihrem Lager nieder und wurde von der heißen Versuchung ergriffen, einen Kuß auf ihren Mund zu drücken; doch bemeisterte er sie mit heldenhafter Selbstüberwindung und – sie kam nicht wieder.

Je tiefer er sich in den Anblick seiner schlafenden Braut versenkte, je mehr nahm seine Hingerissenheit ab. Ihrem schönen Angesicht fehlte alles, was seine Liebe hineinzugeheimnissen und zu phantasieren pflegte, wenn es sich in wachem Zustande befand. Den lieblichen Lippen entströmte ein milder, frischer Hauch, aber vergeblich wartete der Held, daß ein Ausdruck von Freude, Leid, Sehnsucht oder Trotz sie umspielen und Zeugnis geben würde von irgend welchem seelischen Vorgange. Es kam nichts und wieder nichts. Die rätselhafte Jungfrau atmete, lebte, und war doch leblos.

»Die Ruhe einer Wachspuppe«, sagte sich der Held. »Der Narr hat Recht gehabt, als er sie eine Wachspuppe nannte. Nicht einmal dem Schlafe vermag sie sich hinzugeben.«

»Nein, nicht einmal dem Schlafe«, wiederholte der alles, und folglich auch diese Gedanken erratende Herr von Gelsensprung. »Dafür rächt er sich aber auch und plaudert aus, und zwar hier – daß nichts auszuplaudern ist. Ja, mein Lieber, der Schlaf, der Rausch, der Zorn sind gewaltige Verräter. Nun bitte ich aber, Platz zu nehmen, Ihre melodramatische Stellung dürfte Ihnen auf die Dauer unbequem werden.«

Er rückte ein Versetzstück hin, ein Taburett, das eine abgestumpfte Tropfsteinsäule vorstellte, der Held setzte sich darauf und ergriff auf Befehl des Magisters die Hand der Prinzessin. Ein kühler Strom quoll aus ihr in die seine über, stieg langsam durch seinen Arm ins Herz, in die Brust und in die glühende Stirn.

Herr von Gelsensprung hatte die Retorte auf ein Tischchen gestellt vor das Fenster, das durch allerlei Feinheiten der Glasschleiferkunst und der Glasmalerei so behandelt worden, daß es den Eingang der Grotte höchst glaubwürdig nachbildete. Das Licht, das von dort her drang, schien in immer weitere Entfernung zu rücken. Ein feiner heller Klang schlug an des Helden Ohr – die Retorte war gesprungen und ihr entqualmten mächtig wallende aromatische Dünste, die im Nu den ganzen Raum erfüllten. Alles drehte sich und wirbelte durcheinander, form- und schattenlos, bis plötzlich in dem Chaos eine Flamme aufleuchtete, feuriger als der Sonnenball im Mittagsglanze.

»Augen zu! wollen Sie blind werden?« rief der Magier den Helden an.

Der hatte schon die freie Hand über seine geblendeten Augen gelegt, blickte nur durch einen schmalen Spalt zwischen seinen Fingern und sah noch unermeßlich viel. Die weißen drehenden Dünste hatten sich geballt, loderten in Purpurpracht und strömten eine rauchende, funkensprühende Atmosphäre aus. Kleine Sonnen kreisten um größere und Sternchen mit ihren Monden um die kleinen Sonnen, und eine kleine Milchstraße wurde sichtbar. Dieses winzige All schwebte nicht im Leeren, es befand sich in einem seltsamen, herzförmigen Etwas. Und nun geschah das Wunder der Wunder – der Weltfrühling brach an. –

»Ich träume, ich weiß es«, dachte der Held ... »O des lieblichen Traumes! ... Von einem werdenden Mikrokosmos,
von Erwachen, Keimen, von Erblühen und Verwelken, von
Kampf und von Frieden. – Gegrüßt, du kleine, alles Glück
und Leid der großen einschließende Welt! – Gegrüßt
wonniges, schmerzensreiches geliebtes Leben!«

Nun meinte er zu fühlen, daß die Hand, die er immer
noch festhielt, sich erwärmte, daß ein kräftiger Puls sich in
ihr regte, und zugleich – Olympos! was war das? ... wurde
sie aus der seinen gerissen? entriß sie sich ihm selbst? ...

Die Frage blieb vorläufig unbeantwortet, und er wiederholte sie nicht. Ein greuliches Unbehagen ergriff ihn,
der Boden unter ihm wankte, und das bißchen Bewußtsein, das ihm noch geblieben war, schwand.

Als er nach kurzer Zeit zu sich kam, sah er Herrn von
Gelsensprung am Fenster, das er weit geöffnet hatte, ste-
hen. In der Linken hielt er die mitten entzwei geborstene
Retorte, seine Schlafmütze und seine Schuhe, in der
Rechten eine zum Fächer gefaltete Nummer der
»Sphinx«, mit der er ein letztes Rauchwölkchen zum Fen-
ster hinaustrieb.

Der Held trat zu ihm und fragte: »Ist's gelungen?«

»Sitzt schon«, sagte Herr von Gelsensprung. »Das
Kunststück ist fertig. Bleiben Sie unsichtbar und erwarten
Sie die Wirkung. Was mich betrifft, ich habe die Ehre.« Er
sprang mit beiden Füßen zugleich auf das Fensterbrett und
schwang sich hinaus. Auf einem an der Mauer klebenden
Schwalbennest stehend, schloß er von außen das Fenster,
warf sich in einen Baumwipfel und war verschwunden.

Beklommen blieb der Held in der Fensterecke stehen.
Die Prinzessin hatte schwer aufgeseufzt, sich emporgerichtet, und begann heftig zu läuten.

Die Hofdamen stürzten herein. »Meine Damen«, klagte

die Prinzessin, und ihre Stimme klang ganz verändert, »warum verlassen Sie mich? Kommen Sie, mir ist etwas —«

Die Damen stellten sechs Bilder der Betroffenheit dar.

»Was ist unserer unvergleichlichen Königlichen Prinzessin?« riefen sie.

»Ich weiß nicht«, begann sie in weinerlichem Tone; »als ich einschlief, war mir nichts, und jetzt beim Erwachen ist mir etwas —«

»Da müssen wir gleich den Leibmedizinalrat rufen lassen,« sprachen die Damen und wollten alle auf einmal enteilen.

Aber die Prinzessin winselte kläglich: »Verlassen Sie mich nicht, meine einzigen Freundinnen … Ach, ich habe nur Sie!«

Die Hofdamen brachen in Tränen der Rührung aus, und die Prinzessin legte die Hand aufs Herz und sprach: »Mein Herz macht sich bemerkbar. Wenn ein Organ sich bemerkbar macht, ist es krank. Ich bin herzkrank und werde sterben. O wie schade um mich! Begrabt mich unter Blumen.«

Sie weinte, und die Hofdamen küßten schluchzend den Saum ihres Kleides, und sie fiel einer nach der andern um den Hals.

Die jüngste der Damen, die einzige, die noch einige Individualität bewahrt hatte, riß sich los und eilte davon, um den Leibmedizinalrat zu holen.

Zufälligerweise kam er ihr schon im Korridor entgegen, sehr behäbig, Arm in Arm mit seinem Freunde, dem Narren. Als er hörte, daß die Prinzessin über Herzweh klagte, lachte er, nahm ein Hörrohr aus seinem Talar, wischte es sorgfältig ab und sagte: »Diesem Übel werden wir gleich abhelfen; aber der Narr muß mit, denn ich werde der Patientin wahrscheinlich Zerstreuung verschreiben.«

Groß war seine Verwunderung, als er zu auskultieren begann. Er horchte, staunte, horchte wieder: »Nein«, rief er aus, »was heutzutage die Bazillen treiben!«

Die Prinzessin mußte genau berichten, mit wem sie geredet, was sie gegessen, und besonders, ob sie nicht während ihres Mittagsschläfchens geträumt habe?

Sie antwortete, nein, geträumt habe sie nicht, aber beim Erwachen eine ihr bisher fremde abscheuliche Empfindung gehabt, und sich sogar eingebildet, daß etwas Widerwärtiges sie an der Hand halte.

»Bravo«, dachte der Held, »das war ich.«

»Gewiß hat der Tod mich berührt, und ich muß sterben«, jammerte Leiladin. »So jung, so schön – und sterben!«

Der Narr zog ein ungeheures Taschentuch hervor, und seine holde Gebieterin lispelte: »O, mein Narr, du hast mich auch geliebt! Weine, lieber Narr, weinet alle, und begrabt mich unter Blumen.«

»Na, na«, sagte der Leibmedizinalrat, »mit dem Begraben hat's noch Zeit.«

Der Narr aber rief: »Doch, mein Herzchen, wir wollen dich unter Blumen begraben, aber lebendig sollst du dabei bleiben. Ein Rosenfest wollen wir veranstalten, und du wirst die Rosenkönigin sein und uns mit deinen Dörnchen angenehm verwunden und wonnig betäuben mit deinem Duft.«

»Rosenkönigin!« dahlten die Hofdamen. »Welch ein reizend sinniger Gedanke! Heil, sechsmal Heil unserer Rosenkönigin!«

Sie bildeten eine Gruppe, führten den Freudenschaltanz aus, und die Prinzessin lächelte unter Tränen.

Der Doktor griff noch einmal nach ihrem Puls und sagte: »Vorübergehende Erscheinung. Sie sind nicht krank, mein Töchterchen.«

»Nein, kerngesund; eigentlich fehlt meinem Zucker-
herzchen weniger als ihm bisher gefehlt hat«, fiel der Narr
ein, und wieder nahm der Leibmedizinalrat seinen Arm,
und die Freunde gingen, Anstalten zum Rosenfeste zu
treffen.

Von neuem warf sich die Prinzessin in die Arme der
Hofdamen: »Denkt mir eine berückende Toilette aus«,
sprach sie, »ich möchte heute ganz besonders unwiderstehlich sein.«

»Und den hehren Helden noch mehr bezaubern, als er
ohnehin bezaubert ist?«

»Ach den!« Leiladin machte eine verächtliche Gebärde.
»O, meine Vertrauten, wenn ihr wüßtet, was der ist – ein
Grobian ist er – und wie er mich behandelt!«

Die Damen hatten einen Anfall der Entrüstung: »Er behandelt – er wagt es, unsere Göttliche zu behandeln!«

»Alle Augenblicke hat er etwas an mir auszusetzen, ich
kann tun, was ich will, nichts ist ihm recht, immer wird
genörgelt und getadelt.«

»Genörgelt, getadelt?« – Der Unwillen der Hofdamen
überstieg alle Grenzen: »Der Mörder – man stelle ihn vor
Gericht, man verurteile ihn!«

»Den Laufpaß bekommt er auf alle Fälle«, versetzte Leiladin. »Ein anderer hingegen«, ihr weinerliches Grollen
verwandelte sich in ein affektiertes Gesäusel, »o meine Vertrauten … Ich weiß einen anderen – der übt auf mich eine
anziehende Kraft. Seit einer Stunde denke ich nur an ihn,
sehe nur ihn. – O, mein Prinz von Leimsiedeland!«

Sie wurde rot und blaß und seufzte zum Erbarmen.

Den Helden ergriff eine rasende Lust, sich dem Zorn,
der in ihm brodelte zu überlassen. Schon streckte er seine
gewaltigen Arme aus, seine Fäuste griffen ins dekorierte
Gebälke, und er war drauf und dran, die Grotte zu demo-

lieren und die Prinzessin, statt unter Blumen, unter Schutt und Trümmern zu begraben, und die Hofdamen und sich dazu.

Aber Rache nehmen an Weibern, ging ihm wider die Natur, und an der guten scheiterte sein böser Wille. Die gräßliche Tat blieb ungetan; der Held suchte ein anderes Opfer für seine Wut und rannte zu Herrn von Gelsensprung.

Der stand schon wieder an seinem Herde und experimentierte und verzog keine Miene, als der Eintretende ihm zurief: »Da haben Sie eine schöne Geschichte angerichtet! … Ausgezeichnet haben Sie sich mit Ihrem Herzen. Ein so miserabler Muskel ist mir noch nie vorgekommen.«

»Der Muskel ist gut«, sprach Herr von Gelsensprung mit hoch überlegener Ruhe, »oder war gut; daß er so bleiben wird, habe ich Ihnen nicht versprochen. Sie wußten, daß er Nahrung braucht, und zwar nicht zeitweilig wie der Magen, sondern unausgesetzt, und daß er einschrumpft bei kärglicher Kost.«

»Das nennt man doch Welken vor dem Erblühen. Welch ein klägliches Schauspiel!« grollte der Held. »Nicht ein gefundenes, natürliches Gefühl in diesem frisch eingesetzten Herzen, lauter vertrackte Sentimentalität. Und der Anziehende, das ist der Leimsieder, und ich bin der Widerwärtige!« Er begann von neuem zu knirschen, und Herr von Gelsensprung verwies es ihm: »Auf eine solche Eventualität hatten Sie sich gefaßt zu machen. Wo Herz, da Anziehung und Abstoßung, Liebe und Haß.«

»Ein sauberer Haß«, fiel der Held ein. »Ich sage Ihnen, vor einem ehrlichen, tüchtigen hätte ich Respekt, aber der ihre ist kleinlich, hinterlistig und aus beleidigter Eitelkeit geboren.«

189

»Hören Sie, die Sorte hält fest. Übrigens, Freundchen, von Eitelkeit schweigen Sie lieber. Warum waren denn Sie gar so überzeugt, der schönen Leiladin brauche man nur ein Herz einzuimpfen, damit es gleich für Sie erglühe?«

Der Held schwieg und wanderte nach seinen Gemächern, wo er sich seinen Gedanken und seinem Schmerze überließ. Er sah mit leuchtender Klarheit ein, daß diejenige, die er liebte, einer tiefen Neigung völlig unwürdig war; aber diese Einsicht brachte ihn zur Verzweiflung, ohne ihn zu heilen. Das alte Lied aller unglücklich Verliebten: »Wenn nicht mein, soll sie doch keines andern werden«, sang natürlich auch er sich vor, und dabei beobachtete er von seinen Fenstern aus, wie die Festsäle im gegenüberliegenden Flügel in bengalischem Lichte erstrahlten, und die Wände von oben bis unten mit Rosen verkleidet wurden. Rosen bedeckten den Boden, Rosengirlanden umwanden die Ketten der Kronleuchter, die Lehnen und Füße des Gestühls und überzogen sogar dessen Sitze.

»Olympos!« murmelte er, »wenn sie nicht ordentlich ventilieren, nehmen wir alle das Ende des armen Mädchens in: ›Der Blumen Rache‹. Aber um so besser!«

Mehrere Hofschneider erschienen, brachten eine Theatergarderobe mit und baten ihn, sich ein Kostüm auszusuchen. Er wählte eines, in dem er einem feurigen Dornbusch glich. Es war aus rindenartig gepreßtem Sammet und bestand aus einem Stamm, der hinten zugeknöpft wurde und aus vier Riesenästen, in die er Arme und Beine steckte. An jenen waren unzählige Zweige mit noch viel unzähligeren Stacheln befestigt, und an der Spitze jedes Stachels brannte ein Glühlicht. Auf den Kopf setzte der Held eine umfangreiche Blätterkrone, unter deren Dunkel seine Augen zornfunkelnd hervorsprühten.

So betrat er den Ballsaal. Die Rosenkönigin tanzte schon mit dem als Klebrose verkleideten von Leimsiedeland; ihre fein satinierte Hand lag in seiner klebrigen Rechten, und sie machte wieder ihre koketten, um allgemeine Bewunderung buhlenden Augen. Ihr Kavalier umwob und umspann sie mit seinen langen Ranken und ließ sie gar nicht mehr los; sie hüpfte und er hüpfte, und der Held dachte: »Hüpft nur zu! Ihr werdet bald ausgehüpft haben.«

Um ihn hatte eine große Leere sich gebildet. Durch die Hofdamen war die Kunde von seinem Sturz in die prinzeßliche Ungnade zur allgemeinen Kenntnis gekommen. Alle Welt floh ihn, er ragte gleich einem Dornbusch in der Wüste, zürnte und funkelte weiter und hielt den Griff seines Schwertes fest, das er unter dem Kostüm umgeschnallt hatte.

Ungeduldig erwartete er das Ende des Tanzes, um vorzuspringen, und Herrn von Leimesiedeland ritterlich zu grüßen und zum Zweikampf herauszufordern, an Ort und Stelle und auf Leben und Tod.

Schon war die Musik im Begriff zu verstummen, schon setzten die Geiger ihre Bogen zum letzten Striche an — schon hob der Held seinen Fuß zum verhängnisvollen Schritte — da fühlte er sich an der Schulter gefaßt, und eine wohlbekannte Stimme, die des Narren, flüsterte ihm ins Ohr: »Was braut in dir, mein Sohn? — Mache keine Dummheit. So viel Narrheiten du willst, aber keine Dummheit!«

»Aber Frechling«, erwiderte der Held, »mit wem redest du? … Ich lasse mir meine Braut nicht wegschnappen.«

»Schnappen? Von Leimsiedeland braucht nicht erst zu schnappen. Sieh nur hin! Hat unser Prinzeßchen dich je so angeschmachtet wie den?«

»Höll und Teufel!« fluchte der Held.

»Und dabei sieht sie recht stumpfsinnig aus, unsere goldene Hoheit. Nichts drin in dem hübschen Futteral!«

»Futteral?« wiederholte der Held und stutzte gewaltig über diesen Ausdruck. »Eine solche Huldgestalt, ein Futteral?«

»Gib deinen Segen, Kamerad, glaube mir, jubiliere, daß zusammenkommt, was zusammengehört.« Er machte eine Pause, steckte den Kopf vor und blickte den Helden von unten herauf pfiffig an.

»Was meinst du damit?«, fragte der, »du spannst mich auf die Folter, sprich!«

Der Narr zögerte: »Es verraten, heißt Hals und Kragen riskieren.«

»Ich bin da; fürchte nichts.«

»Es ist ein Geheimnis.«

»Sag es dennoch.«

»Sag es! Sag es! … ob denn so einem Helden gar nichts von selbst einfallen kann!«

»Du: Spiele nicht mit mir. Heraus mit der Sprache! Was gehört zusammen?«

Es blitzte so bedrohlich über sein Gesicht, daß der zu Tod erschrockene Alte herausplatzte: »Nun doch – Pappendeckel und Leim – Leim und Pappendeckel.«

»Pappendeckel!« – – hätte der Held bald aufgeschrien. Aber zum Glück raubte seine Bestürzung ihm die Stimme. Sie brachte überhaupt eine heilsame Wirkung hervor. – So gewaltig schüttelte er sich, wie Standerbeg, als er die Pfeile, mit denen die Feinde ihn gespickt hatten, gegen sie zurückgeschleudert, und – der Zauber, der ihn in seinem Banne gehalten, war gelöst. Dem kürzlich noch Verliebten gingen die Augen, ging eine Welt des Verständnisses auf. Dahin waren, versunken wie in einem Abgrund,

Liebe und Zorn. An ihrer Stelle machte sich eine entsetzliche Beschämung breit. »Und ich«, stieß er heraus, »und ich habe ihr übel genommen, daß sie nicht Funken sprüht!«

Er wandte sich auf dem Absatz herum und ging in den Speisesaal, wo schon das Souper serviert war. Unterwegs hatte er eine Visitenkarte aus seiner Brieftasche gezogen und darauf geschrieben: »p. p. c.« Diese legte er neben den Teller der Prinzessin und dachte: Ein pappendeckelner Abschied genügt. Dann eilte er nach seinen Zimmern, legte sein Maskenkleid ab, putzte und packte seine Waffen. Doch unterbrach er seine Beschäftigung oft, um mit der Faust gegen seine Stirn zu schlagen und auszurufen: »Esel – so lange nichts zu merken!«

Es war zwei Uhr Morgens, als er nach dem Stalle wanderte, wo er Menschen und Pferde in tiefen Schlaf versenkt fand.

Nur seine dicke Fuchsstute Lisa war wach, hatte wieder die Hälfte ihrer Streu aufgefressen und schaute übersatt und sehnsüchtig nach der Tür, als die sich öffnete. Schauer der Freude liefen ihr über das glänzende Fell beim Anblick ihres Herrn; aber sie wieherte nicht, denn sie merkte gleich, daß es sich keineswegs um einen lärmenden Aufbruch, sondern um einen stillen Abzug handle. Gegen ihre Gewohnheit ließ sie sich ruhig satteln und am Zaume aus dem Stalle führen. Sie schlichen durch den Hof, am Schlosse vorbei, durch den Park und gelangten endlich zur Umfassungsmauer, die anderthalbmal so hoch war wie die Lisa. Aber als sich der Held seinem guten Roß auf den Rücken schwang und ihm zurief: »Hinüber!« machte es einen gewaltigen Satz und – draußen waren sie. Ein Genesener atmete unsagbar wonnig auf.

Eine Stunde mochte er geritten sein, da hörte er hinter sich rufen: »Holla ho! Wart ein wenig, Kamerad, ich begleite dich.« Es war der Narr, der einhergetrabt kam auf einem munteren Rößchen. Er hatte sein Ränzlein umgeschnallt, sah alt und trübselig aus, klapperte vor Kälte und hüllte sich in seinen dünnen Mantelkragen.

Schweigend ritten sie neben einander dahin im Nebelgrau, in der unerquicklichen Kühle. Endlich begann der Horizont sich im Osten zu lichten, der Tag brach an, und der Held warf einen letzten Blick nach der weißen, reinlichen Stadt, der er für immer den Rücken gekehrt hatte.

»Ob sie dort wohl schon Verlobung feiern?« sagte er.

»Ohne Zweifel«, antwortete der Narr, »sie werden sich verloben, werden heiraten und viele Kinder bekommen, die wieder eine große Nachkommenschaft in die Welt setzen werden, und des geleimten Pappendeckels wird kein Ende sein. Nun, er kommt ja nicht in eine fremde Welt.«

»Ach geh!« erwiderte der Held, und der verbitterte Alte brummte: »Du hast dich nicht recht umgesehen gestern im Saale. In der ganzen bunten Menge gab es nur zwei durch und durch Lebendige – dich und mich. Alle übrigen waren von Pappendeckelhaftigkeit zum mindesten gestreift. Unser großer Gelehrter, der Kunst gegenüber – Pappendeckel. Die zärtliche Familienmutter, die in Affenliebe für ihr Fleisch und Blut hinschmilzt, dem Nebenmenschen gegenüber – Pappendeckel. Der sentimentale Armenvater …«

»Klatsche nicht!« unterbrach ihn der Held; der Narr aber nahm gleich wieder das Wort: »Ich sag dir, jetzt kommt der Pappendeckel dran, der mit Händen zu greifende, mit Haut und Haar vor uns ausgebreitete lumpige Pappendeckel. Kein Anklang an etwas Unendliches mehr. Ich wette, sie putzen noch das unendlich Große und Kleine aus der positiven Wissenschaft heraus … Alles muß gesagt und beschrieben werden können, alles Geschilderte in der Schilderung aufgehen, Null für Null …«

Während er so deklamierte, kamen Landleute des Weges, die mit ihren Weibern und Kindern zur Arbeit auf das Feld gingen. Ein Knäblein jauchzte beim Anblick der Schellenkappe des Narren.

»Schildere mir einmal dieses Jauchzen«, sprach der Held; »aber genau, mit seinem vollen kindlichen Jubel.«

»Ich kann das nicht«, versetzte der Narr. »Mich haben sie aber auch hinausgeworfen. Ließen mich schon lange merken, daß sie einen modernen Narren brauchen. Ich bin der überwundene Standpunkt.«

»Nicht für alle Leute«, suchte sein Gefährte ihn zu beschwichtigen. Umsonst; der Tiefgekränkte seufzte schwer und entgegnete: »Aber für die Jugend, also für die Zukunft.«

»Getrost! – hinter der Zukunft gibt's doch die Unsterblichkeit.«

»Was wir Sterblichen so nennen. Sei es, wie es sei; ich als alter Spaßmacher muß mir ein neues Publikum suchen gehen.«

»Und ich mir ein neues Glück«, sagte der Held.

Einer sah den andern an, und jeder dachte: »Armer Narr!«

Sie ritten weiter, der in ferner Ferne, hinter dunkeln Wolkenmassen aufsteigenden Sonne zu.

Plötzlich streckte der Held seinem Reisegefährten die Hand entgegen und sprach: »Bleibe bei mir und seien wir Freunde.«

Der Alte schlug wacker ein. »Wir sind's«, sagte er, »und nicht erst von heute, wir sind's, seitdem es ehrliche Helden und weise Narren gibt.«

Die Halben

Es gab einmal in Griechenland eine Zeit außerordentlicher Fruchtbarkeit. Eine Menge Kinder kam täglich zur Welt, und Juno, die Geburtshelferin, wußte vor Arbeit nicht ein noch aus. Müde und abgehetzt kam sie zu Jupiter und sprach: »Zwanzigtausend Kinder sind in Aussicht; hast du Vorrat an Seelen?«

»Einigen, allerdings«, erwiderte der Beherrscher des Olymps, »aber für zwanzigtausend Menschlein reicht er nicht aus.«

»Für wie viele denn?«

»Nun – zur Not für zehntausend.«

»Das ist ja viel zu wenig! Was fangen wir nun an um Jovis willen?«

»Wir geben jedem nur eine halbe Seele; man muß sich zu helfen wissen.«

Bald darauf liefen zwanzigtausend Leute mit halben Seelen herum, und sie waren die Vergnügtesten in ganz Griechenland und wurden um ihren guten Humor viel beneidet, am meisten von den Seelenvollen.

Der Muff

Die Generalin kam aus einer Nachmittagsgesellschaft, an der mehrere ausgezeichnete Persönlichkeiten teilgenommen hatten. Sie befand sich in gehobener Stimmung. Man war sehr freundlich gegen sie gewesen, *sehr,* hatte sie dringend aufgefordert, eine ihrer kleinen Novellen, wenn auch nur die kleinste, vorzulesen.

Für ihr Leben gern wäre sie der Einladung gefolgt, trug jedoch gerade an dem Nachmittag nicht das geringste Manuskriptlein bei sich, und so hatten die Gäste mit liebenswürdiger Resignation auf den Genuß verzichtet. Aber schon die Berücksichtigung, die dem bisher wenig aufgemunterten Talent der Generalin geschenkt worden, tat ihr unendlich wohl.

Man lasse mich mit frühen Triumphen ungeschoren, sie sind nicht selten die Vorboten späterer Niederlagen, dachte sie. Wer vermag sich von der im raschen, glücklichen Schwung der Jugend erreichten Höhe noch höher emporzuschnellen? Meistens bleibt es bei dem glorreichen Anfang, und was nachkommt, ist ein Sinken, wenn's nicht gar ein Stürzen ist. Da lob ich mir mein bescheidenes Streben, das mich allerdings nicht auf die Höhe, aber doch auf eine Anhöhe geführt hat.

Von den heitersten Vorstellungen umgaukelt, schreitet die große, schmächtige Dame rasch und rüstig dahin; das Gehen wird ihr heute so leicht, als ob die Trottoirs mit Kautschuk gepflastert wären.

Herrliches Wetter! ein kernig kalter Märztag. Merklich früher steht schon die Sonne auf und geht merklich später schlafen. O wie gern sieht der die Tage wachsen, dessen eigener Lebenstag sich bereits zur Neige gewendet hat!

Die Generalin verschränkt behaglich die Hände in ihrem großen Muff – ein wenn auch nicht mehr modernes, doch sehr kostbares und gediegenes Garderobestück – und wandert wohlgemut dahin. Sie hat noch eine gute Strecke Weges vor sich, eilt aber nicht, schlendert vielmehr gemächlich weiter, sieht sich die Vorübergehenden an, möchte jedem bis auf den Grund der Seele schauen, und den Armen, besonders solchen, die nicht betteln, schenkt sie etwas. Sie tut es trotz der Gewissensbisse, die sie dabei empfindet. Geld verschenken auf der Straße ist ein Unsinn und national-ökonomisch ein Verbrechen. Das ist der Generalin hundertmal und unwiderleglich bewiesen worden, sie hat das Bewußtsein ihres Unrechts und – begeht es dennoch. Das Mitleid, diese, wie in neuester Zeit festgestellt worden, verwerflichste Form des Egoismus, ist zu mächtig in ihr; es überwältigt sie immer wieder von neuem.

Mit dem unvernünftigen Almosenspenden ist es aber auch eine so eigene Sache! Unendlich schwer wird diese üble Gewohnheit ablegen, der einmal ihre ganze Süßigkeit gekostet hat. Du gehst durch die Straßen der großen Stadt, und wenn deine Augen nur offen sind, siehst du in kurzer Zeit das Elend in jeder denkbaren Gestalt; von dem geistigen und moralischen Elend an, das hinter äußerem Glanz verborgen vorbeistolziert, bis herab zu dem Elend des hungernden, vom Tode schon gezeichneten Lasters. Und wenn es dich nun da plötzlich mitten heraus aus der rettungslosen Verkommenheit ansieht mit Augen, die von einer noch unschuldigen Seele erzählen oder von einer im schwersten Kampf geläuterten, oder von einer noch hoffenden, noch ringenden, und du anwortest ihrer scheuen

Bitte und greifst in deinen Säckel, greifst ziemlich tief und reichst eine Gabe dar, welche den Armen auf das äußerste überrascht – o des wunderbaren Eindrucks! o der stummen seligen Frage: Das schenkst du mir? Du ganz fremder Mensch schenkst mir so viel? und ein unvergeßlicher Blick trifft den Wundertäter, der dem Kinde der Not für ganze Tage die Sorge aus dem Leben nimmt.

Nun, dieses Staunen mit anzusehen, die Freude aufblitzen zu sehen auf dem Antlitz des Kummers, ist das Glück; und wer es einige Male genossen hat, und auf den Geschmack gekommen ist und sich's trotzdem aus Überzeugung und aus Tugend versagt, den nenn ich – so schloß die Generalin ihre Betrachtung – einen Kato vom Standpunkt der Nationalökonomie!

Sie selbst hat nicht das Zeug zu solcher Größe, überhaupt nicht, am wenigsten aber dann, wenn sie sich durch und durch zufrieden fühlt und im Grunde jeden anderen bemitleidet, weil er schwerlich so gut dran sein kann wie sie, der arme andere.

Widerstandslos läßt sie ihrer Torheit den Zügel schießen, bis ihr eine natürliche Grenze gesetzt wird, und das Portemonnaie nichts mehr enthält als eine Visitenkarte.

Nachgerade ist es auch Zeit geworden, einen rascheren Schritt einzuschlagen; denn plötzlich hat der Wind sich scharf erhoben und jagt große Schneeflocken durch die Luft. Die gelblichen Flämmchen, die man in den Straßenlaternen wahrzunehmen beginnt, machen darauf aufmerksam, daß die Dunkelheit demnächst einbrechen wird, und daß es ihnen nicht einfällt, sie daran zu hindern. Unter solchen Umständen hat die Nebenstraße des Wiener Grabens, in welche die Generalin eben einlenkt, etwas entschieden Unheimliches, und die Dame wäre gar nicht böse gewesen, wieder draußen zu sein.

So eilte sie denn, ohne sich aufzuhalten, an einer Bettlerin vorüber, die auf der steinernen Stufe vor einem geschlossenen Kaufladen saß und sich frierend in den Winkel
der Mauer drückte. Der Schnee umwirbelte sie und zer-
rann auf ihrem tiefgebeugten Haupt, das von einem
durchlöcherten Tuch bedeckt war. Ihre Knie hatte sie bis
zur Brust heraufgezogen, der dünne Rock reichte kaum
bis zu den Knöcheln, die Füße waren mit Fetzen umwickelt und ruhten fest aneinandergepreßt, auf einem
bißchen Stroh. Ein Ding, das früher ein Muff aus Hasenfell
gewesen, jetzt aber nur noch eine zerfetzte Röhre aus Ha-
senhaut war, sollte den Händen zum Schutz dienen, versah
sein Amt aber schlecht; denn diese alten Hände kamen an
manchen Stellen vor Kälte zitternd zum Vorschein, und
man sah es ihnen wohl an, wie hart sie gearbeitet, bevor sie
zu unerwünschter und unerquicklicher Ruhe in den
Schoß gelegt wurden.

Die Generalin war schon ein Stück Weges weiter gegangen, als ihr die ganze Kläglichkeit des im raschen Vor-
überschreiten empfangenen Eindrucks vor die Seele trat.
Sie kehrte zu der Alten zurück, blieb eine Weile vor ihr
stehen, verfolgte mit immer trauriger werdenden Blicken
die seltsam zuckenden Bewegungen des zusammenge-
krümmten Körpers und sagte endlich: »Es ist spät, liebe
Frau, gehen Sie doch nach Hause.«

Das Weib blickte empor und erwiderte, sie müsse auf
ihre Tochter warten, die erst in einer Stunde von der Arbeit kommen und sie abholen würde.

In einer Stunde! dachte die Generalin – und die Alte
macht jetzt schon so verdächtig schläfrige Augen; die ist
imstande und erfriert bei drei Grad Wärme. Was anfangen?
was anfangen, du lieber Gott! Ein Wachmann, den man
rufen und bitten könnte, auf die Arme acht zu geben, ist

nicht in der Nähe, und wäre er's, die Generalin würde sich genieren, ihn darum anzusprechen. Die Leute schauen einen bei derartigen Zumutungen meistens so kurios an. Und noch länger dastehen und die Bettlerin betrachten, hat auch keinen Sinn. Überdies beginnt die Alte, beunruhigt zu werden, und fragt sich mit Angst, was denn diese Person will, die sich da vor ihr aufgepflanzt hat und ihr nichts schenkt.

»Geh'ns weg!« sagte sie, »geh'ns weiter!« und die Bangigkeit, das Mißtrauen, die sich dabei in ihren Mienen kundgeben, versetzen die Generalin in eine große Verwirrung. Es kommt ihr auch vor, als ob die Vorübergehenden in sonderbarer Weise nach ihr schielten. Die Situation wird immer peinlicher, und in der Verlegenheit, in der Ratlosigkeit, in dem dringenden Wunsch, sich einen anständigen Rückzug zu sichern, legt die Dame plötzlich ihren Muff der Alten auf die Knie. »Ich hab kein Geld, aber nehmen Sie das und wärmen Sie sich«, sagt sie.

»O Jesus! Jesus!« ... Das Weib bringt anfangs nur diese Worte heraus; aber als sie aus der ersten Verzückung zu sich kommt, läßt sie auch eine Beredsamkeit los, die mit lautem Geschrei einen Platzregen von Segnungen und Wonnen vom Himmel herunter auf das Haupt der edlen Spenderin beschwört.

Die Generalin entflieht, so schnell sie kann, dem Wortschwall und den Lobpreisungen, die ihr noch von weitem nachgerufen werden, und langt kurze Zeit später glücklich daheim an.

So ganz wohl zumute ist ihr nicht; sie besinnt sich, daß sie ihr Portemonnaie in dem verschenkten Muff gelassen hat, und ärgert sich auch im voraus über das Verhör, dem sie der beiden Dinge wegen von der Kammerfrau unterzogen werden wird.

Die Kammerfrau ist es auch, die auf ihr Schellen öffnet und sie mit der Nachricht begrüßt: »Der Herr General sind schon lange zu Hause.«

»Da geh ich gleich zu ihm hinüber«, antwortet die Gebieterin, gibt rasch Hut und Mantel ab und tritt in das Zimmer ihres Mannes.

Der alte Herr erhebt sich beim Erscheinen der alten Frau. Er ist um ein weniges kleiner als sie, hat aber etwas ungemein Energisches; Gang und Haltung verraten den ehemaligen Kavalleristen.

»Kommst du endlich!« ruft er der Eintretenden entgegen, »hat heute wieder schön lange gedauert, die Urschlerei.« Mit diesem Namen pflegt der General die Gesellschaften zu bezeichnen, die lediglich aus Damen bestehen.

»Es waren auch Herren da«, entgegnet die Generalin.

»Beneide sie nicht«, murmelt der Gatte und zieht den Tisch, auf dem eine Patience aufgelegt ist, zurück, damit seine Frau auf dem Sofa Platz nehmen könne. Er setzt sich ihr gegenüber, stemmt die linke Faust auf den Schenkel und die rechte auf den Tisch und betrachtet die Karten mit scharfen Feldherrnblicken.

»Ist wieder boshaft!« brummt er, »ist ein rechter Bosnickel, nein, was das für ein Bosnickel ist!«

Auch die Generalin vertieft sich in die Betrachtung der Karten und sagt nach längerem Nachsinnen: »Der Sechser geht.«

»Wo ist der Sechser?« fragt der General.

»Rechts, in der zweiten Reihe.«

»Der? ja der! ja den – den leg ich nicht aus.«

»Warum denn nicht?«

»Will nicht.«

»Schöner Grund!«

»Warte auf einen schwarzen Fünfer.«

202

»Deine schreckliche Methode! auf die Art kann die Patience nie ausgehen, nie!«

»Liebes Kind«, entgegnet der General mit männlichem Ernst, »nimm mir's nicht übel, du hast unrecht. Hier handelt es sich nicht um das Einzelne, sondern um das Ganze.«

»Wenn aber das Einzelne den Knotenpunkt des Ganzen bildet?«

»Knotenpunkt! Wie du doch bist! wie du doch kindisch bist! Liebe, ich habe allen Respekt vor deiner Schriftstellerei, aber von Knotenpunkten verstehst du nichts.«

»Wer weiß, vielleicht doch … warum sollt ich nicht im Grunde …?«

Die Generalin sprach unsicher und zerstreut, ihre Wangen röteten sich leicht. Zu ihrem Schrecken war die Kammerfrau hereingetreten, durchforschte das Zimmer mit spähenden Blicken und nahm von dem eifrigen Abwinken ihrer Herrin keine Notiz.

»Laß es gut sein, Adele, laß es nur gut sein«, sagte diese endlich in einem Tone, in dem die dringende Bitte wie ein kühler Befehl klingen sollte.

Und der General, der längst überlebten Mode huldigend, in Gegenwart der Dienstleute ein ihm nicht ganz geläufiges Idiom zu gebrauchen, fragte: »Qu'est-ce que veut-elle donc?«

»Ich suche den Muff«, sprach Adele, »die gnädige Frau haben den Muff nicht mitgebracht, und hier ist er auch nicht.«

»Nun, wenn ich ihn nicht mitgebracht habe, kann er auch nicht hier sein«, versetzte die Generalin. »Gehen Sie nur, Adele.«

Der treuen Dienerin war diese wiederholte Abweisung ein Stich ins Herz, und ihre tiefe Verletztheit äußerte sich in der Miene, mit der sie hervorstieß: »Aber der Muff ist weg!«

Der General wendete rasch den Kopf und fragte kurz: »Was Muff? wer ist Muff?«

»Der große, der schwarze, der schöne Muff«, entgegnete Adele, und die Generalin bemerkte krampfhaft lächelnd: »Groß und schwarz allerdings, aber schön … daß er schön war, hat ihm wirklich schon lange niemand mehr nachsagen können.«

»Mag er nun sein, wie er will«, erklärte der Mann, »da muß er sein!«

»Man muß ihn halt wieder abholen«, sprach Adele, »die gnädige Frau haben ihn halt liegen lassen in der Gesellschaft, wo Sie gewesen sind.«

»Ich habe ihn dort nicht liegen lassen.«

»Euer Gnaden haben das neulich auch gesagt, wie Euer Gnaden aus dem Theater gekommen sind, und wie ich gesagt habe, das Taschentuch ist nicht da. Und am andern Tage hat's der Logenmeister gebracht.«

»So? hat er's gebracht? … Aber, Adele, warum verschweigen Sie mir das?«

»Dergleichen haben Sie sogleich zu melden«, rief der General, und Adele jammerte: »Wie soll ich's denn melden? Warum denn? Man darf ja nichts reden, weil ja die gnädige Frau immer dichtet beim Ankleiden.«

Die Generalin biß sich auf die Lippen; es war ihr stets beschämend, wenn ihre Dienerin ihr die Schriftstellerei vorwarf. Der General runzelte die Stirn, richtete sich steif auf und sagte zu seiner Frau: »Voyez-vous?« zur Kammerfrau jedoch: »Besorgen Sie jetzt den Tee.«

Adele entfernte sich mit dem Schritt einer gefangenen Königin vor dem Wagen eines römischen Triumphators. Der General kreuzte die Arme, beugte sich, blickte seiner

Frau in die Augen und fragte: »Klotilde, was ist's mit dem Muff?«

Sie senkte den Kopf und nach einem um Vergebung bittenden Blick auch die Augen und sprach: »Fritz – ich habe ihn verschenkt.«

Er fuhr heftig zusammen, sein Gesicht drückte Gram aus. »Verschenkt! … Hast du vergessen, daß er von meiner verstorbenen Tante herstammt?«

»Fritz – ja! in dem Augenblick, in dem ich ihn verschenkte, habe ich das vergessen.«

»Dann«, versetzte der General wehmütig, »wäre es zwecklos, dich jetzt daran zu erinnern. Aber sagen will ich dir doch, Klotilde: Ich habe im stillen seit langer Zeit auf den Muff spekuliert. Ich hätte mir gern einen Fußsack für meinen Jagdschlitten daraus machen lassen; ich habe es dir aber verschwiegen aus Delikatesse … Das habe ich getan, du aber …«

Die Generalin fiel ihm ins Wort: »Mach mir keine Vorwürfe, Bester; ich bin genug bestraft.«

Sie war's; er sah es deutlich ausgesprochen auf ihrem Antlitz, in dem er vierzig Jahre zu lesen gewohnt war, und so erfüllte er denn großmütig ihre Bitte und fragte nur mild: »Ich möchte aber wissen, an wen du ihn verschenkt hast.«

»An eine Greisin, lieber Fritz, eine unglückliche, hilflose, die vielleicht erfroren wäre ohne ihn …«

»Papperlapapp!«

»Und für die der alte Muff eine Wohltat ist, die vorhalten wird bis ans Ende ihrer Tage, ein wahres Lebensgut. So verzeih denn, bester Mann, und wenn du mir noch etwas zuliebe tun willst …« Klotilde ging aus ihrer elegischen Weise in eine muntere über, griff nach der Hand ihres Mannes, zog sie rasch an sich und drückte, bevor er's wehren konnte, einen Kuß darauf, »so lege den Sechser aus.«

Seufzend fügte sich der General dem Wunsche seiner Frau; aber es geschah zum Unheil, denn, wie die scharfsinnigen Kombinationen, die er später anstellte, erwiesen, konnte die Patience vom Moment an, in dem die verhängnisvolle Karte ausgelegt worden war, nicht mehr gelingen. Den Mann verstimmte das ein wenig, für die Frau gab es an dem Tage nichts, das imstande gewesen wäre, ihre Heiterkeit zu stören. Und als sie zur Ruhe gegangen war und die Augen schloß, da schwebte das Bild eines welken Greisengesichts, von heller Freude verklärt, vor ihr empor, und sie schlief ein, gewiegt von Empfindungen, um die die Landgräfin Elisabeth von Thüringen Ursache gehabt hätte, sie zu beneiden.

Am nächsten Morgen würde die Generalin ihres gestrigen kleinen Abenteuers nicht mehr gedacht haben ohne die schroffe Einsilbigkeit, die Adele der Herrin gegenüber beobachtete. – Das wird nicht gut, dachte diese, wird nicht gut, bevor ein umfassendes Geständnis abgelegt ist. Und ich bin es ihr ja schuldig; habe ich doch eigenmächtig über einen Gegenstand verfügt, auf den sie sich durch die treue Hut, in der sie ihn mehr als ein Menschenalter hindurch gehalten, einigermaßen Rechte erworben hat.

Die Generalin war eben im Begriff, ihre Beichte zu beginnen, als die Hausglocke, mit unerhörter Heftigkeit in Bewegung gesetzt, ertönte. Man hörte die Tür öffnen und zuschlagen, und aus dem Vorzimmer herüber gellte Weibergeschrei, kreischend, durchdringend; der Generalin war die Stimme, wie ihr schien, nicht ganz fremd. Dazwischen donnerte ein ihr unbekannter kräftiger Baß.

Einige bange Sekunden, dann sagte die Gebieterin: »Sehen Sie doch nach, was es gibt, Adele.« Aber bevor Adele, bei der sich zugleich mit akuter Stummheit auch immer Schwerhörigkeit einstellte, dem Wunsche nachgekommen war, trat der General ein, in aller Gottesfrühe schon sorgfältig gekleidet, stramm, militärisch. Seine Brauen waren zusammengezogen, sein Adlergesicht hatte einen drohenden Ausdruck.

»Voyez dans l'antichambre!« sprach er zu seiner Frau, und sie, mit versagendem Atem, von unbestimmten, aber schrecklichen Ahnungen erfüllt, ging ins Vorzimmer.

Da stand das Unheil in zweifacher Gestalt: in lärmender – der der Bettlerin von gestern; in würdevoll stummer – der eines ungeheuer langen, pfahlgeraden Wachmannes, der den Muff und das Portemonnaie der Generalin in seinen Händen hielt.

Der Diener, die Dienerin, das Stubenmädchen waren auch zur Stelle, ohne Zweifel einem unbewußten künstlerischen Triebe gehorchend, um das Tableau durch Ausfüllung des Hintergrundes zu vervollständigen.

Sobald die Generalin sich zeigte, wurde sie von dem alten Weibe mit ohrenzerreißendem Siegesgeschrei begrüßt.

»Da ist sie! da ist sie ja – jetzt können Sie's selber fragen!« rief die Bettlerin dem Wachmann zu, stürzte der Generalin entgegen und faßte sie beim Arm: »Und Sie, Sie sagen ihm's jetzt gleich auf der Stell: bin i a Diebin? Hab i gestohl'n? Hab'n Sie mir die verdammte Grenadiermützen g'schenkt oder nit?«

»Geschenkt«, sagte die Generalin, »jawohl, ganz gewiß. Ich habe der armen Frau diesen Muff geschenkt.«

»Haben Euer Exzellenz ihr auch dieses Portemonnaie geschenkt?« fragte der Wachmann und hob das vermeinte corpus delicti in die Höhe.

»Eigentlich – nein ... eigentlich habe ich vergessen, es aus dem Muff zu nehmen«, lautete die Antwort, die der

Diener der Gerechtigkeit mit dem frohlockenden Ausruf begrüßte: »Und sie – hat's ausgeleert!«

Die Alte stieß ein Hohngelächter hervor, und die Generalin rief: »Nein, nein! es war schon leer.«

»Leer? das Portemonnaie Euer Exzellenz leer?« versetzte der Wachmann mit leisem und ehrerbietigem Zweifel.

»Bis auf eine Visitenkarte – ja.«

Der Wachmann ist betroffen, und die Bettlerin bricht in eine leidenschaftlich wilde Anklage gegen ihn aus. Aber auch die Generalin bleibt nicht verschont: »I hab' nix g'stohl'n«, wettert die Alte ihr zu, »aber mir kann was g'stohl'n wer'n – Ihnere Wohltaten! Auf d' Polizei haben mi Ihnere Wohltaten g'führt: Fünfundsechzig bin i alt, aber dös is mir noch nit g'schegn, daß i a ganze Nacht auf der Polizei hätt übernachten müssen mit allerhand G'sindel, und wenn der Herr Kommissar mi nit kennt hätt, weil i amol Kohlen bei ihm trogen hab, i sitzet no und könnt sitzen, bis die gnädige Frau ihre Vorladung kriegt.«

»Meine Vorladung?« stammelte die Generalin mit trockenen Lippen.

»Ganz natirli, zur Konfrottierung. Nur weil er mi kennt und der gnädigen Frau ihren Herrn a, hat er mi herg'lassen mit'n Wachmann. Aber was nutzt dös all's? G'sessen bin i doch. Und was mei Tochter wird g'sagt hab'n, wie's kommen is gestern und mi nit g'funden hat auf mei'm Platzl – was die sich wird denkt hab'n, dös z'hören steht mir noch aus.« Sie wurde weich, ein Tränenstrom rann über ihre Wangen.

»Ach ja, Ihre Tochter!« sagte die Generalin. »Ihre Tochter müssen Sie mir jedenfalls bringen, damit ich mich bei ihr entschuldigen kann.«

»Entschuldigen war schon recht«, sagte die Alte schluchzend, wenn auch schon etwas besänftigt, »aber mit'n Ent-

208

schuldingen alleinich wird's es nit tun. Da wer mer um a bissel a 'n Nachguß bitten, um a bissel a Schmerzensgeld für die ausg'standenen Wohltaten, mei Tochter und i.«

Die Generalin freute sich, die Bekanntschaft der Tochter zu machen, und entließ unter Assistenz des Generals, der sich von dem Stand der Verhandlungen zu überzeugen kam, den Wachmann und die Bettlerin − nicht unbeschenkt, wie sich von selbst versteht.

Das Weib nahm dankbar alle gespendeten Gaben an, nur den Muff wollte sie sich nicht aufnötigen lassen. »Den schwarzen Bären«, erklärte sie, »können's wem andern anhängen − ich hab genug von ihm.«

»Nun, Liebe?« sagte eine Stunde darauf der General zu seiner Frau, die er in ihrem Zimmer aufsuchte und recht traurig fand.

Sie nickte ihm zu. »Was, lieber Fritz?«

»Ich werde von nun an ein schärferes Auge auf dich haben, Gattin, sonst kommst du mir einmal noch mit einem entzweigeschnitten Mantel nach Hause, wie der heilige Martin.«

»Martin? Sei ruhig, den nehm ich mir nicht zum Muster.«

»Gott sei Lob und Dank. Ich brauche also nicht zu fürchten, daß du ihm die Mantelteilung nachmachst?«

»Gewiß nicht.«

Die Generalin schüttelte ernst und mißbilligend den Kopf: »Diese Tat war mir immer rätselhaft. Ich hoffe nur, der Heilige hatte vorher schon sein Wams verschenkt, sonst schiene es mir unbegreiflich, daß er einem armen Unglücklichen nicht einmal einen ganzen Mantel gegönnt haben sollte.«

»Du bist unverbesserlich, Gattin«, rief der General, streckte ihr aber plötzlich die Hand entgegen und setzte freundlich hinzu: »Gottlob!«

Verlorene Zuversicht

Vor Jahren lebte in einer großen Handelsstadt ein Mann, dem alles, was er unternahm, gelang, den niemals ein Miß- geschick traf, der von Jugend an bis ins reife Alter nur Freude und Erfolg erlebte, und nur Dankbarkeit und Treue erfuhr. Plötzlich verwandelte sich sein Los; er sank ins Elend; er lernte den Undank und die Bosheit kennen, und allem, was er liebte, drohte Gefahr. Ebenso rasch jedoch, als es sich von ihm gekehrt, kam das Glück ihm zurück, ersetzte ihm alles zehnfach, was er verloren, überschüttete ihn und diejenigen, die ihm teuer waren, von neuem mit seinen reichsten Gaben.

»Nun«, fragte jemand, »bist du zufrieden? Du hast es wieder, dein Glück.«

»Ach«, antwortete er, »wo ist meine Zuversicht! Ich habe ein Glück wieder, das mich schon einmal verlassen hat.«

Die Spitzin

Zigeuner waren gekommen und hatten ihr Lager beim Kirchhof außerhalb des Dorfes aufgeschlagen. Die Weiber und Kinder trieben sich bettelnd in der Umgebung herum, die Männer verrichteten allerlei Flickarbeit an Ketten und Kesseln und bekamen die Erlaubnis, so lange da zu bleiben, als sie Beschäftigung finden konnten und einen kleinen Verdienst.

Diese Frist war noch nicht um, eines Sommermorgens aber fand man die Stätte, an der die Zigeuner gehaust hatten, leer. Sie waren fortgezogen in ihren mit zerfetzten Plachen überdeckten, von jämmerlichen Mähren geschleppten Leiterwagen. Von dem Aufbruch der Leute hatte niemand etwas gehört noch gesehen; er mußte des Nachts in aller Stille stattgefunden haben.

Die Bäuerinnen zählten ihr Geflügel, die Bauern hielten Umschau in den Scheunen und den Ställen. Jeder meinte, die Landstreicher hätten sich etwas von seinem Gute angeeignet und dann die Flucht ergriffen. Bald aber zeigte sich, daß die Verdächtigen nicht nur nichts entwendet, sondern sogar etwas dagelassen hatten. Im hohen Grase neben der Kirchhofmauer lag ein splitternacktes Knäblein und schlief. Es konnte kaum zwei Jahre alt sein und hatte eine sehr weiße Haut und spärliche hellblonde Haare. Die Witwe Wagner, die es entdeckte, als sie auf ihren Rübenacker ging, sagte gleich, das sei ein Kind, das die Zigeuner, Gott weiß wann, Gott weiß wo, gestohlen und jetzt weggelegt hatten, weil es elend und erbärmlich war und ihnen niemals nützlich werden konnte.

Sie hob das Bübchen vom Boden auf, drehte und wendete es und erklärte, es müsse gewiß irgendwo ein Merkmal haben, an dem seine Eltern, die ohne Zweifel in Qual und Herzensangst nach ihm suchten, es erkennen würden, »wenn man das Merkmal in die Zeitung setze«. Doch ließ sich kein besonderes Merkmal entdecken und auch später, trotz aller Nachforschungen, Anzeigen und Kundmachungen weder von den Zigeunern noch von der Herkunft des Kindes eine Spur finden.

Die alte Wagnerin hatte es zu sich genommen und ihre Armut mit ihm geteilt, nicht nur aus Gutmütigkeit, sondern auch in der stillen Hoffnung, daß seine Eltern einmal kommen würden in Glanz und Herrlichkeit, es abzuholen und ihr hundertfach zu ersetzen, was sie für das Kindlein getan hatte. Aber sie starb nach mehreren Jahren, ohne den erwarteten Lohn eingeheimst zu haben und jetzt wußte niemand, wohin mit ihrer Hinterlassenschaft – dem Findling. Ein Armenhaus gab es im Dorfe nicht und die Barmherzigkeit war dort auch nicht zu Hause. Wen um Gottes willen ging das halbverhungerte Geschöpf etwas an, von dem man nicht einmal wußte, ob es getauft war?

»Einen christlichen Namen darf man ihm durchaus nicht geben«, hatte der Küster von Anfang an unter allgemeiner Zustimmung erklärt; aber auf die Frage der Wagnerin: »Was denn für einen?« keine Antwort gewußt.

»Geben's ihm halt einen provisorischen«, war die Entscheidung gewesen, die endlich der Herr Lehrer getroffen und die halb taube Alte hatte nur die zwei ersten Silben verstanden und den Jungen Provi und nach seinem Fundorte: Kirchhof genannt. Nach ihrem Tode waren alle darüber einig, daß dem Provi Kirchhof nichts besseres zu wünschen sei, als eine recht baldige Erlösung von seinem jämmerlichen Dasein. Der Armselige lebte vom *Abhub,* kleidete sich in Fetzen – abgelegtes Zeug, ob von kleinen

212

Jungen, ob von kleinen Mädchen, galt gleich – ging barhäuptig und barfüßig, wurde geprügelt, beschimpft, ver-
achtet und gehaßt, und prügelte, beschimpfte, verachtete
und haßte wieder. Als für ihn die Zeit kam, die Schule zu
besuchen, erhielt er dort zu den zwei schönen Namen, die
er schon hatte, einen dritten: »der Abschaum«, und tat, was
in seinen Kräften lag, um ihn zu rechtfertigen.

Da war im Orte die brave Schoberwirtin. Im vergangenen Herbst hatte Provi in einem Winkel ihrer Scheuer
eine Todeskrankheit durchgemacht ohne Arzt und ohne
Pflege. Nur die Schoberin war täglich nachsehen gekommen, ob es nicht schon vorbei sei mit ihm und hatte ihm
jeden Morgen ein Krüglein voll Milch hingestellt. Die
Gewohnheit, ihm ein Frühstück zu spenden, behielt sie
bei, auch nachdem er gesund geworden war. Pünktlich um
fünf fand er sich ein, blieb auf der Schwelle der Wirtsstube
stehen und rief: »Mei Müalch!« Er bekam das Verlangte
und ging seiner Wege. Einmal aber ereignete sich etwas
ganz Ungewöhnliches. Der Wirt, der sonst seinen Abend-
rausch regelmäßig im Bette ausschlief, hatte ihn diese
Nacht auf der Bank in der Wirtsstube ausgeschlafen und
erwachte im Augenblick, in dem Provi auf die Schwelle
trat und rief: »Mei Müalch!«

Was sagte der Lackel? Was wollte er? Schober dehnte
und reckte sich. Ein verflucht kantiges Lager hatte er gehabt, seine Glieder schmerzten ihn und seine Laune war
schlecht. Der grobe Klotz Provi fand heute an ihm einen
harten Keil. »Nicht zu verlangen, zu bitten hast, du Lump!
Kannst nicht bitten?«

Der Junge riß die farblosen Augen auf, sein schmales
Gesicht wurde noch länger als sonst, der große, blasse
Mund verzog sich und sprach: »Na!«

Die Früchte, die ihm dieses Wort eintragen sollte, reiften

sogleich. Schober sprang auf ihn zu, verabreichte ihm sein Frühstück in Gestalt einer tüchtigen Tracht Prügel und warf ihn zur Tür hinaus. Solche kleine Zwischenfälle machten aber keinen Eindruck auf den Jungen. Wie alltäglich fand er sich am nächsten Morgen wieder ein und forderte in gewohnter Weise »seine« Milch. Die Wirtin gab sie ihm, aber eine gute Lehre dazu.

»Du mußt bitten lernen, Bub, weißt? – bitten. Bist schon alt genug, bist g'wiß – ja, wenn man bei dir nur was g'wiß wüßt! – g'wiß schon vierzehn. Also merk dir, von morgen an: Wenn's kein Bitten gibt, gibt's keine Milch.« Sie blieb dabei, ob es ihr auch schwer wurde. Wie schwer, sah Provi wohl und es war ihm ein Genuß, eine Befriedigung seiner Lumpeneitelkeit. Ihm, dem Ausgestoßenen, dem Namenlosen, war Macht gegeben, der reichsten Frau im ganzen Orte Stunden zu trüben und die Laune zu verderben. Sie blickte ihm mit Bekümmernis nach, wenn er ohne Gruß an ihrer Tür vorüberging, zur Arbeit in den Steinbruch.

Dort taglöhnerte er jetzt beim Wegemacher, der ihn in Kost genommen und ihm ein Obdach im Ziegenstall gegeben hatte. Der Wegemacher brauchte nicht, wie die andern Leute, den Umgang mit Provi für seine Kinder zu fürchten. Die fünf Wegemacherbuben konnte der Auswürfling nichts Böses lehren, sie wußten ohnehin schon alles und waren besonders Meister in der Tierquälerei. Die Ziegen, Kaninchen, die Hühner, die ihnen untertan waren, und der Haushund, die unglückliche Spitzin, gaben Zeugnis davon, ihre Narben erzählten davon und ihre beschädigten Beine und ihre gebrochenen Flügel. Provi fand sein Ergötzen an dem Anblick der Rohheit, den er jetzt stündlich genießen konnte. Er fing für die kleineren der Buben Vögel ein und gab sie ihnen »zum Spielen« und

214

diese Opfer konnten von Glück sagen, wenn sie kein allzu zähes Leben hatten.

Das ärmste von den armen Tieren der Wegemacherfamilie war aber die alte Spitzin. Sie lief nur noch auf drei Beinen und hatte nur noch ein Auge. Ein Fußtritt des erstgeborenen unter ihren Peinigern hatte sie krumm, ein Steinwurf sie halb blind gemacht. Trotz dieser Defekte trug sie ihr impertinentes Näschen hoch und ihr Schwänzchen aufrecht, bellte jeden fremden Hund, der sich blicken ließ, wütend an und ihre Beschimpfungen gellten ihm auf seinem Rückzuge nach. Die Söhne des Wegemachers fürchtete, ihn selbst haßte sie, weil er ihr ihre kaum geborenen Jungen immer wegnahm und, bis auf ein einziges, in den See warf.

Zur Zeit, in der Provi beim Wegemacher Steine klopfte und Sand siebte, bekam die Spitzin noch im Greisenalter abermals Junge, ihrer vier, von denen drei gleich ins Wasser mußten. Sie konnte kaum eines mehr ernähren, sie war zu alt und zu schwach und es sah ganz danach aus, als ob sie nicht mehr lang leben sollte. Das Geschäft des Ersäufens übertrug der Vater an jenem Tage seinem Ältesten, dem Anton, und dem machte etwas, das einem anderen Geschöpfe wehtat, dieses Mal kein Vergnügen. Die Spitzin war bissig wie ein Wolf, wenn sie Junge hatte.

»Der Vater fürcht si vor ihr«, sagte Anton zu Provi, »drum schickt er mi. Komm mit, halt sie, wenn ich ihr die Jungen nimm, halt ihr's Maul zu, daß's mi nit beißen kann.«

Im Holzverschlag neben dem Ziegenstalle auf einer Handvoll Stroh lag zusammengeringelt die schwarze Spitzin und unter ihr und um sie herum krabbelten ihre Kleinen und winselten und suchten mit blinden Augen und tasteten mit weichen hilflosen Pfötchen.

215

Die Spitzin hob den Kopf, als die Knaben sich ihr näherten, ließ ein feindseliges Knurren vernehmen, fletschte die Zähne.

»Dummes Viech, grausliches!« schrie Anton und streckte halb zornig, halb ängstlich die Hand nach einem der Hündchen aus. »Halt sie! halt sie! daß' mi nit beißt!«

Schon recht, wenn's di beißt, dachte Provi. Es fiel ihm nicht ein, sich um Antons willen in einen gefährlichen Kampf mit der Hündin einzulassen, nur um die eigene Sicherheit war ihm zu tun und so nahm er seine Zuflucht zu einer Kriegslist, kauerte auf den Boden nieder und hob mit kläglicher Stimme an: »O die orme Spitzin, no jo, no jo! Ruhig, orme Spitzin, so, so … ma tut ihr jo nix, ma nimmt ihr jo nur ihre Jungen, no jo, no jo!«

Die Spitzin zauderte, knurrte noch ein wenig, doch mehr behaglich jetzt als bösartig. Die Worte, die Provi zu ihr sprach, verstand sie nicht, aber ihren sanften beschwichtigenden Ton verstand sie und dem glaubte sie. Was wußte die Spitzin von Arglist und Heuchelei? Ein Mensch sprach einmal gütig zu ihr, so war auch seine Meinung gütig. Sie legte sich wieder hin, ließ sich streicheln, schloß bei der ungewohnt wohltuenden Berührung wie zu wonnigem Schlafe ihr Auge. Die Schnauze steckte sie in Provis hohle Hand und leckte sie ihm dankbar und zärtlich.

»No – also no!« rief der den Kameraden an: »Pack 's z'samm. Mach g'schwind!«

Anton griff zu und im nächsten Augenblicke sprang er auch schon mit drei Hündchen in den Armen aus dem Verschlag, in großen, fröhlichen Sätzen über die Straße, die Uferböschung zum See hinab. Provi folgte ihm eiligst nach; den Hauptspaß mit anzusehen, wie die Hündchen ertränkt wurden, konnte er sich nicht entgehen lassen.

Es war merkwürdig, daß von nun an die Nachbarschaft der Spitzin dem Provi völlig widerwärtig zu werden begann. Nur schlecht gefügte Bretter trennten seine Schlafstätte von der ihren und jede Nacht störte sie ihn mit ihrem Gewinsel. Im Kopfe der Alten war ein »Radel laufet« worden, sonst hätte sie doch nach einiger Zeit begriffen: Die Jungen sind fort und nie, nie mehr zu finden und man muß endlich aufhören, nach ihnen zu suchen. Dieses Mal hörte sie nicht auf. Sie mußte von einem Tag zum andern immer wieder vergessen, daß sie gestern schon alle Winkel umsonst durchsucht hatte. Sie schnüffelte, sie kratzte an der Tür, scharrte ihr bißchen Stroh auseinander und wieder zusammen, kroch hinter den Holzstoß, drängte sich in die Ecke, in der die Werkzeuge lehnten, warf einmal ein paar Schaufeln um und flüchtete voll Entsetzen. Eine Zeitlang war Ruhe, dann trippelte sie wieder herum und suchte und suchte! Und ihr Trippeln weckte ihn, an dem früher die brüllenden Rinderherden vorüber gezogen waren, ohne ihn im Schlafe zu stören. Wenn er schlief, schlief er, verschlief Hunger und Müdigkeit; dazu vor allem brauchte er den bombenfesten Schlaf, um den er plötzlich gekommen war, denn jetzt schrak er auf beim Herumgehen und Schnüffeln der Alten. Und kalte Schweißtropfen liefen ihm über die Stirn in der »Baracken«, der den ganzen Tag die Sonne aufs Dach schien und in der es so heiß war, daß es in der Hölle nicht heißer sein kann … Ob das auch mit rechten Dingen zuging, ob nicht etwas Übernatürliches dahinter steckte? Freilich, der Anton sagt, es gibt nix Übernatürliches. Aber der Allergescheiteste ist der Anton am Ende doch nicht und dem Provi ist manchmal sogar vorgekommen, daß er ein großer Esel ist; was man allerdings nicht sagen darf, ohne furchtbar gedroschen zu werden von ihm und von seinem Vater, Provi weiß das aus Erfahrung.

An den Wegmacherleuten hatte er seine Meister gefunden, die bändigten ihn mit Schlägen und mit Hunger. »Sticht dich der Hafer?« hieß es bei der geringsten Widersetzlichkeit, und von der elenden und ungenügenden Ration zog ihm sein Herr die Hälfte ab.

Jeder andre wär schon draufgegangen, sagte er sich selbst; er jedoch wollte nicht draufgehen, er wollte noch viel Zeit haben, um den Menschen alles Böse, das sie ihm getan hatten, mit Bösem zu vergelten. Daß es auch einige gab, die ihm Gutes getan hatten, war längst vergessen; und was die Schoberwirtin betraf, die alte Hex, gegen die hegte er einen unversöhnlichen Groll. Warum schenkte sie ihm nichts mehr, sie, die so viel Geld hatte und so viele Sachen? Sie wußte gewiß nicht, wohin mit ihrem Reichtum und gab doch nichts umsonst, wollte gebeten werden, um ein paar armselige Tropfen Milch. Wie sie ihn ansah, wenn er vorüberging … Förmlich herausfordernd: So bitt doch! – Die Krot, die! die konnte warten. Einmal hatte sie ihn gar angesprochen: »Du schaust aus! Wie der leibhaftige Hunger schaust aus! Hast noch nicht bitten g'lernt?« Er rief ihr ein freches Schimpfwort zu und schritt weiter.

Eine Woche verging. Immer noch hatte die Spitzin sich nicht ganz beruhigt, suchte und schnüffelte immer noch, besonders bei Nacht in ihrem Verschlage herum. So geschah es, daß sie den Provi einst zu besonders unglücklicher Stunde weckte. Er hatte sich so spät erst auf seiner Lagerstätte aus Hobelspänen und schmutzigem Heu hinstrecken können, weil er noch, nach beendetem Arbeitstage, die Ziegen, die der Wegemacher ins nächste Dorf verkauft, dorthin hatte treiben müssen. Und auch jetzt kein Ende der verfluchten Plackerei, nicht wenigstens ein paar Stunden ungestörten Schlafes? Die Spitzin scharrte und suchte und suchte und Provi drohte, und polterte mit

218

den Füßen gegen die Bretterwand. Sie gab nach, ein Stück von ihr fiel krachend hinüber ins Bereich der Spitzin. Sie stieß ein erschrockenes Gebell hervor, das Kleine winselte. dann war alles still.

»Teixel überanander, wirst jetzt an Fried geben, Rabenviech?« murmelte Provi und legte sich zurecht und zog die Knie bis zum Kinn herauf, denn so »schlief es sich am besten«. Aber just jetzt wollte es mit dem Einschlafen nicht gehen, trotz der Stille und trotz seiner Erschöpfung und trotz seiner Schlaftrunkenheit! Allerlei Gedanken kamen einher geschlichen, ganz neue Gedanken, nie von ihm gedachte. Ja, die Spitzin war ein Rabenviech mit ihrer Sucherei, wenn aber seine Mutter auch so gewesen wäre wie sie und so rastlos nach ihm gesucht hätte, sie hätte ihn gewiß gefunden; er hatte ja in der Zeitung gestanden, er war angeschlagen gewesen auf dem Bezirksamt. Am End hat sie sich's gar nicht verlangt, ihn zu finden. Die Zigeuner haben ihn am End gar nicht gestohlen, seine Mutter – »die Miserabliche!« hat ihn ihnen am End geschenkt, noch drauf gezahlt vielleicht, daß sie ihn nehmen … No jo! vielleicht wird sie sich seiner geschämt haben, war vielleicht was Hohes, eine Bauerstochter oder eine Wirtstochter … Verfluchter Kuckuck! wenn sie so eine Wirtstochter gewesen wäre und ihn behalten hätte … Alle Sonntag würde er sich seinen Rausch angetrunken haben und den Montag hätte er immer blau gemacht und im Wirtshaus und auf der Kegelbahn geraucht, getrunken, gerauft. Ein Götterleben malte er sich aus, als – verfluchtes Rabenviech! die Spitzin nebenan wieder anfing zu stöhnen und zu kratzen und ihn aus seinen Träumen riß, die so wonnig gewesen waren. Voll Zorn richtete er sich auf, nahm ein Scheit Holz, trat über die niedergeworfenen Bretter in den Verschlag des Hundes und führte knirschend wuchtige

Schläge gegen den Boden, auf dem die Spitzin im Dunkeln ängstlich umherschoß. Er sah nicht, wohin er traf, er drosch zu nach rechts und nach links, vorwärts und rückwärts und endlich – da hatte er sie erwischt, da zuckte etwas Weiches, Lebendiges unter seinem wütend geführten Hieb. Ein kurzes, klägliches – ein anklagendes Geheul ertönte, gellte grell und förmlich schmerzhaft an Provis Ohr. Es überrieselte ihn. Was für ein seltsames Geheul das gewesen war ... »No jo« – das »Rabenviech« hat jetzt genug, wird Ruh geben, eine Weile wenigstens.

Er kehrte zu seiner Lagerstätte zurück, kauerte sich zusammen und schlief gleich ein.

Nach ein paar Stunden erwachte er plötzlich. Die aufgehende Sonne sandte einen feurigen Strahl aus, der ihm durch eine Luke in der Tür des Verschlages und durch die Bresche in der Wand leuchtend rot ins Gesicht blitzte. Er öffnete die Augen und stand auf. Die Spitzin kam ihm plötzlich und recht unbehaglich ins Gedächtnis. Wenn er sie »so« totgeschlagen haben sollte heute nachts, würde der Wegemacher, der keinen Eingriff in sein Eigentum duldete, schwerlich versäumen, ihn selbst halbtot zu schlagen. »No jo!« dachte er und fuhr mit den zehn Fingern durch seine staubigen Haare, um die Heustengel zu entfernen, die sich in ihnen verfangen hatten.

Da rührte sich etwas zwischen den Brettern, da kroch es langsam heran. Die Spitzin kroch heran und schleppte ihr Junges im Maul herbei. Sie hatte es an der Nackenhaut gefaßt und benetzt es mit ihrem Blute, denn es floß Blut aus ihrem Maule, ein dünner Faden die Brust entlang. Zu Provi schleppte sie ihr Junges, legte es vor ihn nieder, drückte es mit ihrer Schnauze an seine nackten Füße und sah zu ihm hinauf.

Und ihr Auge hatte eine Sprache, beredter als jede

Sprache, die die schönsten Worte bilden kann. Sie äußerte ein grenzenloses Vertrauen, eine flehentliche Bitte und man mußte sie verstehen. Wie das Sonnenlicht durch die geschlossenen Lider Provis gedrungen war, so drang der Ausdruck dieses Auges durch den Panzer, der bisher jede gute Regung von der Seele des Buben ferngehalten hatte.

– »Jo! jo!« stahl es sich von seinen Lippen. Er antwortete ihr, die nun hinfiel, zuckte, sich streckte … die er erschlagen hatte und die gekommen war, ihm sterbend ihr Kleines anzuvertrauen.

Provi zitterte. Eine fremde, unwiderstehliche Macht ergriff ihn, umwirbelte ihn wie ein Sturm. Sie warf ihn nieder, sie zwang ihn, sein Gesicht auf das Gesicht des toten Hundes zu pressen und ihn zu küssen und zu liebkosen. Sie war's, die aus ihm schrie: »Jo du! Jo du! – du bist a Muatta g'west!« Sein Herz wollte ihm zerspringen, ein Strom von wildem Leid, von quälender Pein durchtobte es und erschütterte es bis auf den Grund. Ein vom himmlischen Schmerze des Mitleids erfülltes Kind wand sich schluchzend auf dem Boden und weinte um die alte Spitzin und weinte über ihr Kleines, das sich an seine Mutter drängte und sie anwinselte und Nahrung suchte an dem früher schon so spärlich fließenden und jetzt gänzlich versiegten Quell.

»'s is aus, da kriegst nix mehr« sagte Provi, nahm das Hündchen in seine Hände, legte es an seine Wange und hauchte es an; es zitterte und winselte gar so kläglich. »Hunger hast, Hunger hast, no jo! no jo!« – Was anfangen mit dem anvertrauten Gut? »Verfluchter Kuckuck«, wenn doch noch die Ziegen da wären! Er würde eine melken, er tät's, trotz der schrecklichen Strafe, die drauf steht. Aber die Ziegen sind fort und bis ihm jemand im Wegemacherhaus einen Tropfen Milch für einen Hund schenkt, da kann er lang warten. »Ins Wasser dermit!« wird's heißen, sobald sie hören, daß die Spitzin tot ist.

»Ins Wasser kummst«, sagte er zum Hündchen, das etwas von dem guten Glauben der Mutter an ihn geerbt haben mußte, es schmiegte sich an seinen Hals, saugte an seinem Ohrläppchen und klagte ihm seinen Hunger mit Stöhnen und Wimmern.

»No jo! – « er wußte schon, nur wie zu helfen wäre, wußte er nicht. Was soll er ihm zu essen geben? Um zu vertragen, was er hinunterschlingt, dazu gehört ein anderer Magen, als so ein Kleines hat … Aber – verfluchte Krot! – jetzt kam ihm eine Eingebung, jetzt wußte er auf einmal doch, wie zu helfen wäre. Aber – verfluchte Krot! Dieses Mittel konnte er nicht ergreifen – lieber verhungern. Der Entschluß saß eisenfest in seinem oberösterreichischen Dickschädel … Freilich dämmerte ihm eine Erkenntnis auf, von der er gestern keine Ahnung gehabt hatte – verhungern lassen ist noch etwas ganz anderes, als verhungern. Das Kleine gab das Saugen am Ohrläppchen auf; davon wurde es ja doch nicht satt. In stiller Verzweiflung schlossen sich seine kaum dem Lichte geöffneten Augen, und Provi fühlte es nur noch ganz leise zittern.

Gequält und scheu blickte er zur toten Spitzin nieder. Ja, wenn das Junge leben soll, darf man ihm die Mutter nicht erschlagen.

»No, so kumm!« stieß er plötzlich hervor und sprang aus dem Stall in den Verschlag und schritt resolut vorwärts und dem Dorfe zu, biß die Zähne zusammen, daß sie knirschten, sah nicht rechts noch links und ging unaufhaltsam weiter.

Noch rührte sich nichts auf den Feldern, erst in der Nähe der Häuser fing es an, ein wenig lebendig zu werden. Ein schlaftrunkener Bäckerjunge schritt über die

Straße zum Brunnen, der Knecht des Lohbauers spannte einen dicken Rotschimmel vor den Streifwagen. Aus dem Tor des Wirtshauses kam die alte Magd, von jeher Provis erklärte Feindin. Voll Mißtrauen beobachtete sie sein Herannahen, erhob die Faust und befahl ihm, sich zu packen. Ihn störte das nicht, er ging an ihr vorbei wie einer, der mit dem Kopf durch die Wand will. Finster und entschlossen, das Kinn auf die Brust gepreßt, trat er durch die offene Küchentür. Die Wirtin, die am Herde stand, wandte sich … »Grad zum fürchten« sah der Bub aus, und seine Stimme klang so rauh und hatte etwas so schmerzhaftes, als ob ihr Ton die Kehle zerrisse, durch die er gepreßt wurde: »Schoberwirtin, Frau Schoberwirtin, i bitt um a Müalch.«

Das war die Wendung in einem Menschenherzen und in einem Menschenschicksal.

Das Blatt

Vom Winde getrieben flog ein welkes Blatt neben einem Vogel durch die Luft.

»Sieh«, raschelte es triumphierend, »ich kann fliegen wie du.«

»Wenn du fliegen kannst, so mache mir das nach!« antwortete der Vogel, wandte sich und steuerte mit kräftigem Flügel gegen den Wind.

Das Blatt aber wirbelte ohnmächtig dahin, bis sein Träger plötzlich den Atem anhielt und es in ein Bächlein fallen ließ, das klar und munter durch den Wiesengrund jagte. Nun segelte das Blatt auf den Wellen und gluckste den Fischen zu: »Seht mich an, ich kann schwimmen, wie ihr!«

Die stummen Fische widersprachen ihm nicht; da blähte es sich auf und meinte: »Das sind anständige Kreaturen, die lassen einen doch gelten!«

Weiter glitt es, und merkte nicht, wie es dabei aufquoll und schon faul war durch und durch.

Die Totenwacht

Es war am Ende eines kleinen Dorfes im Marchfeld, das letzte, das ärmlichste Haus. Seine niedrigen Lehmmauern schienen jeden Augenblick aus Scham über ihre Blöße und all ihre zutage gekommenen Gebrechen in sich zusammen sinken zu wollen. Das schiefe Strohdach bot nur noch einen sehr mangelhaften Schutz gegen Hitze und Kälte, Sturm und Schnee. Die Eingangstür, die des Schlosses entbehrte, war mit Stricken an den verrosteten Angeln befestigt, klaffte von allen Seiten und hatte längst aufgehört, eine feste Schranke zu bilden zwischen der Straße und dem einzigen Wohnraume der Hütte. Durch eine seiner Fensterluken drang ein schwach flackernder Lichtschein in das Dunkel der Oktobernacht. Er ging von einer Talgkerze aus, die am Fußende eines Sarges brannte. Der Sarg stand noch offen auf einem Schragen mitten in der Stube, und in ihm ruhte die Leiche einer kleinen, alten Frau. Sorgfältig angetan, mit dem Ausdruck seligen Friedens auf dem greisen Gesichte, nahm sie sich fast zierlich aus in ihrem letzten Bette. Ein weißes Tüchlein war um ihren Kopf gewunden und unter dem Kinn zusammengesteckt; die grauen Haare waren glatt gescheitelt, die Hände über der Brust gekreuzt und mit einem Rosenkranz umwickelt.

Die Wacht am Sarge hielt die Tochter der Verstorbenen, ein nach dörflichen Begriffen altes Mädchen. Dreißig Jahre der Entbehrung und der Arbeit wägen schwer; aber sie schien ihre Last nicht zu fühlen. Eine trotzige Leidensfreudigkeit sprach aus ihrem dunklen, noch schönen Gesichte; ihre Gestalt war schlank und geschmeidig geblieben. Die Arme um die Knie gespannt, saß sie auf einem Bänkchen neben der Toten, legte von Zeit zu Zeit den Kopf auf die Kante des Sarges, schloß die heißen, trockenen Augen und murmelte ein Gebet.

Aus der Ferne drangen zwölf schwache Pfiffe; der Nachtwächter zeigte die Mitternachtsstunde an. Im Stalle des nächsten Nachbars meckerte äußerst kläglich eine junge Ziege, und gleich darauf erhob sich ein lautes Brüllen, setzte tief und gewaltig ein und endete mit einem schrillen, sägenden Laut. Das war die Kuh des andern Nachbars, drüben jenseits der Straße, des Huber Georg, die braune, die er um schweres Geld und doch nicht zu teuer gekauft hatte. Sie lag in frischem Stroh bis über die Ohren und ließ sich's wohl sein.

»Die Kuh des Huber Georg hat einen guten Pfühl«, dachte das Mädchen und sah über den Sarg hinweg nach der elenden Lagerstätte, auf der ihre Mutter gestorben war.

»Meine arme Mutter«, flüsterte sie leise, streichelte die wachsgelbe Wange der Toten und vertiefte sich in die Erinnerung an all das Leid, das in wenig Stunden mit der alten Frau ins Grab versenkt werden sollte. Für immer versenkt. Amen.

Eine letzte, schwerste Trennung noch und dann: Leb wohl, Heimat! Grüß Gott, liebe Fremde, in der es keinen Huber Georg gibt, in der man ihm nie begegnen, in der sein blankes Haus einem nicht entgegenprunken kann und man seine verwöhnte Kuh nicht brüllen zu hören braucht.

Alles war wieder still geworden, nicht ein Lüftchen regte sich: die alte Frau im Sarge lag da, jetzt schon von Grabesruhe umgeben.

Plötzlich wurde das Geräusch einer vorsichtig geöffneten und wieder geschlossenen Tür hörbar, und von der Straße her näherten sich, öfters innehaltend, schwere, zögernde Schritte. Nun hielten sie vor dem Hause an, und im nächsten Augenblick trat Georg Huber über die Schwelle.

Er war groß und breitschulterig und hatte einen kleinen Kopf und ein hübsches Gesicht mit niedriger Stirn und schlanker gerader Nase. Seine blauen, ein wenig vorstehenden Augen schauten unsicher und betroffen drein; trotzdem aber nahm er sich recht aus wie ein Herr in seinen städtischen Kleidern, und seine neuen Stiefel knarrten gar vornehm.

Die Pelzmütze lüftend, grüßte er die Tote, vermied jedoch, sie anzusehen, und brachte ein halb unverständliches: »Wünsch guten Abend, Anna«, hervor. Die Zunge schien ihm schwer im Munde zu liegen, seine Oberlippe zuckte unter dem Schnurrbärtchen, seine Rechte schob die Mütze weit zurück ins Genick. »Guten Abend, Anna«, wiederholte er.

Sie runzelte die Stirn, warf einen Blick voll feindseligen Erstaunens auf ihn und blieb stumm.

Der wenig Beredsame mußte von neuem beginnen: »Dich wundert's, daß ich komm'. Ich komm', weil ich gehört hab, daß sie« – er deutete auf die Tote – »mir verzihn hat, eh' sie g'storben ist.«

»Wer hat dir das g'sagt?« fragte Anna; heiß aufwallender Unwille trieb ihr das Blut in die Wangen.

»Der Herr Pfarrer hat mir's g'sagt, und dir kann's recht sein«, angwortete Georg und nahm, ohne ihre abwehrende Bewegung zu beachten, Platz auf dem Bette, das unter seiner Wucht erzitterte und stöhnte. »Ich komm auch«, begann er wieder, da sie in ihrem düsteren Schweigen verharrte, »weil du ganz allein die Totenwacht halt'st. Die alten Weiber lassen sich nicht sehn, wenn man keinen Branntwein zahl'n kann.«

»Wenn ich sie eing'laden hätt', wären ihrer gekommen mehr als g'nug. Aber ich hab die letzte Nacht allein bleiben wollen mit meiner Mutter. In ein paar Stunden kommen's ohnehin und tragen sie mir weg.«

Er verstand den Wink nicht, er blieb sitzen. Nach einer Weile mahnte ihn das Mädchen: »Bet ein Vaterunser und geh.«

Er verschränkte die Finger, betete halblaut und sagte am Schlusse: »Gott hab euch selig, Mutter Theres'.«

Der Nachtwächter kam jetzt auf seiner Runde in die Nähe des Hauses, entlockte seinem Pfeifchen einen langgezogenen Ton, ging vorbei und pfiff wieder: ein Uhr.

Georg traf noch immer keine Anstalt zum Aufbruch. Er hatte sich tief gekrümmt, die Ellbogen auf die ausgespreizten Knie, das Gesicht in die gefalteten Hände gelegt, und rührte sich nicht.

»Du schlafst!« rief das Mädchen ihn endlich an. »Geh nach Haus schlafen.«

»Ich schlaf nicht«, sagte er, ohne seine Stellung zu verändern; »ich denk an deine Mutter. Ich denk, wie sie mir gedroht hat: wenn ich vorm lieben Herrgott stehen werd, werd ich dich bei ihm verklagen. Sie tut's aber nicht.«

»Sie hätt Wort halten sollen, sie hätt dir nicht verzeihen sollen; sie war zu gut, viel zu gut, übergut!« sprach Anna dumpfen Tones.

Georg hob ein wenig den Kopf und warf einen halb kecken, halb scheuen Blick auf sie: »Du meinst halt, grad so wenig hätt' sie mir verzeihen sollen, wie du mir verzeihst. Wirst aber schon, wenn du hörst, mit was für Gedanken ich herkomm'.«

Sie verzog den Mund zu einem verächtlichen Lächeln; auf eine andere Antwort wartete Georg umsonst und mußte, um das Gespräch nicht ganz fallen zu lassen, wieder beginnen: »Der Herr Pfarrer meint; wenn er's aber auch nicht meinen möcht, ich mein's von selbst.«

»Ich mein auch was«, unterbrach sie ihn: »Daß du daher nicht g'hörst; auch wenn sie dir zehnmal verzieh'n hätt', hätt'st nicht da zu sitzen. Geh.«

»Weil ich jetzt bleiben möcht«, erwiderte er grollend. »heißt's: Geh! und so warst immer. Alle Schuld liegt auch nicht an mir; du bist bös g'nug.«

»Du hast mir's nicht vorzuwerfen, du nicht! War ich's denn? Nein. Ich bin's durch dich worden.«

»Natürli!« höhnte er. »Alle Schuld wird immer auf mich g'wälzt. Durch mich allein bist bös worden, durch andre nicht; am wenigsten schon durch dein' Vatern.«

Sie war wild aufgefahren, warf einen Blick auf die stille Frau im Sarg und bezwang sich. – »Ausg'standen hab ich g'nug durch ihn, bös bin ich durch ihn nicht g'worden«, sagte sie. »Was dein Vater tut, muß dir recht sein, hab ich immer von der Mutter g'hört, und vom Herrn Pfarrer: was der liebe Gott tut, muß uns recht sein. Ob also der Vater dreing'schlagen hat oder der Blitz, etwas anderes als: duck' dich! ist mir zuletzt dabei nicht mehr eing'fallen. Eine Heimsuchung vom lieben Gott ist das, einen Lumpen zum Vater zu haben, der alles vertut, einem das Dach überm Kopf verspielt und die Kleider vom Leib …«

»Ehnder noch, weißt noch damaln«, fiel ihr Georg mit naiver Schadenfreude ins Wort, »das Kleid mit die roten Tupfen?«

»Mit die roten Tupfen … das war was! Und dazu dein ewig's Frozeln: du hast ja so ein schönes Kleid kriegt, wo ist's denn? Hebst dir's auf, auf den Sonntag? Ich hätt' von selbst nicht mehr dran gedacht, du hast mich immer g'mahnt … Auch jetzt mahnst mich wieder …« Sie schwieg, sie ließ den Kopf auf die Brust sinken. Die Erinnerung an eine der kläglichsten Begebenheiten in ihrem kläglichen Kinderleben tauchte wieder auf. Bild an Bild zog vorüber, deutlich zum Greifen.

Da stand sie eines Winterabends mit anderen armen Kindern in einem großen, herrlichen Saale. Unzählige Kerzen brannten, es war hell und warm wie im Himmel. Und Sachen gab es auf einem Tisch ausgebreitet und aufgestellt, daß einem die Augen übergingen und das Wasser im Munde zusammenlief. Annas Blicke wanderten verzückt umher und blieben plötzlich wie gebannt auf einem Kleide haften – ein Bild von einem Kleide, heute noch hätte sie's malen können. Es war grau und ganz besät mit roten Tupfen, nicht größer als Grieskörner, und das Leibchen hatte eine schmale, kirschrote Einfassung und die Schürze einen kirschroten Saum und wirkliche Taschen, und aus der einen guckte ein Tüchlein heraus mit roten Tupfen, und die waren linsengroß.

»Du lieber Gott, was bliebe einem noch zu wünschen übrig auf der Welt, wenn man dieses Kleid hätte, diese Schürze, dieses Tüchlein?« fragte sich das Kind und geriet vor lauter Nachdenken, Staunen, Bewundern in einen Zustand des wachen, wonnigen Traumes. Jedes Wunder paßte in den hinein, und das lieblichste begab sich. Eine feine Hand legte sich unter Annas Kinn und bog ihren Kopf sanft zurück, und die Augen des kleinen Mädchens erhoben sich und begegneten einem Paar großer, tiefdunkler Augen voll unsagbarer Güte und unendlicher Traurigkeit. Das waren die Augen der einsamen Schloßbewohnerin, der vielverehrten und vielbedauerten »Komteß«, der armen Reichen, die so schweres Herzeleid erfahren hatte und langsam hinschwand und sich zu Tode kränkte.

»Du Kleine«, sagte sie, und ihre liebreiche, etwas ver-

schleierte Stimme klang wie gedämpfte Musik, »dieses
Kleid gefällt dir. Schau nur, wie gut sich das trifft, ich hab's
für dich genäht. Nimm, es ist dein, nimm auch die Stiefel-
chen und das Tuch. – Nun, Annerl, so nimm!«

Aber Annerl rührte sich nicht; sie fürchtete, durch ein
Wort, eine Gebärde den holden Traum zu zerstören, von
dem sie sich befangen wähnte.

Da nahm die Komteß ein großes, weiches Umhänge-
tuch vom Tische und wickelte das ganze Kind vom Kopf
bis zu den Füßen hinein. Sie zog seine Ärmchen unter
dem Tuche hervor und belud sie mit einem Paar warmer,
rot gefütterter Stiefel und mit dem von Annerl eben noch
gleich einem Märchenbilde angestaunten Kleide. Die
Kleine hatte alles geschehen lassen und war stumm geblieben. Jetzt brachen zwei Worte voll des Jubels über ihre
Lippen: »Die Mutter!«

Was wird sie sagen, die Mutter, die immer stopft und
flickt an des Töchterleins altem »G'wandl« und gestern erst
bitterlich geweint hat, weil ihr das morsche Zeug unter
der Nadel zerfiel – was wird sie sagen?

Die Kleine war blaß gewesen vor innerster Erregung;
auf einmal schoß ihr das Blut ins Gesicht, sie wandte sich
und lief davon. Vergeblich wurde ihr nachgerufen: »Warte,
du bekommst noch mehr!« Sie lief und lief. Hinter ihr
schallte das Gelächter und Geschrei der anderen Kinder.
Der Lichterglanz des beleuchteten Schlosses, der sie noch
eine kleine Weile begleitet hatte, erlosch; sie preßte ihren
Schatz an die Brust und gar oft an den Mund und rannte
weiter in die Nacht hinein, längs der Gartenmauer ins
Dorf, von dem Gedanken an die Mutter getragen wie von
Flügeln.

Der kürzeste Weg führte am Wirtshause vorbei; den
schlug sie ein. Wüster Lärm schallte ihr entgegen; es gab

wieder Streit in der Schenke. Ein Raufbold oder ein Lump mit leerer Tasche wurde hinausgeworfen. Jetzt stand er unter der Laterne vor der Tür, und voll Schrecken erkannte die Kleine: »Das ist der Vater!«

Es überrieselte sie bei dem Gedanken an die Gefahr, der sie sich mit jedem Schritte näherte, und doch lief sie weiter; ihr fiel gar nicht ein, daß sie gut täte, die Dorfstraße zu vermeiden, um die Ecke zu biegen und auf dem Feldwege nach Hause zu eilen. Nur vorbeihuschen an dem Schimpfenden, Fluchenden, bereits sehr Angetrunkenen wollte sie. Sie lief nicht mehr, sie schlich langsam und leise, drückte sich an die der Schenke gegenüberstehenden Häuser, hoffte schon glücklich zu entkommen im Schutze der Dunkelheit. Fast auch wäre es gelungen, wenn nicht ihr Freund, der Spitz des Wirtes, die Nähe seiner Spielgefährtin witternd, mit lautem Freudengebell auf sie zugesprungen wäre. Sie wich zurück, sie flüsterte ihm zu: »Still, Spitzerl! still, du liebes dummes Tier!« – Der Spitz trieb es je toller, je ängstlicher sie ihn abwehrte, und nun rief auch schon der Vater herüber, streitlustig wie immer bei halb gelöschtem Durste: »Wer geht da, wer hat da zu gehen?«

Sie gab keine Antwort, sie ergriff die Flucht, und der Hund bellte und sprang, und der Vater stolperte ihr nach und hatte sie bald eingeholt mit seinen langen Beinen. Das Tuch war ihr vom Kopfe herabgerutscht, er erwischte und zerrte sie an ihrem dicken Zopfe.

»Ich bin's, Vater, um Gottes willen, laßt mich«, schrie sie auf und wehrte sich, als er an dem Pack, den sie trug, gierig herumtastete.

»Was hast da? hast was g'stohlen?«

»Bekommen hab ich's! mein ist's, mein!«

»Her damit! Ich leid nicht, daß was g'stohlen wird. Ich bin ein ehrlicher Mensch. Her mit dem G'stohlenen!«

Er wollte alles auf einmal nehmen, aber das gelang ihm nicht. Sie kratzte und biß und verteidigte jedes einzelne Stück ihres köstlichen Eigentums mit verzweifeltem Mute. Aus den Händen, aus den Zähnen mußte der Vater es ihr reißen und tat's, und als sie sich an das letzte, das er ihr abrang, das große Tuch, festklammerte und im Kampfe niederfiel, schleifte er sie unbarmherzig hinter sich her, bis ihre Kraft versagte und sie das Tuch fahren ließ. Blutend und zerschlagen richtete sie sich auf die Knie auf, streckte den Hals und schaute. Der Vater stand wieder unter der Laterne vor dem Wirtshause, klopfte an und rief mit dem Selbstbewußtsein eines Kapitalisten: »Heda, Jud, abrechnen! Ich bring was! Ich bezahl!«

Man öffnete, man ließ ihn ein, den Dieb und Räuber! Annerl stürzte ihm nach, sie schrie sich heiser, stieß dem Vater abgelernte Flüche vor, polterte in sinnloser Wut mit ihren kleinen Fäusten an die Tür, bis sie endlich aufging und ein Fußtritt, gut gezielt, einer von der wohlbekannten Art, das Kind zum Schweigen brachte. Aber nicht zum Weichen. Annerl blieb auf der Schwelle sitzen, an der Unglücksstätte, wo ihr höchstes, noch kaum genossenes Gut verschachert wurde. Empörung kochte in ihrem Herzen; ihr verzweiflungsvoller Schmerz schrie zum Himmel aus ihrem leisen Weinen, ihrem unterdrückten Schluchzen und wurde nicht gehört, nicht damals – und nie!

Erinnerungen ohne Zahl brachen über sie herein in dunkel wogenden Fluten. Sie preßte die Hände an ihre Stirn und an ihre Schläfen.

»Du hast's anders gehabt, Herr Jesus, wie gut hast du's gehabt«, sprach sie tief aufseufzend, »und wie hast du mich drum veracht't!«

Er protestierte ziemlich lau: »Was dir einfallt – veracht't ... Warum denn?«

»Frag nicht, was du weißt. Weil du reich warst, und weil ich arm war, darum. Weil du in Stiefeln gegangen bist von klein auf und ich bloßfüßig gelaufen bin. Weil deine Kleider ganz waren und die meinen zerlumpt. Weil du immer satt warst bis daher« – sie legte den Rücken der flachen Hand an den Hals – »und ich immer ausg'hungert … so ausg'hungert – daß ich … Heut noch, wenn ich's denk, schäm ich mich in die Haut hinein …«

Sie lächelte mit zuckenden, schmerzvoll verzogenen Lippen: »Daß ich aufgepaßt hab jeden Nachmittag, ob du herauskommst mit deiner Jausen. Du richtig gekommen, und ich gewartet und gehofft, jetzt und jetzt krieg ich einen Brocken; und du hineingebissen in dein Butterbrot, das dick beschmierte, und g'schmatzt und herumg'schaut, wer dich bewundert, daß du so reich bist und essen kannst, so lang dir's schmeckt. Wenn ich das denk! Ich aber bin g'standen und hab mich nicht g'rührt, bis du g'nug und überg'nug g'habt hast und den lumpigen letzten Bissen übern Zaun hing'worfen hast auf die Straß'n. Der war für mich! über den bin ich herg'fallen wie ein hung'riger Hund … Weißt noch?« fragte sie und maß ihn mit ruhigen Augen, in denen es blinkte, kalt wie Eis und unerbittlich wie Haß. »Ich weiß, und wenn ich mich drauf b'sinn, gibt's auf der weiten Welt unter die vielen schlechten Leut nicht zwei, die mir so völlig z'wider sind wie du und wie ich mir selber.«

Er war ein wenig verlegen geworden und versetzte: »No ja, wir sind halt Kinder g'west. Kinder sind alleweil ungut.«

»Daß ich nicht wüßt. Und du hast zur Ungutheit schon gar keine Ursach g'habt. Aber grad wenn ein'm zu viel Gut's g'schieht, tut man nix Gut's. Deine Eltern waren brav und haben sich geplagt von früh bis abends für dich. Meine Mutter hat sich freilich auch geplagt, aber was hat's g'nutzt. Wenn sie fünfzig Kreuzer verdient hat, hat der Vater sechzig vertrunken …«

Sie hielt inne, sann nach und fuhr dann eifriger und rascher fort: »Wie unsre Eltern sich da angebaut haben an der Straß'n, da war, so heißt's, unser Haus das schönere, und das Feld war dabei, das meiner Mutter g'hört hat – g'hört und nicht g'hört, denn was g'hört einer, die einen Lumpen zum Mann hat? – das Feld, auf das dein Vater immer neidisch war.«

»Neidisch?« rief Georg, »nit im Traum.«

»Warum denn nicht? Er hat's sein dürfen; das Feld is dernach. Du weißt am besten, was 's wert is.«

»Was 's wert is, is wert, und das hat mein Vater dafür 'geben und hat's auszahlt bei Heller und Pfennig.«

»Ich sag's auch nicht anders. Ich sag dein Vater nix Schlecht's nach. Ich hab ihn gern g'habt, er hat mich oft in Schutz g'nommen, wenn du gedroht hast, du wirst mir's schon zeigen, ich soll nur probieren, zu raufen mit einem, der so is wie du, der so eine Kraft hat wie du.«

»Ja, Schläg g'nug hab' ich deinetwegen kriegt.«

»Hast auch allemal mit Steinen nach mir g'worfen.«

»Und du vielleicht nicht nach mir?«

»Schon auch. Aber ich hab g'fehlt, und du hast getroffen. Das war der Unterschied.«

Georg schmunzelte wohlgefällig: »Schon gar damal'n«, sprach er, mit dem Zeigefinger eine Stelle an seiner Stirn bezeichnend, an der die ihre ein Mal trug, rötlich und spitz zulaufend wie ein Flämmchen.

»Grad das hat nix g'macht«, entgegnete sie. »Nur was vorhergegangen is, deine Bosheit, garstiger Bub, der du g'wesen bist. Nix hast mir gegönnt. Die liebe Sonn hättst mir vernängt mit einem Kotzen, wenn du gekonnt hättst. Dein weißes Katzerl, nicht einmal anschau'n hab ich's dür-

235

fen; wie wenn ich ihm was wegschau'n könnt, so hast du's g'trieben.«

Auch diese Erinnerung an seine kindlichen Großtaten ergötzte ihn: »So hab ich's trieben?« fragte er.

»Da hat sie einmal mit einer Nuß g'spielt; das war zum Lachen. Immer drauf mit der Pfoten, und die Nuß weggekugelt, und das Katzerl einen Satz g'macht, ihr nach, und ein G'sicht, wie wenn sich's denken möcht: Was bist denn? bist am End lebendig? bist am End gar eine Maus? – Ich g'lacht, daß ich mich g'wunden hab, und höher hinaufgekraxelt auf unsern Zaun und mich g'streckt, daß ich nur gut seh. – Herr Jesus! da stehst auf einmal du hinter dein'm Zaun und schreist mich ganz pamstig an: ›Was schaust? hast nit zu schau'n! Schau nit!‹ und ich ärger' mich: ›Dummer Bub, jetzt just!‹ und seh doch, daß du den Arm hebst, und dann seh ich nix mehr, fühl nur, daß mir was Warmes über mein G'sicht lauft, und daß ich hinfall wie ein recht Müdes in sein Bett.«

Georg strich sich ein paarmal über den Kopf mit seiner flachen Hand. Er erinnerte sich noch recht gut, wie ihm damals zumute gewesen war nach jenem Steinwurf, als es drüben unheimlich still wurde, und er gerufen und keine Antwort bekommen und nichts andres geglaubt hatte, als daß sie etwas besonders Tückisches gegen ihn aushecke. Er war auf dem Bauche über die Straße gerutscht und hatte durch eines der vielen Löcher im Zaune des Nachbars unten durchgeguckt. Da hatte er die kleine Anna liegen gesehen, regungslos, blutüberströmt, und vor Entsetzen über den Anblick den Kopf verloren und ein Geschrei erhoben, daß die Leute zusammenliefen: »Sie ist tot! Anna is tot, ich hab sie tot g'macht!«

»Das war weiter kein Schrocken«, schloß er, und sie sprach: »Wenn's nur wirklich so g'wesen wär, wenn du mich nur wirklich tot g'macht hättst damal'n, du hättst mir später das viel Ärgere nicht antun können …« Die Stimme wollte ihr versagen; schwer atmend fuhr sie fort: »Wenn *das* meine Mutter g'wußt hätt! … Aber sie hat's nicht g'wußt, ich hab ihr's nicht sagen können, die Scham hat mir's Wort in der Kehl'n zusammeng'würgt … So is 's auf mir sitzen blieben wie ein Mühlstein. Ich hab's g'schleppt durch mein ganzes Leben. Wie mich jemand ein bissel lang ang'schaut hat, is mir's wie Feuer zum Kopf g'stieg'n: Meinst vielleicht *das?* Aufschrei'n hätt ich mö– gen: Menschen, Menschen, glaubt's nix Schlecht's von mir, ich bin nicht schlecht! … Verkriechen hätt ich mich mö– gen, so tief, so weit, daß keine Seel mir hätt nachkommen können … Was hätt ich nicht alles anfangen mögen? O mein Heiland, der du für uns g'litten hast, mir hast nix wegg'litten, mein Teil is ganz übrig blieb'n!«

»Was für ein G'red, dös g'hört si nit, so ein G'red«, er– mahnte Georg, und das Mädchen brach aus: »Dir war's freilich recht, daß ich g'schwiegen hab, und am liebsten wär's dir, ich schweiget noch. Aber nein! Einmal sag ich's, jetzt sag ich's meinem alten, lieben, kleinen Mutterl, weil sich's drüber nicht mehr zu Tod kränken kann und mich doch hört vom Himmel aus, in den's aufg'fahren ist! … Hör mir zu, Mutter, und klag's dem allgerechten Herrgott, bei dem du bist.«

»Gib Ruh mit die alten G'schicht'n!« rief Georg; sie aber legte die Hand auf das Haupt der Toten: »Ihr sind's nicht alt und mir auch nicht. Immer neu, immer brechen die versteckten Wunden auf, und einmal solln's ausbluten!«

Halb flehend, halb befehlend stieß er hervor: »Sei still!«

»Aha, jetzt wird dir bang! – Wär dir damal'n bang wor– den. Aber vor der Sünd fürchtst dich nicht, nur vor der Straf, und das is so gar dumm, denn die Sünd muß nicht sein, aber die Straf muß sein und is! da verlaß dich drauf!«

»Gib Ruh!« wiederholte er. Seine Augen, die bisher die Tote scheu gemieden hatten, richteten sich flüchtig auf sie; ihm war, als runzle sie die Brauen –. »Was ich g'fehlt hab, mach ich wieder gut«, murmelte er.

»Meinst denn, das geht? 's geht nicht! B'sinn dich und dann sag, ob so was zum Gutmachen is. B'sinn dich, wie du mir in den Weg getreten bist droben im Wald auf dem einsamen Fußsteig …« Sie beugte sich, sie suchte seinen Blick, der dem ihren auswich, festzuhalten. – »Abend is g'wesen und doch noch schwül zum Ersticken, und ich bin aus der Arbeit gegangen und war müd. Auf einmal stehst du da. Hast mir g'wiß aufgepaßt.«

»Nein!« unterbrach er sie, »das is mir bei Gott nit ein-g'fallen.«

»Du bist von einer Hochzeit gekommen und warst lustig und aufg'legt zu jeder Nixnutzigkeit und hast mich so freundlich ang'schaut und ang'redt wie dein Lebtag nicht.«

»Wirst mir das auch noch vorwerfen? Ich hab dich ang'schaut, weil ich mir denkt hab: So arm ang'legt, wie's is, is schöner als andre im größten Putz.«

Sie schüttelte den Kopf: »Angetrunken wärst g'wesen, wenn du so was g'funden hättst. Du warst aber nicht angetrunken, und auch ich hab meine fünf Sinne beieinander g'habt und weiß heut noch jeden Gedanken, der mir da-mal'n durch den Kopf gegangen is. Daß d' ja im Grund kein übler Bursch bist, daß ich dich nur noch nie drauf ang'schaut hab und daß d' auch nicht bös bist gegen wen andern, außer gegen mich. Allerhand, was ich dir angetan hab, hat mich g'reut. Sogar leid hast mir getan, weil ich schon als Kind g'lernt hab: Eher geht ein Kamel durch ein Nadelohr, als ein Reicher durchs Himmelstor. Und wie du

238

so gut und herzlich mit mir g'sprochen hast, ist mir ganz merkwürdig worden – völlig mit dir ausg'söhnt. Was liegt dran, wenn man als Kind noch so viel miteinander g'rauft hat, hab ich mich g'fragt. Später kann man doch gut werden. Wer weiß, vielleicht erst recht. So bin ich halt stehn blieben und hab dir zug'hört und mir erzählen lassen von der Hochzeit. Ein Reicher hat eine Arme g'heirat, sie haben einander gern gehabt und waren glücklich und froh. Und haben's nicht erwarten können, daß die Gäste fortgehn, damit sie allein bleiben und sich in die Arm fallen und küssen können nach Herzenslust, und hast mir zeigen wollen, wie? Im Spaß nur hast mir's zeigen wollen … O Herr Jesus, das war ein Spaß! … Was du wirklich im Sinn g'habt hast, bei Gott und der allerheiligsten Jungfrau Maria, is mir nicht eing'fallen. Wie hätt ich mir vorstellen sollen, daß du willst, was sich nur einer verlangt, der eine gern hat?«

»Ich hab dich auch gern g'habt, schon lang, schon immer, ich hab dir's nur nicht zeigen wollen, daß du dir nix einbild'st«, erwiderte er. »Du warst mir lieber, wenn du noch so fuchtig g'wesen bist, als die andern, wenn's mir schön g'tan haben.«

»Geh! Geh!« rief sie aus und ballte die Faust gegen ihn. »Damal'n hast dich an mir versündigt, schrecklich, fürchterlich … nicht zum Sagen! Just wie ich Vertrauen g'faßt hab, just wie ich g'meint hab: so arg bös is er doch nicht, bist über mich herg'fallen wie ein wildes Tier, daß ich mir nicht hab helfen können, mich nicht hab retten können vor dir und deiner Kraft, deiner verfluchten Kraft, Verfluchter!«

»Hör auf, hör auf!« murmelte er, sie ließ sich aber nicht unterbrechen: »Schandbub du, mit deiner Kraft! O Jesus! daß eins sich wehren kann, wie ich mich g'wehrt hab, und

239

doch … Is das eine Gerechtigkeit? – Herr, mein Gott, für welche Sünd hast mich so g'straft? Warum hast du das zug'lassen?«

Georg wetzte auf seinem Platze hin und her, machte einen immer runderen Rücken und blickte zur Seite, indes sie fortfuhr: »Weißt noch, wie du mir am nächsten Tag wieder nachg'stiegen bist und auch später die ganze Zeit, und wie ich mich hab einsperren müssen vor dir, wenn ich allein war im Haus? Und wie ich mein Unglück erkannt hab, weißt noch, wie ich da gekommen bin und dir's g'sagt hab und wie du mich ausg'lacht hast und mir ausg'wichen bist von dem Tag? Und wie ich mir am End keinen Rat mehr g'wußt und deinen Vater um Hilf ang'rufen hab, da hat er gleich ungläubig g'schmunzelt, und du hast alles g'leugnet mir ins G'sicht!«

Er griff sich an den Kopf: »Ich hab halt so viel Angst g'habt vor mein' Vatern, er war gar streng.«

»Angst? Das gibt's, daß einer so eine Kraft hat und doch Angst? Aus Angst hat der Schandbub g'sagt: Ich weiß nix von ihr! …«

Sie preßte die Wange auf die Brust der Mutter: »Hörst du mich, ich schwör dir's, meine Hand liegt auf dein'm Kopf, mein G'sicht liegt auf dein'm Herzen. Ich bin ganz unschuldig g'wesen; du kannst auf mich herabschau'n vom Himmel und brauchst dich nicht kränken. Tu's nur, schau auf mich herab. Jetzt kann ich zu dir sprechen und werd nicht einmal mehr rot. Wie du g'lebt hast, konnt ich nur sagen: 's is g'schehn, und der Georg hat's getan. – Mehr konnt ich nicht sagen, und du hast g'sehn, wie ich mich herunterkränk, und warst voll Angst, daß ich mir was antu, wenn d' viel fragst … Und der Vater, der …« Sie hob den Kopf, verbiß ein Schimpfwort und sprach mit bitterem Hohne: »Dem war's eher recht, er hat einmal einen or-

240

dentlichen Grund g'habt, mich durchzupeitschen, und is dann gar nimmer aus'm Wirtshaus gekommen, wo *er* sich Trost g'holt hat für *mein* Unglück … Mein Unglück, das der da verschuldet hat … O Mutter!« brach sie leidenschaftlich aus: »einmal, ein einzig's Mal noch mach deine Augen auf und schau den an. Sieht er nicht aus wie's böse G'wissen? Nimm deine Verzeihung z'ruck und fluch ihm. wie er's verdient!«

Er bückte sich unwillkürlich unter der Verdammung, die sie auf ihn niederrief.

»Schweig einmal«, sprach er. »Warum mußt mich so niederdonnern? Ich will alles gut machen, wie g'sagt. Ich nehm dich. Ich hätt dich schon lang g'nommen, aber hatt's denn sein können? Ich hab warten müssen, bis dein Vater nimmer is. Wie der war, hätt er uns an den Bettelstab 'bracht. Dein Vater hat halt zu lang g'lebt.«

Ganz versunken in ihre Gedanken, hatte sie ihn reden lassen, ohne hinzuhören. Bei den letzten Worten wurde sie aufmerksam und nickte zustimmend: »Zu lang g'lebt, wie alle bösen Leut. Dein Vater, der hat's g'schwinder g'macht, der hat sich ganz stat wegg'stohlen, wie du das Alter g'habt hast, Herr zu sein im Haus. O!« begann sie nach kurzem Schweigen wieder, »nur ein paar Jahre früher, wenn der meine g'storben wär, wir hätten uns hinaufgebracht, meine Mutter und ich. Wir waren fleißige Arbeiterinnen, um uns is immer ein G'riß g'wesen. Aber Elend und Not und die letzte schwere Pfleg! An der is die Mutter zu Grund gangen. Den ganzen Tag schaffen, die ganze Nacht wachen, das hat sie nicht ausg'halten.«

Georg räusperte sich so gewiß ablehnend und überlegen: »No ja, freili. Jetztunter aber sein's beide tot, und ich nehm dich also. Der Herr Pfarrer verkündigt uns am nächsten Sonntag zum ersten Mal, und in drei Wochen hol ich dich zur Trauung. 's is höchste Zeit, daß d' fortkommst. Der Gersthofer, der den Krempel« – er sah sich geringschätzig um – »gekauft hat, kann's eh nit erwarten, daß er leer wird, und daß er ihn niederreißen kann.«

»Ich weiß ohnehin«, erwiderte sie. »Ich werd ihm auch nit lang zur Last fallen. Meinem Mutterl geb ich noch's G'leit, wenn sie's hinaustragen – dann geh ich; gleich vom Friedhof weg.«

Ein Geflunker und eine Drohung erschienen ihm diese Worte, und er brummte verdrießlich: »Such dir einen andern, den d' zum Narren halten kannst. Gehn wirst? Wohin denn? Hast keine Seel auf der Welt, hast nix und niemanden.«

»Da irrst. Zwei gute Freund hab ich – die da!« Stolz und selbstbewußt streckte sie ihre kräftigen Arme aus. »So lang mich die nicht verlassen, bin ich nicht verlassen. Bei uns kommt, Gott sei Dank, noch jeder durch, der nix will und verlangt als Arbeit.«

Er zuckte die Achseln: »Was wirst anfangen? In Taglohn gehn? Oder suchst dir 'en Dienst?«

»Hab schon einen. Heut Nacht schlaf ich schon drüben in St. Egyden. Die Weberbäuerin, bei der ich im Sommer im Schnitt g'wesen bin, hat erst gestern wieder um mich g'schickt.«

»Und bei der stehst ein?«

»Bei der steh ich ein.«

»Ich gratulier!« rief Georg, »bei der wirst's gut haben.«

»Wie ich's schon einmal g'habt hab. Streng is sie, das is wahr: was liegt mir d'ran? Ich bin selber streng, und grad deswegen haben wir uns so gut vertragen miteinander. Die Weberbäuerin ist nur verschrie'n, wie heutzutag jedes, das verlangt, daß seine Dienstleut ihre Schuldigkeit tun.«

Georg hörte ihr aufmerksam zu. Was sie da sagte, gefiel

ihm über die Maßen; er ging ja seit einiger Zeit ganz im stillen mit dem Gedanken um, einen Knecht aufzunehmen. Aber nicht nur, was sie sagte, sie selbst, das schöne, tüchtige, kreuzbrave Weib gefiel ihm, hatte ihm von jeher gefallen. Er hatte sie einmal gern, lieber als alle andern zusammen, die sich um seine Gunst bemühten; er war sich's nie so deutlich bewußt gewesen wie in diesem Augenblick, nie auch hatte ihre verächtlich herbe Art ihn so bitter beleidigt und gereizt. Aus diesem Aneinanderprallen widerstreitender Empfindungen entwickelte sich in ihm ein heißes, heftiges Verlangen nach dem Besitze der – doch wohl nur zum Schein – seiner Bewerbung Widerstrebenden.

»Mach ein End!« herrschte er sie an. »Dich zu bedanken hast, nix andres. Ich nehm dich, wie d' bist, Schulden wirst ja keine haben«, fügte er vorsichtshalber bei, beruhigte sich aber selbst: »Und wenn auch, viel wird's nit austrag'n. Was kriegt denn ein Arm's z'leihn?«

»Hast recht«, sprach sie. »Ob's aber jetzt ein Guldenzettel is oder ein Kreuzer, *dich* trifft's nicht; ich nehm *dich* nicht und nehm dein Geld nicht.«

»Du nimmst mich nicht? Für so dumm wirst mich doch nicht halten, daß ich dir das glaub!«

»Ich seh schon, du hast nit g'nug an mein'm einfachen Nein«, erwiderte sie, wurde leichenblaß, und ihre Augen funkelten. Sie brachte die Worte anfangs entsetzlich mühsam hervor, dann sprach sie rasch und leise, mit gewaltig niedergehaltenem und dennoch aufloderndem Zorn, und warf dabei einen ehrfurchtsvollen, um Verzeihung bittenden Blick auf die Tote.

»Weißt was? Wie das Kind gekommen is, das arme, unglückselige, hab ich, trotz Schand und allen, eine Freud an ihm gehabt. Ich hab nix, hab ich mir gedacht, aber dich hab ich, und dir zu Lieb will ich leben und mich plagen, und meine Plag soll von jetzt an meine Freud sein. Und mit jedem Tag is meine Lieb zu dem armen Wurm g'wachsen und g'stiegen. Aber es hat schon zu viel g'litten g'habt, bevor's noch g'wußt hat, was leiden heißt. Eh's Jahr um war, is 's g'storben ... Da liegt mein Mutterl auf dem Schragen, mein altes, liebes Mutterl, mein ganzes Inwendige is nur eine Wunden, und doch sag ich – wie mein Kind g'storben is, war mir ärger, und ich hab Gott verklagt: Hast mir's gegeben gegen meinen Willen in Not und Verzweiflung, und jetzt, nachdem's mein einzig's Glück worden is, reißt mir's weg! Unbarmherzig hab ich ihn g'scholten, den Höchsten, vor dem ich heut auf die Knie fall und zu dem ich ruf: Barmherziger! Allgütiger, du weißt, was du tust! Sei gelobt und gepriesen! ... Du hast mein Kind zu dir g'nommen, es ist ein Engel im Himmel, und ich darf – Gott sei Lob und Dank! – ich darf zu dem Menschen dort sagen: Ich nehm dich nicht; lieber in die Höll als in dein schönes Haus!«

Georg starrte zu ihr hinüber, es lief ihm kalt über den Rücken. Sie saß vor ihm so ruhig wie aus Stein, und doch lebte alles an ihr. Ihre Brust hob und senkte sich, ihre Lippen glühten, es ging eine Macht von ihr aus, die ihn, den sie verwarf, unwiderstehlich anzog, ihn, den Starken, beugte, seinen Willen brach und seinen Hochmut überwand.

»Verschwör's nit!« rief er. »Schau, Annerl, grad deswegen, weil ich immer g'meint hab, heiraten wer'n wir doch einmal, hab ich g'meint, ich muß dir beizeiten den Herrn zeigen. Verzeih mir's, Annerl, und gib mir ein gutes Wort und sei wieder gut.«

»So? – So?« Sie riß die Augen auf und betrachtete ihn mit einem Staunen, wie wenn er das größte Wunder wäre.

»Wieder gut?« sprach sie kaum hörbar: »Nach all'm, was ich ihm g'sagt hab, sagt der Mensch: Sei wieder gut! Merkst denn nicht, daß ich nicht könnt, auch wenn ich wollt? ... Verzeihn tu ich dir – in Gottesnamen. Ich bin ja fertig mit'm Leben hier daheim; was vorbei is, is vorbei. Wie wenn eins die Tür von sein'm Haus absperrt, eh's in die Fremd geht, so mach ich's. Abg'sperrt! Aus is mit jeder Lieb und Freundschaft, und mit unsrer Feindschaft auch. Du hast's g'hört, jetzt steh auf und geh.«

Georg stieß einen wilden Schrei aus. »Fangst schon wieder an mit dein'm ›Geh‹! ... Sei g'scheit, ich rat dir's, sonst gibt's ein Unglück!«

»Droh du nur!« Sie zuckte verächtlich die Achseln. »Tot g'macht werden bei der Leich meiner Mutter, das wär mir grad recht.«

Er griff sich in die Haare, stöhnte und schnaubte: »Ich hab dich aber lieb über alles! Ich wär glücklich, wenn ich dich hätt. Ich bitt dich, kniefällig bitt ich dich; werd wieder gut und werd mein Weib!«

»Ich kann nicht«, sprach sie. »Jeder Bissen, den ich aus einer Schüssel mit dir essen müßt, schwellet' mir im Mund; ich könnt nicht schnaufen neben dir, und viel tausendmal lieber sterben tät ich, als dulden, daß d' mir in die Näh kommst.«

»Wird sich schon geben, da is mir nit bang«, erwiderte der Mann, und ein häßliches Lächeln bog seine Lippen.

Anna warf ihm einen Blick voll Verachtung und kühner Herausforderung zu: »Sie haben Ohren und hören nicht, hat der Herr Pfarrer neulich gepredigt. So einer bist du. Geh! wie oft soll ich's noch sagen! Geh!«

Georg sprang auf. Lichterloh flammte Wut ihm aus den Augen. Mit hoch erhobenen Fäusten stürzte er auf die Närrin zu, die es wagte, ihn so zu reizen, und die jetzt, ohne ein Zucken, ohne einen Laut, seine drohende Gebärde mit einer kalt abwehrenden beantwortete.

Er ließ die Arme sinken. In ihm war ein schwerer Kampf, ein Auf- und Abwogen der widersprechendsten Gefühle. Plötzlich stürmten sie über ihn herein und ergriffen ihn alle mit der gleichen Kraft. Dicht neben dem Sarge war er stehen geblieben, sein Blick glitt unwillkürlich über die Tote. Ein Schauer durchrieselte ihn, aber er wandte die Augen nicht ab. Es war kein Bild des Schreckens, zu dem er niedersah, es war ein verklärtes Bild der Duldung und Versöhnung. Ein tiefes Rühren erwachte in ihm.

»Mutter Theres'!« schrie er auf.

Alle seine Härte war verschwunden, zerschmolzen, sein ganzes starres Wesen in Fluß geraten. Wie niedergeworfen stürzte er auf seine Knie und rief die Tote an.

»Mutter Theres, bitt's für mich! Ihr seid's so gut g'wesen und habt's mir, was Ihr g'wußt habt, verziehn. Verzeiht's mir auch das andre. Ihr wißt's jetzt alles, Ihr wißt's auch, wie gern ich die Anna hab. Bitt's für mich, daß sie mich nimmt. Ein Totes kann sich melden, meld't Euch, Mutter Theres, gebt's ein Zeichen von Euch, daß sie weiß, 's is Euch recht, wenn sie mich nimmt.«

Er beugte sich über die Leiche, er horchte, er blickte mit unaussprechlicher Spannung in ihr stilles Angesicht. Aber das Zeichen, das er erflehte, blieb aus.

»Sie antwortet dir nicht«, sprach Anna mit ernstem Triumphe. »Sie rührt sich nicht. Schau, wie sich's nicht rührt, mein armes Mutterl, horch zu, wie's still is, es weiß schon, was gut is für mich. – Und jetzt – « Sie hielt einen Augenblick inne, dann setzte sie gelassen hinzu: »Jetzt zwing mich nicht, daß ich noch einmal sagen muß, was du nicht hören willst. Ich möcht die letzten Stunden allein bleib'n mit meinem Mutterl.«

246

Georg erhob sich langsam; er begriff endlich, daß alles aus und vorbei war.

Ein rasendes Schluchzen brach aus seiner Brust. Unsicher und fragend streckte er dem Weibe seine Rechte entgegen. Mit abgewandtem Gesichte legte sie die ihre hinein.

»B'hüt dich Gott«, sagte er, und sie antwortete: »B'hüt dich Gott!« so unwiderruflich abschließend, mit einem solchen Ausdruck seliger Erlösung, daß dem hartnäckigen Werber der letzte Hoffnungsschimmer erlosch.

Er entschloß sich denn, er ging; sie hörte ihn über die Straße schreiten, die Tür des Gartengitters öffnen und ins Schloß werfen. Da atmete sie auf und stieß ein freudiges »So!« aus befreiter Brust hervor.

Der Nachtwächter war schlafen gegangen und hatte den Hunden die weitere Sorge für die Sicherheit des Dorfes überlassen. Fahl und kalt drang die Morgendämmerung durch die Fensterluke, die Kerze erlosch und mit ihr der rötliche Schimmer und der letzte Schein von Leben auf dem Gesichte der Entschlafenen. Anna blickte lange in die teueren Züge. Unauslöschlich sollte die Erinnerung an sie sich ihr einprägen.

»So, mein Mutterl, so, jetzt haben wir beide Frieden«, flüsterte sie und küßte die Stirn der erlösten Dulderin und küßte die heiligen Hände, die nur geruht hatten, um sich zum Gebet zu falten oder um sich zum Segen auf das Haupt der Tochter zu legen.

Er laßt die Hand küssen

»So reden Sie denn in Gottes Namen«, sprach die Gräfin, »ich werde Ihnen zuhören; glaube aber nicht ein Wort.«

Der Graf lehnte sich behaglich zurück in seinen großen Lehnsessel: »Und warum nicht?« fragte er.

Sie zuckte leise mit den Achseln: »Vermutlich erfinden Sie nicht überzeugend genug.«

»Ich erfinde gar nicht, ich erinnere mich. Das Gedächtnis ist meine Muse.«

»Eine einseitige, wohldienerische Muse! Sie erinnert sich nur der Dinge, die Ihnen in den Kram passen. Und doch gibt es auf Erden noch manches Interessante und Schöne außer dem – Nihilismus.« Sie hatte ihre Häkelnadel erhoben und das letzte Wort wie einen Schuß gegen ihren alten Verehrer abgefeuert.

Er vernahm es ohne Zucken, strich behaglich seinen weißen Bart und sah die Gräfin beinahe dankbar aus seinen klugen Augen an. »Ich wollte Ihnen etwas von meiner Großmutter erzählen«, sprach er. »Auf dem Wege hierher, mitten im Walde ist es mir eingefallen.«

Die Gräfin beugte den Kopf über ihre Arbeit und murmelte: »Wird eine Räubergeschichte sein.«

»O nichts weniger! So friedlich wie das Wesen, durch dessen Anblick jene Erinnerung in mir wachgerufen wurde, Mischka IV. nämlich, ein Urenkel des ersten Mischka, der meiner Großmutter Anlaß zu einer kleinen Übereilung gab, die ihr später leid getan haben soll«, sagte der Graf mit etwas affektierter Nachlässigkeit, und fuhr dann wieder eifrig fort: »Ein sauberer Heger, mein Mischka, das muß man ihm lassen! er kriegte aber auch keinen geringen Schrecken, als ich ihm unvermutet in den Weg trat – hatte ihn vorher schon eine Weile beobachtet … Wie ein Käfersammler schlich er umher, die Augen auf den Boden geheftet, und was hatte er im Laufe seines Gewehres stecken? Denken Sie: – ein Büschel Erdbeeren!«

»Sehr hübsch!« versetzte die Gräfin. »Machen Sie sich darauf gefaßt – in Bälde wandern Sie zu mir herüber durch die Steppe, weil man Ihnen den Wald fortgetragen haben wird.«

»Der Mischka wenigstens verhindert's nicht.«

»Und Sie sehen zu?«

»Und ich sehe zu. Ja, ja, es ist schrecklich. Die Schwäche liegt mir im Blut – von meinen Vorfahren her.« Er seufzte ironisch und sah die Gräfin mit einer gewissen Tücke von der Seite an.

Sie verschluckte ihre Ungeduld, zwang sich, zu lächeln und suchte ihrer Stimme einen möglichst gleichgültigen Ton zu geben, indem sie sprach: »Wie wär's, wenn Sie noch eine Tasse Tee trinken und die Schatten Ihrer Ahnen heute einmal unbeschworen lassen würden? Ich hätte mit Ihnen vor meiner Abreise noch etwas zu besprechen.«

»Ihren Prozeß mit der Gemeinde? – Sie werden ihn gewinnen.«

»Weil ich recht habe.«

»Weil Sie vollkommen recht haben.«

»Machen Sie das den Bauern begreiflich. Raten Sie ihnen, die Klage zurückzuziehen.«

»Das tun sie nicht.«

»Verbluten sich lieber, tragen lieber den letzten Gulden zum Advokaten. Und zu welchem Advokaten, guter Gott! … ein ruchloser Rabulist. Dem glauben sie, mir nicht. und wie mir scheint, Ihnen auch nicht, trotz all Ihrer Popularitätshascherei!«

Die Gräfin richtete die hohe Gestalt empor und holte tief Atem. »Gestehen Sie, daß es für diese Leute, die so töricht vertrauen und mißtrauen, besser wäre, wenn ihnen die Wahl ihrer Ratgeber nicht frei stände.«

»Besser wär's natürlich! Ein bestellter Ratgeber, und – auch bestellt – der Glaube an ihn.«

»Torheit!« zürnte die Gräfin.

»Wie so? Sie meinen vielleicht, der Glaube lasse sich nicht bestellen? ... Ich sage Ihnen, wenn ich vor vierzig Jahren meinem Diener eine Anweisung auf ein Dutzend Stockprügel gab und dann den Rat, aufs Amt zu gehen, um sie einzukassieren, nicht einmal im Rausch wäre es ihm eingefallen, daß er etwas Besseres tun könnte, als diesen meinen Rat befolgen.«

»Ach, Ihre alten Schnurren! – Und ich, die gehofft hatte, Sie heute ausnahmsweise zu einem vernünftigen Gespräch zu bringen!«

Der alte Herr ergötzte sich eine Weile an ihrem Ärger und sprach dann: »Verzeihen Sie, liebe Freundin. Ich bekenne Unsinn geschwatzt zu haben. Nein, der Glaube läßt sich nicht bestellen, aber leider der Gehorsam ohne Glauben. Das eben war das Unglück des armen Mischka und so mancher anderer, und deshalb bestehen heutzutage die Leute darauf, wenigstens auf ihre eigene Fasson ins Elend zu kommen.«

Die Gräfin erhob ihre nachtschwarzen, noch immer schönen Augen gegen den Himmel, bevor sie dieselben wieder auf ihre Arbeit senkte und mit einem Seufzer der Resignation sagte: »Die Geschichte Mischkas also!«

»Ich will sie so kurz machen als möglich«, versetzte der Graf, »und mit dem Augenblick beginnen, in dem meine Großmutter zum ersten Mal auf ihn aufmerksam wurde. Ein hübscher Bursche muß er gewesen sein; ich besinne mich eines Bildes von ihm, das ein Künstler, der sich einst im Schlosse aufhielt, gezeichnet hatte. Zu meinem Bedauern fand ich es nicht im Nachlaß meines Vaters und weiß doch, daß er es lange aufbewahrt hat, zum Andenken an die Zeiten, in denen wir noch das jus gladii ausübten.«

»O Gott!« unterbrach ihn die Gräfin, »spielt das jus gladii eine Rolle in Ihrer Geschichte?«

Der Erzähler machte eine Bewegung der höflichen Abwehr und fuhr fort: »Es war bei einem Erntefest und Mischka einer der Kranzträger, und er überreichte den seinen schweigend, aber nicht mit gesenkten Augen, sah vielmehr die hohe Gebieterin ernsthaft und unbefangen an, während ein Aufseher im Namen der Feldarbeiter die übliche Ansprache herunterleierte.

Meine Großmutter erkundigte sich nach dem Jungen und hörte, er sei ein Häuslerlohn, zwanzig Jahre alt, ziemlich brav, ziemlich fleißig und so still, daß er als Kind für stumm gegolten hatte, für dummlich galt er noch jetzt. – Warum? wollte die Herrin wissen; warum galt er für dummlich? … Die befragten Dorfweisen senkten die Köpfe, blinzelten einander verstohlen zu und mehr als: ›So – ja eben so‹ und – ›je nun, wie's schon ist‹, war aus ihnen nicht herauszubringen.

Nun hatte meine Großmutter einen Kammerdiener, eine wahre Perle von einem Menschen. Wenn er mit einem Vornehmen sprach, verklärte sich sein Gesicht dergestalt vor Freude, daß er beinahe leuchtete. Den schickte meine Großmutter anderen Tages zu den Eltern Mischkas mit der Botschaft, ihr Sohn sei vom Feldarbeiter zum Gartenarbeiter avanciert und habe morgen den neuen Dienst anzutreten.

Der eifrigste von allen Dienern flog hin und her und stand bald wieder vor seiner Gebieterin. ›Nun‹, fragte diese

– ›was sagen die Alten?‹ Der Kammerdiener schob das rechte, auswärts gedrehte Bein weit vor …«

»Waren Sie dabei?« fiel die Gräfin ihrem Gaste ins Wort.

»Bei dieser Referenz gerade nicht, aber bei späteren des edlen Fritz«, erwiderte der Graf, ohne sich irre machen zu lassen. »Er schob das Bein vor, sank aus Ehrfurcht völlig in sich zusammen und meldete, die Alten schwämmen in Tränen der Dankbarkeit.

›Und der Mischka?‹

›O, der‹ – lautete die devote Antwort, und nun rutschte das linke Bein mit anmutigem Schwunge vor – ›o, der – der laßt die Hand küssen.‹

Daß es einer Tracht väterlicher Prügel bedurft hatte, um den Burschen zu diesem Handkuß im Gedanken zu bewegen, verschwieg Fritz. Die Darlegung der Gründe, die Mischka hatte, die Arbeit im freien Felde der im Garten vorzuziehen, würde sich für Damenohren nicht geschickt haben. – Genug, Mischka trat die neue Beschäftigung an und versah sie schlecht und recht. ›Wenn er fleißiger wäre, könnt’s nicht schaden‹, sagte der Gärtner. Dieselbe Bemerkung machte meine Großmutter, als sie einmal vom Balkon aus zusah, wie die Wiese vor dem Schlosse gemäht wurde. Was ihr noch auffiel, war, daß alle anderen Mäher von Zeit zu Zeit einen Schluck aus einem Fläschchen taten, das sie unter einem Haufen abgelegter Kleider hervorzogen und wieder darin verbargen. Mischka war der einzige, der diesen Quell der Labung verschmähend sich aus einem irdenen, im Schatten des Gebüsches aufgestellten Krüglein erquickte. Meine Großmutter rief den Kammerdiener. ›Was haben die Mäher in der Flasche?‹ fragte sie. – ›Branntwein, hochgräfliche Gnaden.‹ – ›Und was hat Mischka in dem Krug?‹

Fritz verdrehte die runden Augen, neigte den Kopf auf

die Seite, ganz wie unser alter Papagei, dem er ähnlich sah wie ein Bruder dem anderen, und antwortete schmelzenden Tones: ›Mein Gott, hochgräfliche Gnaden – Wasser!‹

Meine Großmutter wurde sogleich von einer mitleidigen Regung ergriffen und befahl, allen Gartenarbeitern nach vollbrachtem Tagewerk Branntwein zu reichen. ›Dem Mischka auch‹, setzte sie noch eigens hinzu.

Diese Anordnung erregte Jubel. Daß Mischka keinen Branntwein trinken wollte, war einer der Gründe, warum man ihn für dummlich hielt. Jetzt freilich, nachdem die Einladung der Frau Gräfin an ihn ergangen, war's aus mit Wollen und Nichtwollen. Als er in seiner Einfalt sich zu wehren versuchte, ward er mores gelehrt, zur höchsten Belustigung der Alten und der Jungen. Einige rissen ihn auf den Boden nieder, ein handfester Bursche schob ihm einen Keil zwischen die vor Grimm zusammengebissenen Zähne, ein zweiter setzte ihm das Knie auf die Brust und goß ihm so lange Branntwein ein, bis sein Gesicht so rot und der Ausdruck desselben so furchtbar wurde, daß die übermütigen Quäler sich selbst davor entsetzten. Sie gaben ihm etwas Luft, und gleich hatte er sie mit einer wütenden Anstrengung abgeschüttelt, sprang auf und ballte die Fäuste … aber plötzlich sanken seine Arme, er taumelte und fiel zu Boden. Da fluchte, stöhnte er, suchte mehrmals vergeblich sich aufzuraffen und schlief endlich auf dem Fleck ein, auf den er hingestürzt war, im Hofe, vor der Scheune, schlief bis zum nächsten Morgen, und als er erwachte, weil ihm die aufgehende Sonne auf die Nase schien, kam just der Knecht vorbei, welcher ihm gestern den Branntwein eingeschüttet hatte. Der wollte schon die Flucht ergreifen, nichts anderes erwartend, als daß Mischka für die gestrige Mißhandlung Rache üben werde. Statt dessen reckt sich der Bursche, sieht den andern traumselig an und lallt: ›Noch einen Schluck!‹

Sein Abscheu vor dem Branntwein war überwunden.

Bald darauf, an einem Sonntag Nachmittag, begab es sich, daß meine Großmutter auf ihrer Spazierfahrt von einem hübschen Feldweg gelockt, ausstieg und bei Gelegenheit dieser Wanderung eine idyllische Szene belauschte. Sie sah Mischka unter einem Apfelbaum am Feldrain sitzen, ein Kindlein in seinen Armen. Wie er selbst, hatte auch das Kind den Kopf voll dunkelbrauner Löckchen, der wohlgebildete kleine Körper hingegen war von lichtbrauner Farbe und das armselige Hemdchen, das denselben notdürftig bedeckte, hielt die Mitte zwischen den beiden Schattierungen. Der kleine Balg krähte förmlich vor Vergnügen, so oft ihn Mischka in die Höhe schnellte, stieß mit den Füßchen gegen dessen Brust, und suchte ihm mit dem ausgestreckten Zeigefinger in die Augen zu fahren. Und Mischka lachte und schien sich mindestens ebensogut zu unterhalten wie das Bübchen.

Dem Treiben der Beiden sah ein junges Mädchen zu, auch ein braunes Ding und so zart und zierlich, als ob ihre Wiege am Ganges gestanden hätte. Sie trug über dem geflickten kurzen Rocke eine ebenfalls geflickte Schürze und darin einen kleinen Vorrat aufgelesener Ähren. Nun brach sie eine derselben vom Stiele, schlich sich an Mischka heran und ließ ihm die Ähre zwischen der Haut und dem Hemd ins Genick gleiten. Er schüttelte sich, setzte das Kind auf den Boden und sprang dem Mädchen nach, das leicht und hurtig und ordentlich wie im Tanze vor ihm floh; einmal pfeilgerade, dann wieder einen Garbenschober umkreisend, voll Ängstlichkeit und dabei doch neckend und immer höchst anmutig. Allerdings ist bei unseren Landleuten eine gewisse angeborene Grazie nichts Seltenes, aber diese beiden jungen Geschöpfe gewährten in ihrer harmlosen Lustigkeit ein so angenehmes Schauspiel, daß meine

Großmutter es mit wahrem Wohlgefallen genoß. Einen anderen Eindruck brachte hingegen ihr Erscheinen auf Mischka und das Mädchen hervor. Wie versteinert standen beide beim Anblick der Gutsherrin. Er, zuerst gefaßt, neigte sich beinahe bis zur Erde, sie ließ die Schürze samt den Ähren sinken und verbarg das Gesicht in den Händen.

Beim Souper, an welchem, wie an jeder Mahlzeit, der Hofstaat, bestehend aus einigen armen Verwandten und aus den Spitzen der gräflichen Behörden, teilnahm, sagte meine Großmutter zum Herrn Direktor, der neben ihr saß: ›Die Schwester des Mischka, des neuen Gartenarbeiters, scheint mir ein nettes, flinkes Mädchen zu sein, und ich wünsche, es möge für die Kleine ein Posten ausgemittelt werden, an dem sie sich etwas verdienen kann.‹ Der Direktor erwiderte: ›Zu Befehl, hochgräfliche Gnaden, sogleich … obwohl der Mischka meines Wissens eine Schwester eigentlich gar nicht hat.‹

›Ihres Wissens‹, versetzte meine Großmutter, ›das ist auch etwas, Ihr Wissen! … Eine Schwester hat Mischka und ein Brüderchen. Ich habe heute alle drei auf dem Felde gesehen.‹

›Hm, hm‹, lautete die ehrerbietige Entgegnung, und der Direktor hielt die Serviette vor den Mund, um den Ton seiner Stimme zu dämpfen, ›es wird wohl – ich bitte um Verzeihung des obszönen Ausdrucks, die Geliebte Mischkas und, mit Respekt zu sagen, ihr Kind gewesen sein.‹«

Der unwilligen Zuhörerin dieser Erzählung wurde es immer schwerer, an sich zu halten, und sie rief nun: »Sie behaupten, daß Sie nicht dabei waren, als diese denkwürdigen Reden gewechselt wurden! Woher wissen Sie denn nicht nur über jedes Wort, sondern auch über jede Miene und Gebärde zu berichten?«

»Ich habe die meisten der Beteiligten gekannt, und weiß – ein bißchen Maler, ein bißchen Dichter, wie ich, nun einmal bin – weiß aufs Haar genau, wie sie sich in einer bestimmten Lage benommen und ausgedrückt haben müssen. Glauben Sie Ihrem treuen Berichterstatter, daß meine Großmutter nach der Mitteilung, welche der Direktor ihr gemacht, eine Wallung des Zornes und der Menschenverachtung hatte. Wie gut und fürsorglich für ihre Untertanen sie war, darüber können Sie nach dem bißchen Gehörten nicht im Zweifel sein. Im Punkte der Moral jedoch verstand sie nur äußerste Strenge, gegen sich selbst nicht minder als gegen andere. Sie hatte oft erfahren, daß sie bei Männern und Frauen der Sittenverderbnis nicht zu steuern vermöge, der Sittenverderbnis bei halbreifen Geschöpfen jedoch, der mußte ein Zügel angelegt werden können. – Meine Großmutter schickte ihren Kammerdiener wieder zu den Eltern Mischkas. Mit der Liebschaft des Burschen habe es aus zu sein. Das sei eine Schande für so einen Buben, ließ sie sagen, ein solcher Bub habe an andere Dinge zu denken.

Der Mischka, der zu Hause war, als die Botschaft kam, schämte sich in seine Haut hinein …«

»Es ist doch stark, daß Sie jetzt gar in der Haut Mischkas stecken wollen!« fuhr die Gräfin höhnisch auf.

»Bis über die Ohren!« entgegnete der Graf, »bis über die Ohren steck' ich darin! Ich fühle, als wäre ich es selbst, die Bestürzung und Beschämung, die ihn ergriff. Ich sehe ihn, wie er sich windet in Angst und Verlegenheit, einen scheuen Blick auf Vater und Mutter wirft, die auch nicht wissen, wo ein und aus vor Schrecken, ich höre sein jammervoll klingendes Lachen bei den Worten des Vaters: ›Erbarmen Sie sich, Herr Kammerdiener! Er wird ein Ende machen, das versteht sich, gleich wird er ein Ende machen!‹

Diese Versicherung genügte dem edlen Fritz, er kehrte ins Schloß zurück und berichtete, glücklich über die treffliche Erfüllung seiner Mission, mit den gewohnten Kniebeugungen und dem gewohnten demütigen und freudestrahlenden Ausdruck in seiner Vogelphysiognomie: ›Er laßt die Hand küssen, er wird ein Ende machen.‹«

»Lächerlich!« sagte die Gräfin.

»Höchst lächerlich!« bestätigte der Graf. »Meine gute, vertrauensselige Großmutter hielt die Sache damit für abgetan, dachte auch nicht weiter darüber nach. Sie war sehr in Anspruch genommen durch die Vorbereitungen zu den großen Festen, die alljährlich am zehnten September, ihrem Geburtstage, im Schlosse gefeiert wurden, und einen Vor- und Nachtrab von kleinen Festen hatten. Da kam die ganze Nachbarschaft zusammen, und Dejeuners, auf dem grünen Teppich der Wiesen, Jagden, Pirutschaden, Soupers bei schönster Waldbeleuchtung, Bälle – und so weiter folgten einander in fröhlicher Reihe … Man muß gestehen, unsre Alten verstanden Platz einzunehmen und Lärm zu machen in der Welt. Gott weiß, wie langweilig und öde unser heutiges Leben auf dem Schlosse ihnen erscheinen müßte.«

»Sie waren eben große Herren«, entgegnete die Gräfin bitter, »wir sind auf das Land zurückgezogene Armenväter.«

»Und – Armenmütter«, versetzte der Graf mit einer galanten Verneigung, die von derjenigen, der sie galt, nicht eben gnädig aufgenommen wurde. Der Graf aber nahm sich das Mißfallen, das er erregt hatte, keineswegs zu Herzen, sondern spann mit hellem Erzählerbehagen den Faden seiner Geschichte fort:

»So groß der Dienertroß im Schlosse auch war, während der Dauer der Festlichkeiten genügte er doch nicht, und es mußten da immer Leute aus dem Dorfe zur Aushilfe requiriert werden. Wie es kam, daß sich gerade dieses Mal auch Mischkas Geliebte unter ihnen befand, weiß ich nicht, genug, es war der Fall, und die beiden Menschen, die einander hätten meiden sollen, wurden im Dienste der Gebieterin noch öfter zusammengeführt, als dies in früheren Tagen bei der gemeinsamen Feldarbeit geschehen war. Er, mit einem Botengang betraut, lief vom Garten in die Küche, sie, von der Küche in den Garten – manchmal trafen sie sich auch unterwegs und verweilten plaudernd ein Viertelstündchen …«

»Äußerst interessant!« spottete die Gräfin – »wenn man doch nur wüßte, was sie einander gesagt haben.«

»O, wie Sie schon neugierig geworden sind! – aber ich verrate Ihnen nur, was unumgänglich zu meiner Geschichte gehört. – Eines Morgens lustwandelte die Schloßfrau mit ihren Gästen im Garten. Zufällig lenkte die Gesellschaft ihre Schritte nach einem selten betretenen Laubgang und gewahrte am Ende desselben ein junges Pärchen, das, aus verschiedenen Richtungen kommend, wie freudig überrascht stehen blieb. Der Bursche, kein anderer als Mischka, nahm das Mädchen rasch in die Arme und küßte es, was es sich ruhig gefallen ließ. Ein schallendes Gelächter brach los – von den Herren und, ich fürchte, auch von einigen der Damen ausgestoßen, die der Zufall zu Zeugen dieses kleinen Auftritts gemacht hatte. Nur meine Großmutter nahm nicht teil an der allgemeinen Heiterkeit. Mischka und seine Geliebte stoben natürlich davon. Der Bursche – man hat es mir erzählt – «, kam der Graf scherzend einer voraussichtlichen Einwendung der Gräfin entgegen, »glaubte in dem Augenblick sein armes Mädchen zu hassen. Am selben Abend jedoch überzeugte er sich des Gegenteils, als er nämlich erfuhr, die

Kleine werde mit ihrem Kinde nach einer anderen Herr-
schaft der Frau Gräfin geschickt; zwei Tagereisen weit für
einen Mann, für eine Frau, die noch dazu ein anderthalb
Jahre altes Kind mitschleppen mußte, wohl noch einmal so
viel. – Mehr als: ›Herrgott! Herrgott! o du lieber Herrgott!‹ sprach Mischka nicht, gebärdete sich wie ein Träu-
mender, begriff nicht, was man von ihm wollte, als es hieß,
an die Arbeit gehen – warf plötzlich den Rechen, den ein
Gehilfe ihm samt einem erweckenden Rippenstoße ver-
abfolgte, auf den Boden, und rannte ins Dorf, nach dem
Hüttchen, in dem seine Geliebte bei ihrer kranken Mutter
wohnte, das heißt, gewohnt hatte, denn nun war es damit
vorbei. Die Kleine stand reisefertig am Lager der völlig
gelähmten Alten, die ihr nicht einmal zum Abschiedsegen
die Hand aufs Haupt legen konnte, und die bitterlich
weinte. ›Hört jetzt auf zu weinen‹, sprach die Tochter, ›hört
auf, liebe Mutter. Wer soll Euch denn die Tränen abwi-
schen, wenn ich einmal fort bin?‹

Sie trocknete die Wangen ihrer Mutter und dann auch
ihre eigenen mit der Schürze, nahm ihr Kind an die Hand
und das Bündel mit ihren wenigen Habseligkeiten auf den
Rücken und ging ihres Weges an Mischka vorbei, und
wagte nicht einmal, ihn anzusehen. Er aber folgte ihr von
weitem, und als der Knecht, der dafür zu sorgen hatte, daß
sie ihre Wanderung auch richtig antrete, sie auf der Straße
hinter dem Dorfe verließ, war Mischka bald an ihrer Seite,
nahm ihr das Bündel ab, hob das Kind auf den Arm und
schritt so neben ihr her.

Die Feldarbeiter, die in der Nähe waren, wunderten
sich: – ›Was tut er denn, der Tropf? … Geht er mit? Glaubt
er, weil er so dumm ist, daß er nur so mitgehen kann?‹

Bald nachher kam keuchend und schreiend der Vater
Mischkas gerannt: ›O, ihr lieben Heiligen! Heilige Mutter

Gottes! hab' ich mir's doch gedacht – seiner Dirne läuft er nach, bringt uns noch alle ins Unglück … Mischka! Sohn – mein Junge! … Nichtsnutz! Teufelsbrut!‹ – jammerte und fluchte er abwechselnd.

Als Mischka die Stimme seines Vaters hörte und ihn mit drohend geschwungenem Stock immer näher herankommen sah, ergriff er die Flucht, zur größten Freude des Knäbleins, das ›Hott! hott!‹ jauchzte. Bald jedoch besann er sich, daß er seine Gefährtin, die ihm nicht so rasch folgen konnte, im Stiche gelassen, wandte sich und lief zu ihr zurück. Sie war bereits von seinem Vater erreicht und zu Boden geschlagen worden. Wie wahnsinnig raste der Zornige, schlug drein mit den Füßen und mit dem Stocke, und ließ seinen ganzen Grimm über den Sohn an dem wehrlosen Geschöpfe aus.

Mischka warf sich dem Vater entgegen, und ein furchtbares Ringen zwischen den beiden begann, das mit der völligen Niederlage des Schwächeren, des Jüngeren endete. Windelweich geprügelt, aus einer Stirnwunde blutend, gab er den Kampf und den Widerstand auf. Der Häusler faßte ihn am Hemdkragen und zerrte ihn mit sich; der armen kleinen Frau aber, die sich inzwischen mühsam aufgerafft hatte, rief er zu: ›Mach fort!‹

Sie gehorchte lautlos und selbst die Arbeiter auf dem Felde, stumpfes, gleichgültiges Volk, fühlten Mitleid und sahen ihr lange nach, wie sie so dahinwankte mit ihrem Kinde, so hilfsbedürftig und so völlig verlassen.

In der Nähe des Schlosses trafen Mischka und sein Vater den Gärtner, den der Häusler sogleich als ›gnädiger Herr‹ ansprach und flehentlichst ersuchte, nur eine Stunde Geduld zu haben mit seinem Sohne. In einer Stunde werde Mischka gewiß wieder bei der Arbeit sein; jetzt müsse er nur geschwind heimgehen und sich waschen und sein

Hemd auch. Der Gärtner fragte: ›Was ist ihm denn? er ist ja ganz blutig.‹ − ›Nichts ist ihm‹, lautete die Antwort, ›er ist nur von der Leiter gefallen‹.

Mischka hielt das Wort, das sein Vater für ihn gegeben, und war eine Stunde später richtig wieder bei der Arbeit. Am Abend aber ging er ins Wirtshaus und trank sich einen Rausch an, den ersten freiwilligen, war überhaupt seit dem Tage wie verwandelt. Mit dem Vater, der ihn gern versöhnt hätte, denn Mischka war, seitdem er im Schloßgarten Beschäftigung gefunden, ein Kapital geworden, das Zinsen trug, sprach er kein Wort, und von dem Gelde, das er verdiente, brachte er keinen Kreuzer nach Hause. Es wurde teils für Branntwein verausgabt, teils für Unterstützungen, die Mischka der Mutter seiner Geliebten angedeihen ließ − und diese zweite Verwendung des von dem Burschen Erworbenen erschien dem Häusler als der ärgste Frevel, den sein Sohn an ihm begehen konnte. Daß der arme Teufel, der arme Eltern hatte, etwas wegschenkte, an eine Fremde wegschenkte, der Gedanke wurde der Alp des Alten, sein nagender Wurm. − Je wütender der Vater sich gebärdete, desto verstockter zeigte sich der Sohn. Er kam zuletzt gar nicht mehr nach Hause, oder höchstens einmal im geheimen, wenn er den Vater auswärts wußte, um die Mutter zu sehen, an der ihm das Herz hing. Diese Mutter …«, der Graf machte eine Pause −, »Sie, liebe Freundin, kennen sie, wie ich sie kenne.«

»Ich soll sie kennen? … Sie lebt noch?« fragte die Gräfin ungläubig.

»Sie lebt; nicht im Urbilde zwar, aber in vielfachen Abbildern. Das kleine, schwächliche, immer bebende Weiblein mit dem sanften, vor der Zeit gealterten Gesicht, mit den Bewegungen des verprügelten Hundes, das untertänigst in sich zusammensinkt und zu lächeln versucht, wenn eine so hohe Dame, wie Sie sind, oder ein so guter Herr, wie ich bin, ihm einmal zuruft: ›Wie geht's?‹ und in demütigster Freundlichkeit antwortet: ›Vergelt's Gott – wie's eben kann.‹ – Gut genug für unsereins, ist seine Meinung, für ein Lasttier in Menschengestalt. Was dürfte man anders verlangen, und wenn man's verlangte, wer gäbe es einem? – Du nicht, hohe Frau, und du nicht, guter Herr …«

»Weiter, weiter!« sprach die Gräfin. »Sind Sie bald zu Ende?«

»Bald. – Der Vater Mischkas kam einst zu ungewohnter Stunde nach der Hütte und fand da seinen Jungen. ›Zur Mutter also kann er kommen, zu mir nicht‹, schrie er, schimpfte beide Verräter und Verschwörer und begann Mischka zu mißhandeln, was sich der gefallen ließ. Als der Häusler sich jedoch anschickte, auch sein Weib zu züchtigen, fiel der Bursche ihm in den Arm. Merkwürdig genug, warum just damals? Wenn man ihn gefragt hätte, wie oft er den Vater die Mutter schlagen sah, hätte er antworten müssen: ›Soviel Jahre, als ich ihrer denke, mit dreihundertfünfundsechzig multipliziert, das gibt die Zahl.‹ – Und die ganze Zeit hindurch hatte er dazu geschwiegen, und heute loderte beim längst gewohnten Anblick plötzlich ein unbezwinglicher Zorn in ihm empor. Zum zweiten Male nahm er gegen den Vater Partei für das schwächere Geschlecht, und dieses Mal blieb er Sieger. Er scheint aber mehr Entsetzen als Freude über seinen Triumph empfunden zu haben. Mit einem heftigen Aufschluchzen rief er dem Vater, der nun klein beigeben wollte, rief er der weinenden Mutter zu: ›Lebt wohl, mich seht ihr nie wieder!‹ und stürmte davon. Vierzehn Tage lang hofften die Eltern umsonst auf seine Rückkehr, er war und blieb verschwunden. Bis ins Schloß gelangte die Kunde seiner Flucht; meiner Großmutter wurde angezeigt, Mischka habe seinen Vater halbtot geschlagen und sich dann davon gemacht. Nun aber war es nach der Verletzung des sechsten Gebotes diejenige des vierten, die von meiner Großmutter am schärfsten verdammt wurde; gegen schlechte und undankbare Kinder kannte sie keine Nachsicht … Sie befahl, auf den Mischka zu fahnden, sie befahl, seiner habhaft zu werden und ihn heimzubringen zu exemplarischer Bestrafung.

Ein paarmal war die Sonne auf- und untergegangen, da stand eines Morgens Herr Fritz an der Gartenpforte und blickte auf die Landstraße hinaus. Lau und leise wehte der Wind über die Stoppelfelder, die Atmosphäre war voll feinen Staubes, den die Allverklärerin Sonne durchleuchtete und goldig schimmern ließ. Ihre Strahlen bildeten in dem beweglichen Element reizende kleine Milchstraßen, in denen Milliarden von winzigen Sternchen aufblitzten. Und nun kam durch das flimmernde, tanzende Atomengewimmel eine schwere, graue Wolkensäule, bewegte sich immer näher und rollte endlich so nahe an der Pforte vorbei, daß Fritz deutlich unterscheiden konnte, wen sie umhüllte. Zwei Heiducken waren es und Mischka. Er sah aus, blaß und hohläugig wie der Tod, und wankte beim Gehen. In den Armen trug er sein Kind, das die Händchen um seinen Hals geschlungen, den Kopf auf seine Schulter gelegt hatte und schlief. Fritz öffnete das Tor, schloß sich der kleinen Karawane an, holte rasch einige Erkundigungen ein und schwebte dann, ein Papagei im Taubenfluge, ins Haus, über die Treppe, in den Saal hinein, in dem meine Großmutter eben die sonnabendliche Ratsversammlung hielt. Der Kammerdiener, von dem Glücksgefühl getragen, das Bedientenseelen beim Überbringen einer neuesten Nachricht zu empfinden pflegen, rundete ausdrucksvoll seine Arme und sprach, vor Wonne fast platzend: ›Der Mischka läßt die Hand küssen. Er ist wieder da.‹

›Wo war er?‹ fragte meine Großmutter.

›Mein Gott, hochgräfliche Gnaden‹, lispelte Fritz, schlug mehrmals schnell nacheinander mit der Zunge an den Gaumen und blickte die Gebieterin so zärtlich an, als die tiefste, unterwürfigste Knechtschaft es ihm nur irgend erlaubte. ›Wo wird er gewesen sein … Bei seiner Geliebten. Ja‹, bestätigte er, während die Herrin, empört über diesen frechen Ungehorsam, die Stirn runzelte, ›ja, und gewehrt hat er sich gegen die Heiducken, und dem Janko hat er, ja, beinahe ein Auge ausgeschlagen.‹

Meine Großmutter fuhr auf: ›Ich hätte wirklich Lust, ihn henken zu lassen.‹

Alle Beamten verneigten sich stumm; nur der Oberförster warf nach einigem Zagen die Behauptung hin: ›Hochgräfliche Gnaden werden es aber nicht tun.‹

›Woher weiß Er das?‹ fragte meine Großmutter mit der strengen Herrschermiene, die so vortrefflich wiedergegeben ist auf ihrem Bilde und die mich gruseln macht, wenn ich im Ahnensaal an ihm vorübergehe. ›Daß ich mein Recht über Leben und Tod noch nie ausgeübt habe, bürgt nicht dafür, daß ich es nie ausüben werde.‹

Wieder verneigten sich alle Beamten, wieder trat Schweigen ein, das der Inspektor unterbrach, indem er die Entscheidung der Gebieterin in einer wichtigen Angelegenheit erbat. Erst nach beendigter Konferenz erkundigte er sich gleichsam privatim, nach der hohen Verfügung betreffs Mischkas.

Und nun beging meine Großmutter jene Übereilung, von der ich im Anfang sprach.

›Fünfzig Stockprügel‹, lautete ihr rasch gefällter Urteilsspruch: ›gleich heute, es ist ohnehin Samstag.‹

Der Samstag war nämlich zu jener Zeit, deren Sie«, diesem Worte gab der Graf eine besondere, sehr schalkhafte Betonung – »sich unmöglich besinnen können, der Tag der Exekutionen. Da wurde die Bank vor das Amtshaus gestellt …«

»Weiter, weiter!« sagte die Gräfin, »halten Sie sich nicht auf mit unnötigen Details.«

»Zur Sache denn! – An demselben Samstag sollten die letzten Gäste abreisen, es herrschte große Bewegung im Schlosse, meine Großmutter, mit den Vorbereitungen zu einer Abschiedsüberraschung, die sie den Scheidenden bereiten ließ, beschäftigt, kam spät dazu, Toilette zum Diner zu machen, und trieb ihre Kammerzofen zur Eile an. In diesem allerungünstigsten Momente ließ der Doktor sich anmelden. Er war unter allen Dignitären der Herrin derjenige, der am wenigsten in Gnaden bei ihr stand, verdiente es auch nicht besser, denn einen langweiligeren, schwerfälligeren Pedanten hat es nie gegeben.

Meine Großmutter befahl, ihn abzuweisen, er aber kehrte sich nicht daran, sondern schickte ein zweites Mal und ließ die hochgeborene Frau Gräfin untertänigst um Gehör bitten, er hätte nur ein paar Worte über den Mischka zu sprechen.«

›Was will man denn noch mit dem?‹ rief die Gebieterin!, ›gebt mir Ruhe, ich habe andere Sorgen.‹

Der zudringliche Arzt entfernte sich murrend.

Die Sorgen aber, von denen meine Großmutter gesprochen hatte, waren nicht etwa frivole, sondern solche, die zu den peinvollsten gehören – Sorgen, für die Ihnen, liebe Freundin, allerdings das Verständnis und infolgedessen auch das Mitleid fehlt – Poetensorgen.«

»O mein Gott!« sagte die Gräfin unbeschreiblich wegwerfend, und der Erzähler entgegnete: »Verachten Sie's, soviel Sie wollen, meine Großmutter besaß poetisches Talent, und es manifestierte sich deutlich in dem Schäferspiel ›Les adieux de Chloë‹, das sie gedichtet und den Darstellern selbst einstudiert hatte. Das Stückchen sollte nach der Tafel, die man im Freien abhielt, aufgeführt werden, und der Dichterin, obwohl sie ihres Erfolges ziemlich sicher war, bemächtigte sich, je näher der entscheidende Augenblick kam, einer desto weniger angenehme Unruhe. Beim Dessert, nach einem feierlichen, auf die Frau des Hauses ausgebrachten Toast, gab jene ein Zeichen. Die mit Laub überflochtenen Wände, welche den Einblick in ein aus beschnittenen Buchenhecken gebildetes Halbrund verdeckt hatten, rollten auseinander, und eine improvisierte Bühne wurde sichtbar. Man erblickte die Wohnung der Hirtin Chloë, die mit Rosenblättern bestreute Moosbank, auf der sie schlief, den mit Tragant überzogenen Hausaltar, an dem sie betete, und den mit einem rosafarbigen Band umwundenen Rocken, an dem sie die schneeig weiße Wolle ihrer Lämmchen spann. Als idyllische Schäferin besaß Chloë das Geheimnis dieser Kunst. Nun trat sie selbst aus einem Taxusgange, und hinter ihr schritt ihr Gefolge, darunter ihr Liebling, der Schäfer Myrtill. Alle trugen Blumen, und in vortrefflichen Alexandrinern teilte nun die zarte Chloë dem aufmerksam lauschenden Publikum mit, dies seien die Blumen der Erinnerung, gepflückt auf dem Felde der Treue, und bestimmt, dargebracht zu werden auf dem Altar der Freundschaft. Gleich nach dieser Eröffnung brach ungemessener Jubel im Auditorium los und steigerte sich von Vers zu Vers. Einige Damen, die Racine kannten, erklärten, er könne sich vor meiner Großmutter verstecken, und einige Herren, die ihn nicht kannten, bestätigten es. Sie aber konnte über die Echtheit des Enthusiasmus, den ihre Dichtung erweckte, nicht im Zweifel sein. Die Ovationen dauerten noch fort, als die Herrschaften schon ihre Wagen oder ihre Pferde bestiegen hatten und teils in stattlichen Equipagen, teils in leichten Fuhrwerken, teils auf flinken Rossen aus dem Hoftor rollten oder sprengten.

Die Herrin stand unter dem Portal des Schlosses und winkte den Scheidenden grüßend und für ihre Hochrufe dankend zu. Sie war so friedlich und fröhlich gestimmt, wie dies einem Selbstherrscher, auch des kleinsten Reiches, selten zuteil wird. Da – eben im Begriff, sich ins Haus zurückzuwenden, gewahrte sie ein altes Weiblein, das in respektvoller Entfernung vor den Stufen des Portals kniete. Es hatte den günstigen Augenblick wahrgenommen und sich durch das offenstehende Tor, im Gewirr und Gedränge unbemerkt hereingeschlichen. Jetzt erst wurde es von einigen Lakaien erblickt. Sogleich rannten sie, Herrn Fritz an der Spitze, auf das Weiblein zu, um es gröblich hinwegzuschaffen. Zum allgemeinen Erstaunen jedoch winkte meine Großmutter die dienstfertige Meute ab und befahl zu fragen, wer die Alte sei und was sie wolle. Im nämlichen Moment räusperte sich's hinter der Gebieterin und nieste, und den breitkrempigen Hut in der einen Hand und mit der anderen die Tabaksdose im Busen verbergend, trat der Herr Doktor bedächtig heran: ›Es ist, hm, hm, hochgräfliche Gnaden werden entschuldigen‹, sprach er, ›es ist die Mutter des Mischka‹.

›Schon wieder Mischka, hat das noch immer kein Ende mit dem Mischka? … Und was will die Alte!‹

›Was wird sie wollen, hochgräfliche Gnaden? Bitten wird sie für ihn wollen, nichts anderes.‹

›Was denn bitten? Da gibt's nichts zu bitten.‹

›Freilich nicht, ich habe es ihr ohnehin gesagt, aber was nutzt's? Sie will doch bitten, hm, hm.‹

›Ganz umsonst, sagen Sie ihr das. Soll ich nicht mehr

aus dem Hause treten können, ohne zu sehen, wie die Gartenarbeiter ihre Geliebten embrassieren?‹

Der Doktor räusperte sich, und meine Großmutter fuhr fort: ›Auch hat er seinen Vater halbtot geschlagen.‹

›Hm, hm, er hat ihm eigentlich nichts getan, auch nichts tun *wollen,* nur abhalten, die Mutter nicht ganz totzuschlagen.‹

›So?‹

›Ja, hochgräfliche Gnaden. Der Vater, hochgräfliche Gnaden, ist ein Mistvieh, hat einen Zahn auf den Mischka, weil der der Mutter seiner Geliebten manchmal ein paar Kreuzer zukommen läßt.‹

›Wem?‹

›Der Mutter seiner Geliebten, hochgräfliche Gnaden, ein erwerbsunfähiges Weib, dem sozusagen die Quellen der Subsistenzmittel abgeschnitten worden sind … dadurch, daß man die Tochter fortgeschickt hat.‹

›Schon gut, schon gut! … Mit den häuslichen Angelegenheiten der Leute verschonen Sie mich, Doktor, da mische ich mich nicht hinein.‹

Der Doktor schob mit einer breiten Gebärde den Hut unter den Arm, zog das Taschentuch und schnäuzte sich diskret. ›So werde ich also der Alten sagen, daß es nichts ist.‹ Er machte, was die Franzosen une fausse sortie nennen, und setzte hinzu: ›Freilich, hochgräfliche Gnaden, wenn es nur wegen des Vaters wäre …‹

›Nicht bloß wegen des Vaters, er hat auch dem Janko ein Auge ausgeschlagen.‹

Der Doktor nahm eine wichtige Miene an, zog die Augenbrauen so hoch in die Höhe, daß seine dicke Stirnhaut förmliche Wülste bildete, und sprach: ›Was dieses Auge betrifft, das sitzt fest und wird dem Janko noch gute Dienste leisten, sobald die Sugillation, die sich durch den erhalte-

nen Faustschlag gebildet hat, aufgesaugt sein wird. Hätte
mich auch gewundert, wenn der Mischka imstande gewesen wäre, einen kräftigen Hieb zu führen nach der Behandlung, die er von den Heiducken erfahren hat. Die
Heiducken, hochgräfliche Gnaden, haben ihn übel zugerichtet.‹

›Seine Schuld; warum wollte er ihnen nicht gutwillig
folgen.‹

›Freilich, freilich, warum wollte er nicht? Vermutlich,
weil sie ihn vom Sterbebette seiner Geliebten abgeholt haben – da hat er sich schwer getrennt … Das Mädchen,
hm, hm, war in anderen Umständen, soll vom Vater des
Mischka sehr geprügelt worden sein, bevor sie die Wanderung angetreten hat. Und dann – die Wanderung, die weit
ist, und die Person, hm, hm, die immer schwach gewesen
ist … kein Wunder, wenn sie am Ziele zusammengebro-
chen ist.‹

Meine Großmutter vernahm jedes Wort dieser abgebrochenen Sätze, wenn sie sich auch den Anschein zu geben
suchte, daß sie ihnen nur eine oberflächliche Aufmerksamkeit schenkte. ›Eine merkwürdige Verkettung von Fatalitä-
ten‹, sprach sie, ›vielleicht eine Strafe des Himmels.‹

›Wohl, wohl‹, nickte der Doktor, dessen Gesicht zwar
immer seinen gleichmütigen Ausdruck behielt, sich aber
allmählich purpurrot gefärbt hatte. ›Wohl, wohl, des Himmels, und wenn der Himmel sich bereits dreingelegt hat,
dürfen hochgräfliche Gnaden ihm vielleicht auch das Weitere in der Sache überlassen … ich meine nur so!‹ schaltete
er, seine vorlaute Schlußfolgerung entschuldigend, ein –
›und dieser Bettlerin‹, er deutete nachlässig auf die Mutter
Mischkas, ›huldvollst ihre flehentliche Bitte erfüllen.‹

Die kniende Alte hatte dem Gespräch zu folgen gesucht, sich aber mit keinem Laut daran beteiligt. Ihre

Zähne schlugen vor Angst aneinander, und sie sank immer tiefer in sich zusammen.

›Was will sie denn eigentlich?‹ fragte meine Großmutter.

›Um acht Tage Aufschub, hochgräfliche Gnaden, der ihrem Sohne diktierten Strafe, untersteht sie sich zu bitten, und ich, hochgräfliche Gnaden, unterstütze das Gesuch, durch dessen Genehmigung der Gerechtigkeit besser Genüge geschähe, als heute der Fall sein kann.‹

›Warum?‹

›Weil der Delinquent in seinem gegenwärtigen Zustande den Vollzug der ganzen Strafe schwerlich aushalten würde.‹

Meine Großmutter machte eine unwillige Bewegung und begann langsam die Stufen des Portals niederzusteigen. Fritz sprang hinzu und wollte sie dabei unterstützen. Sie aber winkte ihn hinweg: ›Geh aufs Amt‹, befahl sie, ›Mischka ist begnadigt.‹

›Ah!‹ stieß der treue Knecht bewundernd hervor und enteilte, während der Doktor bedächtig die Uhr aus der Tasche zog und leise vor sich hinbrummte: ›Hm, hm, es wird noch Zeit sein, die Exekution dürfte eben begonnen haben.‹

Das Wort ›begnadigt‹ war von der Alten verstanden worden; ein Gewinsel der Rührung, des Entzückens drang von ihren Lippen, sie fiel nieder und drückte, als die Herrin näher trat, das Gesicht auf die Erde, als ob sie sich vor so viel Größe und Hoheit dem Boden förmlich gleichzumachen suche.

Der Blick meiner Großmutter glitt mit einer gewissen Scheu über dieses Bild verkörperter Demut: ›Steh auf‹, sagte sie und – zuckte zusammen und horchte … und alle Anwesenden horchten erschaudernd, die einen starr, die andern mit dem albernen Lachen des Entsetzens. Aus der Gegend des Amtshauses hatten die Lüfte einen gräßlichen Schrei herübergetragen. Er schien ein Echo geweckt zu haben in der Brust des alten Weibleins, denn es erhob stöhnend den Kopf und murmelte ein Gebet …

›Nun?‹ fragte einige Minuten später meine Großmutter den atemlos herbeistürzenden Fritz: ›Hast du's bestellt?‹

›Zu dienen‹, antwortete Fritz und brachte es diesmal statt zu seinem süßen Lächeln nur zu einem kläglichen Grinsen: ›Er laßt die Hand küssen, er ist schon tot.‹« –

»Fürchterlich!« rief die Gräfin aus, »und das nennen Sie eine friedliche Geschichte?«

»Verzeihen Sie die Kriegslist, Sie hätten mich ja sonst nicht angehört«, erwiderte der Graf. »Aber vielleicht begreifen Sie jetzt, warum ich den sanftmütigen Nachkommen Mischkas nicht aus dem Dienst jage, obwohl er meine Interessen eigentlich recht nachlässig vertritt.«

271

Die Großmutter

I.

Zum zehntenmal an diesem Vormittage wurde gepocht an der Tür des Laboratoriums, in dem der Assistent der pathologischen Anatomie arbeitete.

Ungeduldig über die neue Störung, rief er dem eintretenden Diener zu: »Was wollen Sie denn wieder? Habe ich Ihnen nicht befohlen, mich in Ruhe zu lassen?«

»Freilich«, bestätigte der Diener gleichmütig, »aber es ist ein altes Weib draußen, mit dem Sie sprechen werden.«

»Ich werde? – So?« fragte der Doktor, »und warum?«

»Weil sie anders nicht wegzubringen ist«, fuhr der Diener fort, »weil sie sich einmal nicht abweisen läßt.«

»Versuchen Sie's doch; seien Sie so gut. Hören Sie?«

Die letzten Worte, mit Strenge gesprochen, taten ihre Wirkung. Der Diener, obwohl achselzuckend, schickte sich an, das Zimmer zu verlassen, als die Tür von außen plötzlich geöffnet wurde.

Auf der Schwelle stand ein hochgewachsenes Weib, dessen kräftige Gestalt das Alter und die Arbeit nur wenig gebeugt hatten.

»Was untersteht Sie sich?« herrschte der Diener sie an und suchte sie zu verhindern, näher zu treten. Doch sie, ohne Notiz von den Schmähungen zu nehmen, in die er nun ausbrach, schob ihn mit einer einzigen Bewegung ihres Armes zur Seite und ging rasch auf den Doktor zu, der dem zudringlichen Besuche mit einem zornigen Ausrufe entgegentrat.

Die Frau blieb stehen und faltete die harten Hände. Ihr

Blick richtete sich mit dem Ausdrucke so folternder Seelenqual und so inbrünstigen Flehens auf ihn, daß er es nicht über sich gewann, seine Drohung, sie hinauszuschaffen zu lassen, wenn sie nicht augenblicklich ginge, zu wiederholen. Das Mitleid, in das seine Entrüstung sich verwandelt hatte, wurde durch den halb bittenden, halb gebieterischen Ton nicht vermindert, in dem die Alte ausrief: »In dieses Haus werden die Leichen der Verunglückten gebracht, nicht wahr?«

Der Doktor bejahte es.

»So lassen Sie mich hinführen, wo die Toten liegen, gleich, Herr! – gleich!« sagte sie mit keuchendem Atem.

Es war schwer, ihr begreiflich zu machen, das sei unmöglich, sie müsse bis zur Einlaßzeit warten.

Dieses Wort brachte sie außer sich.

»Warten?« schrie sie mit schneidender Verzweiflung – »ich kann nicht mehr warten – ich warte seit zwei Tagen … Seit zwei Tagen ist er nicht nach Hause gekommen!«

»Wer?« fragte der Assistent, »von wem sprechen Sie?«

»Von wem, – mein Gott! von meinem Lukas – von meinem Enkel. Er dient bei einem Flößer an der Donau, – seine Leute wissen nichts von ihm. Er ist vielleicht ertrunken, Herr!«

Sie beugte sich vor, ihre Augen ruhten forschend auf dem Gesichte des Doktors und ihre Finger legten sich wie Eisenklammern um seinen Arm.

Ihr Jammer erschütterte den jungen Mann, wie gewöhnt er auch an den Anblick menschlicher Leiden war, und wie entschlossen, ihnen mit Gleichmut entgegenzutreten.

»Gehen Sie hinab«, sprach er zum Diener, »und sobald die Herren fertig sind, melden Sie mir's.«

Der Diener entfernte sich, die Frau wollte ihm nach-

stürzen, mit Mühe gelang es dem Doktor, sie davon abzu-
halten. Er wies ihr einen Stuhl an, und mit kurzem Dan-
keswort ließ sie sich darauf nieder.

Er indes begann von neuem sich mit seinem Mikro-
skope zu beschäftigen. Allein über das Instrument hinweg
wanderte sein Blick, mächtig angezogen, immer wieder zu
seinem traurigen Gaste hinüber.

Das Weib hielt die Arme über der Brust verschränkt
und regte sich nicht. Unverwandt und trotzig starrte sie
die Tür an und horchte mit leidenschaftlicher Spannung
nach dem Gange hin.

Sie saß da, ein Bild des Schmerzes, der Armut und der
Not. Nicht jener Not jedoch, die sich dem Elend unter-
wirft, nein, der, die mutig mit ihm kämpft, die ihm immer
ins Auge blickt und es immer besiegt, die nicht durch das
Mitleid mit sich selbst entnervt, nicht von der Sorge um
die Zukunft niedergebeugt wird.

Wie es war, so wird es sein, es gibt keinen Wechsel, nur
der Tod kann ihn bringen, und den ruft sie nicht herbei.
Der tätigen Kraft, der ringenden Stärke graut vor seiner
ewigen, ohnmächtigen Ruhe.

Eine peinliche Viertelstunde verging. Der Doktor unterbrach endlich das Schweigen. Er fragte nach der Beschäftigung der Greisin, nach ihren Verhältnissen, er wollte
wissen, ob der Enkel, den zu suchen sie hierher gekommen war, ihr einziger sei.

Sie sah ihn verwundert an.

»Hab' ich's denn nicht schon gesagt? – Mein einziger!
Ich hab' niemanden als ihn. Mein Mann, Gott sei gelobt!
ist tot. Von den Kindern –«, setzte sie dumpf und wie zu
sich selbst redend hinzu – »hoff' ich, daß sie's sind.«

»Wie?« rief der Doktor. »Sie hoffen es?«

»Alle sind ihm nachgeraten, die Söhne Trunkenbolde,

die Töchter nichtsnutzig. Natürlich. Der Vater war beides. Mit ihm hielten es die Kinder, nicht mit der Mutter, die Fleiß verlangte und Ehrbarkeit. So ging eins nach dem andern. Die Jüngste ließ mir noch zuvor das Kind. Im Anfang hab' ich ihr deshalb geflucht, dann sie dafür gesegnet. Der Junge wurde, was ich mir nicht hätte träumen lassen – brav; und ich hab' meine Freude an ihm gehabt.«

Sie hatte ohne Bitterkeit und ohne Wehmut gesprochen, so ruhig, als erzähle sie eine fremde Geschichte. Doch lag etwas in ihrem Tone, das tiefer ergriff, als die Klage ergreifen kann, eine stille, schlichte Größe. Den jungen, stolzen Gelehrten, dessen kurze Laufbahn schon so mancher Triumph bezeichnete, überkam's wie Ehrfurcht vor dem alten, armen, unwissenden Weibe.

Der Diener erschien und machte dem Assistenten eine kurze Meldung.

Die Greisin schnellte von ihrem Sitze auf.

»Darf ich nun gehen?« fragte sie rasch und hastig und warf einen erwartungsvollen Blick auf den Diener, der sich anschickte, ihr den Weg zu weisen.

Allein der Doktor hatte sich schon erhoben. »Ich werde Sie führen«, sagte er.

Sie stiegen einige Treppen hinab und standen vor einem gewölbten Gemache, aus dem ihnen ein eigentümlicher, naßkalter Hauch entgegendrang.

Vor Aufregung zitternd, drängte sich das Weib voran.

In dem weitläufigen Raume lagen teils bedeckt, teils unbedeckt die Leichen der in den letzten vierundzwanzig Stunden Verunglückten. Ohne ein Zeichen von Grauen oder Scheu ging die Frau von einer zur andern und blickte teilnahmslos in ihre starren Gesichter. Manchmal murmelte sie ein Gebet, machte dem und jenem das Zeichen des Kreuzes auf die Stirn.

Plötzlich hielt sie inne in ihrer trostlosen Wanderung.

Sie hatte in einer Ecke des Saales den Körper eines etwa vierzehnjährigen Knaben entdeckt, auf den stürzte sie mit herzzerreißendem Aufschrei zu, und vor ihm auf die Kniee nieder.

So blieb sie mit gerungenen, an den Mund gepreßten Händen, wie versteinert.

Sie berührte die Leiche nicht, keine Träne quoll aus ihren weitgeöffneten Augen, kein Laut drang aus ihrer Kehle. Dem Doktor schauderte vor der Gewalt dieses Schmerzes, dem die Wohltat der Äußerung versagt war.

Er näherte sich der Greisin, erfaßte sie beim Arm und versuchte sie aufzurichten.

Bei seiner Berührung zuckte sie zusammen, erhob und wendete sich.

Wie gejagt eilte sie nach dem Ausgange hin. Dort aber blieb sie stehen und kehrte wieder zu dem entseelten Kinde zurück. Noch einmal betrachtete sie es stumm und lange. Endlich entschloß sie sich zu scheiden, und ihr Begleiter atmete auf.

Da sah er, daß sich ihr Blick von der Leiche weg und mit großer Spannung auf einige Gegenstände, die an der Wand hingen, gerichtet hatte.

Es waren die Kleider des Ertrunkenen.

»Den guten Rock«, sagte die Alte, »den ich ihm erst habe machen lassen, den geben Sie mir mit. Der Junge braucht ihn nicht mehr und ich kann ihn verkaufen.«

Der Doktor sah sie an. Die Teilnahme, die ihn eben erfüllt hatte, wich einer Empfindung des Widerwillens.

»O die Armut«, dachte er, »die bittere, häßliche Not!«

Ohne ein Wort zu sagen, nahm er den Rock des Knaben und reichte ihn der Großmutter.

Sie streckte beide Hände danach aus, empfing ihn mit

leisem, aufschluchzendem Wimmern und drückte ihn an ihre Brust.

Sie bedeckte das Kleid des Enkels mit Küssen, sie sprach zu ihm, sie drückte ihr Gesicht in seine Falten.

Ihr Schmerz hatte einen Ausdruck gefunden, sie weinte.

Krambambuli

Vorliebe empfindet der Mensch für allerlei Dinge und Wesen. *Liebe,* die echte, unvergängliche, die lernt er – wenn überhaupt – nur einmal kennen. So wenigstens meint der Herr Revierjäger Hopp. Wie viele Hunde hat er schon gehabt, und auch gern gehabt, aber lieb, was man sagt lieb und unvergeßlich ist ihm nur einer gewesen – der Krambambuli. Er hatte ihn im Wirtshause zum Löwen in Wischau von einem vazierenden Forstgehilfen gekauft oder eigentlich eingetauscht. Gleich beim ersten Anblick des Hundes war er von der Zuneigung ergriffen worden, die dauern sollte bis zu seinem letzten Atemzuge. Dem Herrn des schönen Tieres, der am Tische vor einem geleerten Branntweingläschen saß und über den Wirt schimpfte, weil dieser kein zweites umsonst hergeben wollte, sah der Lump aus den Augen. Ein kleiner Kerl, noch jung und doch so fahl wie ein abgestorbener Baum, mit gelbem Haar und gelbem spärlichen Barte. Der Jägerrock, vermutlich ein Überrest aus der vergangenen Herrlichkeit des letzten Dienstes, trug die Spuren einer im nassen Straßengraben zugebrachten Nacht. Obwohl sich Hopp ungern in schlechte Gesellschaft begab, nahm er trotzdem Platz neben dem Burschen und begann sogleich ein Gespräch mit ihm. Da bekam er es denn bald heraus, daß der Nichtsnutz den Stutzen und die Jagdtasche dem Wirt bereits als Pfänder ausgeliefert hatte, und daß er jetzt auch den Hund als solches hergeben möchte; der Wirt jedoch, der schmutzige Leuteschinder, wollte von einem Pfand, das gefüttert werden muß, nichts hören.

Herr Hopp sagte vorerst kein Wort von dem Wohlgefallen, das er an dem Hunde gefunden hatte, ließ aber eine

278

Flasche von dem guten Danziger Kirschbranntwein bringen, den der Löwenwirt damals führte, und schenkte dem Vazierenden fleißig ein. – Nun, in einer Stunde war alles in Ordnung. Der Jäger gab zwölf Flaschen von demselben Getränke, bei dem der Handel geschlossen worden – der Vagabund gab den Hund. Zu seiner Ehre muß man gestehen: nicht leicht. Die Hände zitterten ihm so sehr, als er dem Tiere die Leine um den Hals legte, daß es schien, er werde mit dieser Manipulation nimmermehr zurecht kommen. Hopp wartete geduldig und bewunderte im stillen den trotz der schlechten Kondition, in der er sich befand, wundervollen Hund. Höchstens zwei Jahre mochte er alt sein, und in der Farbe glich er dem Lumpen, der ihn hergab, doch war die seine um ein paar Schattierungen dunkler. Auf der Stirn hatte er ein Abzeichen, einen weißen Strich, der rechts und links in kleine Linien auslief, in der Art wie die Nadeln an einem Tannenreis. Die Augen waren groß, schwarz, leuchtend, von tauklaren, lichtgelben Reiflein umsäumt, die Ohren hoch angesetzt, lang, makellos. Und makellos war alles an dem ganzen Hunde von der Klaue bis zu der feinen Witternase; die kräftige, geschmeidige Gestalt, das über jedes Lob erhabene Piedestal. Vier lebende Säulen, die auch den Körper eines Hirsches getragen hätten und nicht viel dicker waren, als die Läufe eines Hasen. Beim heiligen Hubertus! dieses Geschöpf mußte einen Stammbaum haben, so alt und rein wie der eines deutschen Ordensritters.

Dem Jäger lachte das Herz im Leibe über den prächtigen Handel, den er gemacht hatte. Er stand nun auf, ergriff die Leine, die zu verknoten dem Vazierenden endlich gelungen war, und fragte: »Wie heißt er denn?«

»Er heißt wie das, wofür Ihr ihn kriegt: Krambambuli«, lautete die Antwort.

»Gut, gut, Krambambuli! So komm! Wirst gehen? Vorwärts!« – Ja, er konnte lang rufen, pfeifen, zerren – der Hund gehorchte ihm nicht, wandte den Kopf dem zu, den er noch für seinen Herrn hielt, heulte, als dieser ihm zuschrie: »Marsch!« und den Befehl mit einem tüchtigen Fußtritt begleitete, suchte aber sich immer wieder an ihn heranzudrängen. Erst nach einem heißen Kampfe gelang es Herrn Hopp, die Besitzergreifung des Hundes zu vollziehen. Gebunden und geknebelt, mußte er zuletzt in einem Sacke auf die Schulter geladen und so bis in das mehrere Wegstunden entfernte Jägerhaus getragen werden.

Zwei volle Monate brauchte es, bevor Krambambuli, halb totgeprügelt, nach jedem Fluchtversuche mit dem Stachelhalsband an die Kette gelegt, endlich begriff, wohin er jetzt gehöre. Dann aber, als seine Unterwerfung vollständig geworden war, was für ein Hund wurde er da! Keine Zunge schildert, kein Wort ermißt die Höhe der Vollendung, die er erreichte, nicht nur in der Ausübung seines Berufes, sondern auch im täglichen Leben als eifriger Diener, guter Kamerad und treuer Freund und Hüter.

»Dem fehlt nur die Sprache«, heißt es von andern intelligenten Hunden – dem Krambambuli fehlte sie nicht; sein Herr zum mindesten pflog lange Unterredungen mit ihm. Die Frau des Revierjägers wurde ordentlich eifersüchtig auf den »Buli«, wie sie ihn geringschätzig nannte. Manchmal machte sie ihrem Manne Vorwürfe. Sie hatte den ganzen Tag, in jeder Stunde, in der sie nicht aufräumte, wusch oder kochte, schweigend gestrickt. Am Abend, nach dem Essen, wenn sie wieder zu stricken begann, hätte sie gern eins dazu geplaudert.

»Weißt denn immer nur dem Buli was zu erzählen, Hopp, und mir nie? Du verlernst vor lauter Sprechen mit dem Vieh das Sprechen mit den Menschen.«

Der Revierjäger gestand sich, daß etwas Wahres an der Sache sei, aber zu helfen wußte er nicht. Wovon hätte er mit seiner Alten reden sollen? Kinder hatten sie nie gehabt, eine Kuh durften sie nicht halten, und das zahme Geflügel interessiert einen Jäger im lebendigen Zustande gar nicht und im gebratenen nicht sehr. Für Kulturen aber und für Jagdgeschichten hatte wieder die Frau keinen Sinn. Hopp fand zuletzt einen Ausweg aus diesem Dilemma; statt mit dem Krambambuli sprach er von dem Krambambuli, von den Triumphen, die er allenthalben mit ihm feierte, von dem Neide, den sein Besitz erregte, von den lächerlich hohen Summen, die ihm für den Hund geboten wurden, und die er verächtlich von der Hand wies.

Zwei Jahre waren vergangen, da erschien eines Tages die Gräfin, die Frau seines Brotherrn, im Hause des Jägers. Er wußte gleich, was der Besuch zu bedeuten hatte, und als die gute, schöne Dame begann: »Morgen, lieber Hopp, ist der Geburtstag des Grafen ...« setzte er ruhig und schmunzelnd fort: »Und da möchten Hochgräfliche Gnaden dem Herrn Grafen ein Geschenk machen, und sind überzeugt, mit nichts anderem soviel Ehre einlegen zu können, wie mit dem Krambambuli.«

»Ja, ja, lieber Hopp.« Die Gräfin errötete vor Vergnügen über dieses freundliche Entgegenkommen und sprach gleich von Dankbarkeit, und bat, den Preis nur zu nennen, der für den Hund zu entrichten wäre. Der alte Fuchs von einem Revierjäger kicherte, tat sehr demütig und rückte auf einmal mit der Erklärung heraus: »Hochgräfliche Gnaden! Wenn der Hund im Schlosse *bleibt,* nicht jede Leine zerbeißt, nicht jede Kette zerreißt, oder wenn er sie nicht zerreißen *kann,* sich bei den Versuchen es zu tun, erwürgt, dann behalten ihn Hochgräfliche Gnaden umsonst – dann ist er *mir* nichts mehr wert.«

Die Probe wurde gemacht, aber zum Erwürgen kam es nicht, denn der Graf verlor früher die Freude an dem eigensinnigen Tiere. Vergeblich hatte man es durch Liebe zu gewinnen, mit Strenge zu bändigen gesucht. Er biß jeden, der sich ihm näherte, versagte das Futter, und – viel hat der Hund eines Jägers ohnehin nicht zuzusetzen – kam ganz herunter. Nach einigen Wochen erhielt Hopp die Botschaft, er könne sich seinen Köter abholen. Als er eilends von der Erlaubnis Gebrauch machte und den Hund in seinem Zwinger aufsuchte, da gab's ein Wiedersehen unermeßlichen Jubels voll. Krambambuli erhob ein wahnsinniges Geheul, sprang an seinem Herrn empor, stemmte die Vorderpfoten auf dessen Brust und leckte die Freudentränen ab, die dem Alten über die Wangen liefen.

Am Abend dieses glücklichen Tages wanderten sie zusammen ins Wirtshaus. Der Jäger spielte Tarok mit dem Doktor und mit dem Verwalter, Krambambuli lag in der Ecke hinter seinem Herrn. Manchmal sah dieser sich nach ihm um, und der Hund, so tief er auch zu schlafen schien, begann augenblicklich mit dem Schwanze auf den Boden zu klopfen, als wollt er melden: »Präsent!« Und wenn Hopp, sich vergessend, recht wie einen Triumphgesang das Liedchen anstimmte: »Was macht denn mein Krambambuli?« richtete der Hund sich würde- und respektvoll auf, und seine hellen Augen antworteten: »Es geht ihm gut!«

Um dieselbe Zeit trieb, nicht nur in den gräflichen Forsten, sondern in der ganzen Umgebung eine Bande Wildschützen auf wahrhaft tolldreiste Art ihr Wesen. Der Anführer sollte ein verlottertes Subjekt sein. Den »Gelben« nannten ihn die Holzknechte, die ihn in irgend einer übel berüchtigten Spelunke beim Branntwein trafen, die Heger, die ihm hie und da schon auf der Spur gewesen waren, ihm aber nie hatten beikommen können, und endlich

282

die Kundschafter, deren er unter dem schlechten Gesindel in jedem Dorfe mehrere besaß.

Er war wohl der frechste Gesell, der jemals ehrlichen Jägersmännern etwas aufzulösen gab, mußte auch selbst vom Handwerk gewesen sein, sonst hätte er das Wild nicht mit solcher Sicherheit aufspüren und nicht so geschickt jeder Falle, die ihm gestellt wurde, ausweichen können.

Die Wild- und Waldschäden erreichten eine unerhörte Höhe, das Forstpersonal befand sich in grimmigster Aufregung. Da begab es sich nur zu oft, daß die kleinen Leute, die bei irgend einem unbedeutenden Waldfrevel ertappt wurden, eine härtere Behandlung erlitten, als zu andrer Zeit geschehen wäre, und als gerade zu rechtfertigen war. Große Erbitterung herrschte darüber in allen Ortschaften. Dem Oberförster, gegen den der Haß sich zunächst wandte, kamen gutgemeinte Warnungen in Menge zu. Die Raubschützen, hieß es, hätten einen Eid darauf geschworen, bei der ersten Gelegenheit exemplarische Rache an ihm zu nehmen. Er, ein rascher, kühner Mann, schlug das Gerede in den Wind und sorgte mehr denn je dafür, daß weit und breit kund werde, wie er seinen Untergebenen die rücksichtsloseste Strenge anbefohlen, und für etwaige schlimme Folgen die Verantwortung selbst übernommen haben. Am häufigsten rief der Oberförster dem Revierjäger Hopp die scharfe Handhabung seiner Amtspflicht ins Gedächtnis und warf ihm zuweilen Mangel an »Schneid« vor, wozu freilich der Alte nur lächelte. Der Krambambuli aber, den er bei solcher Gelegenheit von oben herunter anblinzelte, gähnte laut und wegwerfend. Übel nahmen er und sein Herr dem Oberförster nichts. Der Oberförster war ja der Sohn des Unvergeßlichen, bei dem Hopp das edle Weidwerk erlernt, und Hopp hatte wieder ihn als kleinen Jungen in die Rudimente des Berufs eingeweiht.

Die Plage, die er einst mit ihm gehabt, hielt er heute noch für eine Freude, war stolz auf den ehemaligen Zögling und liebte ihn trotz der rauhen Behandlung, die er so gut wie jeder andre von ihm erfuhr.

Eines Junimorgens traf er ihn eben wieder bei einer Exekution.

Es war im Lindenrondell, am Ende des herrschaftlichen Parks, der an den »Grafenwald« grenzte, und in der Nähe der Kulturen, die der Oberförster am liebsten mit Pulverminen umgeben hätte. Die Linden standen just in schönster Blüte, und über diese hatte ein Dutzend kleiner Jungen sich hergemacht. Wie Eichkätzchen krochen sie auf den Ästen der herrlichen Bäume herum, brachen alle Zweige, die sie erwischen konnten, ab, und warfen sie zur Erde. Zwei Weiber lasen die Zweige hastig auf und stopften sie in Körbe, die schon mehr als zur Hälfte mit dem duftenden Raub gefüllt waren. Der Oberförster raste in unermeßlicher Wut. Er ließ durch seine Heger die Buben nur so von den Bäumen schütteln, unbekümmert um die Höhe, aus der sie fielen. Während sie wimmernd und schreiend um seine Füße krochen, der eine mit zerschundenem Gesicht, der andere mit ausgerenktem Arm, ein dritter mit gebrochenem Bein, zerbläute er eigenhändig die beiden Weiber. In einer von ihnen erkannte Hopp die leichtfertige Dirne, die das Gerücht als die Geliebte des »Gelben« bezeichnete. Und als die Körbe und Tücher der Weiber und die Hüte der Buben in Pfand genommen wurden und Hopp den Auftrag bekam, sie aufs Gericht zu bringen, konnte er sich eines schlimmen Vorgefühls nicht erwehren.

Der Befehl, den ihm damals der Oberförster zurief, wild wie ein Teufel in der Hölle und wie ein solcher umringt von jammernden und gepeinigten Sündern, ist der

letzte gewesen, den der Revierjäger im Leben von ihm erhalten hat. Eine Woche später traf er ihn wieder im Lindenrondell – tot. Aus dem Zustande, in dem die Leiche
sich befand, war zu ersehen, daß sie hierher, und zwar
durch Sumpf und Gerölle geschleppt worden war, um an
dieser Stelle aufgebahrt zu werden. Der Oberförster lag auf
abgehauenen Zweigen, die Stirn mit einem dichten Kranz
aus Lindenblüten umflochten, einen eben solchen als Ban-
delier um die Brust gewunden. Sein Hut stand neben ihm,
mit Lindenblüten gefüllt. Auch die Jagdtasche hatte der
Mörder ihm gelassen, nur die Patronen herausgenommen
und statt ihrer Lindenblüten hineingesteckt. Der schöne
Hinterlader des Oberförsters fehlte und war durch einen
elenden Schießprügel ersetzt. Als man später die Kugel, die
seinen Tod verursacht hatte, in der Brust des Ermordeten
fand, zeigte es sich, daß sie genau in den Lauf dieses
Schießprügels paßte, der dem Förster gleichsam zum
Hohne über die Schulter gelegt worden war. Hopp stand
beim Anblick der entstellten Leiche regungslos vor Entsetzen. Er hätte keinen Finger heben können, und auch das
Gehirn war ihm wie gelähmt; er starrte nur und starrte
und dachte anfangs gar nichts, und erst nach einer Weile
brachte er es zu einer Beobachtung, einer stummen Frage:
– »Was hat denn der Hund?«

Krambambuli beschnüffelt den toten Mann, läuft wie
nicht gescheit um ihn herum, die Nase immer am Boden.
Einmal winselt er, einmal stößt er einen schrillen Freudenschrei aus, macht ein paar Sätze, bellt, und es ist gerade so,
als erwache in ihm eine längst erstorbene Erinnerung …

»Herein«, ruft Hopp, »da herein!« Und Krambambuli
gehorcht, sieht aber seinen Herrn in allerhöchster Aufregung an, und – wie der Jäger sich auszudrücken pflegte –
sagt ihm: »Ich bitte dich um alles in der Welt, siehst du

denn nichts? Riechst du denn nichts? ... O lieber Herr, schau doch! riech doch! O Herr, komm! Daher komm! ...« Und tupft mit der Schnauze an des Jägers Knie und schleicht, sich oft umsehend, als frage er: »Folgst du mir?« zu der Leiche zurück und fängt an, das schwere Gewehr zu heben und zu schieben und ins Maul zu fassen, in der offenbaren Absicht, es zu apportieren.

Dem Jäger läuft ein Schauer über den Rücken, und allerlei Vermutungen dämmern in ihm auf. Weil das Spintisieren aber nicht seine Sache ist, es ihm auch nicht zukommt, der Obrigkeit Lichter aufzustecken, sondern vielmehr den gräßlichen Fund, den er getan hat, unberührt zu lassen und seiner Wege – das heißt in dem Fall recte zu Gericht – zu gehen, so tut er denn einfach, was ihm zukommt.

Nachdem es geschehen und alle Förmlichkeiten, die das Gesetz bei solchen Katastrophen vorschreibt, erfüllt, der ganze Tag und auch ein Stück der Nacht darüber hingegangen sind, nimmt Hopp, ehe er schlafen geht, noch seinen Hund vor.

»Mein Hund«, spricht er, »jetzt ist die Gendarmerie auf den Beinen, jetzt gibt's Streifereien ohne Ende. Wollen wir es andern überlassen, den Schuft, der unsern Oberförster erschossen hat, wegzuputzen aus der Welt? – Mein Hund kennt den niederträchtigen Strolch, kennt ihn, ja, ja! Aber das braucht niemand zu wissen, das habe ich nicht ausgesagt ... Ich, hoho! ... Ich werd meinen Hund hineinbringen in die Geschichte ... Das könnt mir einfallen!« Er beugte sich über Krambambuli, der zwischen seinen ausgepreizten Knien saß, drückte die Wange an den Kopf des Tieres und nahm seine dankbaren Liebkosungen in Empfang. Dabei summte er: »Was macht denn mein Krambambuli?« bis der Schlaf ihn übermannte.

Seelenkundige haben den geheimnisvollen Drang zu erklären gesucht, der manchen Verbrecher stets wieder an den Schauplatz seiner Untat zurückjagt. Hopp wußte von diesen gelehrten Ausführungen nichts, strich aber dennoch ruh- und rastlos mit seinem Hunde in der Nähe des Lindenrondells herum.

Am zehnten Tage nach dem Tode des Oberförsters hatte er zum erstenmal ein paar Stunden lang an etwas anderes gedacht als an seine Rache, und sich im »Grafenwald« mit dem Bezeichnen der Bäume beschäftigt, die beim nächsten Schlag ausgenommen werden sollten.

Wie er nun mit seiner Arbeit fertig ist, hängt er die Flinte wieder um und schlägt den kürzesten Weg ein, quer durch den Wald gegen die Kulturen in der Nähe des Lindenrondells. Im Augenblick, in dem er auf den Fußsteig treten will, der längs des Buchenzaunes läuft, ist ihm, als höre er etwas im Laube rascheln. Gleich darauf herrscht jedoch tiefe Stille, tiefe, anhaltende Stille. Fast hätte er gemeint, es sei nichts Bemerkenswertes gewesen, wenn nicht der Hund so merkwürdig dreingeschaut hätte. »Der stand mit gesträubtem Haar, den Hals vorgestreckt, den Schwanz aufrecht, und glotzte eine Stelle des Zaunes an. Oho! dachte Hopp, wart Kerl, wenn du's bist! trat hinter einen Zaun und spannte den Hahn seiner Flinte. Wie rasend pochte ihm das Herz, und der ohnehin kurze Atem wollte ihm völlig versagen, als jetzt plötzlich, Gottes Wunder! – durch den Zaun der »Gelbe« auf den Fußsteig trat. Zwei junge Hasen hingen an seiner Weidtasche und auf seiner Schulter, am wohlbekannten Juchtenriemen, der Hinterlader des Oberförsters. Nun wär's eine Passion gewesen, den Racker niederzubrennen aus sicherem Hinterhalt.

Aber nicht einmal auf den schlechtesten Kerl schießt der Jäger Hopp, ohne ihn angerufen zu haben. Mit einem

Satze springt er hinter dem Baum hervor und auf den Fußsteig und schreit: »Gib dich, Vermaledeiter!« Und als der Wildschütz zur Antwort den Hinterlader von der Schulter reißt, gibt der Jäger Feuer ... All ihr Heiligen – ein sauberes Feuer! Die Flinte knackst anstatt zu knallen. Sie hat zu lang mit aufgesetzter Kapsel im feuchten Wald am Baum gelehnt – sie versagt.

Gute Nacht, so sieht das Sterben aus, denkt der Alte. Doch nein – er ist heil, sein Hut nur fliegt, von Schroten durchlöchert, ins Gras.

Der andre hat auch kein Glück; das war der letzte Schuß in seinem Gewehre, und zum nächsten zieht er eben erst die Patrone aus der Tasche ...

»Pack an!« ruft Hopp seinem Hunde heiser zu: »Pack an!« Und: »Herein, zu mir! Herein, Krambambuli!« lockt es drüben mit zärtlicher, liebevoller – ach, mit altbekannter Stimme ...

Der Hund aber – –

Was sich nun begab, begab sich viel rascher, als man es erzählen kann.

Krambambuli hatte seinen ersten Herrn erkannt und rannte auf ihn zu, bis – in die Mitte des Weges. Da pfeift Hopp, und der Hund macht Kehrt, »der Gelbe« pfeift, und der Hund macht wieder Kehrt, und windet sich in Verzweiflung auf einem Fleck, in gleicher Distanz von dem Jäger, wie von dem Wildschützen, zugleich hingerissen und gebannt ...

Zuletzt hat das arme Tier den trostlos unnötigen Kampf aufgegeben und seinen Zweifeln ein Ende gemacht, aber nicht seiner Qual. Bellend, heulend, den Bauch am Boden, den Körper gespannt wie eine Sehne, den Kopf emporgehoben, als riefe es den Himmel zum Zeugen seines Seelenschmerzes an, kriecht es – seinem ersten Herrn zu.

Bei dem Anblick wird Hopp von Blutdurst gepackt. Mit zitternden Fingern hat er die neue Kapsel aufgesetzt – mit ruhiger Sicherheit legt er an. Auch »der Gelbe« hat den Lauf wieder auf ihn gerichtet. Diesmal gilt's! Das wissen die beiden, die einander auf dem Korn haben, und was auch in ihnen vorgehen möge, sie zielen so ruhig wie ein paar gemalte Schützen.

Zwei Schüsse fallen. Der Jäger trifft, der Wildschütz fehlt.

Warum? weil er – vom Hunde mit stürmischer Liebkosung angesprungen – gezuckt hat im Augenblick des Losdrückens. »Bestie!« zischt er noch, stürzt rücklings hin und rührt sich nicht mehr.

Der ihn gerichtet, kommt langsam herangeschritten. Du hast genug, denkt er, um jedes Schrotkorn wär's schad bei dir. Trotzdem stellt er die Flinte auf den Boden und lädt von neuem. Der Hund sitzt aufrecht vor ihm, läßt die Zunge heraushängen, keucht kurz und laut und sieht ihm zu. Und als der Jäger fertig ist und die Flinte wieder zur Hand nimmt, halten sie ein Gespräch, von dem kein Zeuge ein Wort vernommen hätte, wenn es auch statt eines toten ein lebendiger gewesen wäre.

»Weißt du, für wen *das* Blei gehört!«

»Ich kann es mir denken.«

»Deserteur, Kalfakter, pflicht- und treuvergessene Kanaille!«

»Ja, Herr, jawohl.«

»Du warst meine Freude. Jetzt ist's vorbei. Ich habe keine Freude mehr an dir.«

»Begreiflich, Herr«, und Krambambuli legte sich hin, drückte den Kopf auf die ausgestreckten Vorderpfoten und sah den Jäger an.

Ja, hätte das verdammte Vieh ihn nur nicht angesehen!

Da würde er ein rasches Ende gemacht und sich und dem Hunde viel Pein erspart haben. Aber so geht's nicht! Wer könnte ein Geschöpf niederknallen, das einen so ansieht? Herr Hopp murmelt ein halbes Dutzend Flüche zwischen den Zähnen, einer gotteslästerlicher als der andre, hängt die Flinte wieder um, nimmt dem Raubschützen noch die jungen Hasen ab und geht.

Der Hund folgte ihm mit den Augen, bis er zwischen den Bäumen verschwunden war, stand dann auf, und sein mark- und beinerschütterndes Wehgeheul durchdrang den Wald. Ein paarmal drehte er sich im Kreise und setzte sich wieder aufrecht neben den Toten hin. So fand ihn die gerichtliche Kommission, die, von Hopp geleitet, bei sinkender Nacht erschien, um die Leiche des Raubschützen in Augenschein zu nehmen und fortschaffen zu lassen. Krambambuli wich einige Schritte zurück, als die Herren herantraten. Einer von ihnen sagte zu dem Jäger: »Das ist ja Ihr Hund.«

»Ich habe ihn hier als Schildwache zurückgelassen«, antwortete Hopp, der sich schämte, die Wahrheit zu gestehen. – Was half's? Sie kam doch heraus, denn als die Leiche auf den Wagen geladen war und fortgeführt wurde, trottete Krambambuli gesenkten Kopfes und mit eingezogenem Schwanze hinterher. Unweit der Totenkammer, in der »der Gelbe« lag, sah ihn der Gerichtsdiener noch am folgenden Tage herumstreichen. Er gab ihm einen Tritt und rief ihm zu: »Geh nach Hause!« – Krambambuli fletschte die Zähne gegen ihn und lief davon, wie der Mann meinte, in der Richtung des Jägerhauses. Aber dorthin kam er nicht, sondern führte ein elendes Vagabundenleben.

Verwildert, zum Skelett abgemagert, umschlich er einmal die armen Wohnungen der Häusler am Ende des Dorfes. Plötzlich stürzte er auf ein Kind los, das vor der letzten

Hütte stand, und entriß ihm gierig das Stück harten Brotes, an dem es nagte. Das Kind blieb starr vor Schrecken, aber ein kleiner Spitz sprang aus dem Hause und bellte den Räuber an. Dieser ließ sogleich seine Beute fahren und entfloh.

Am selben Abend stand Hopp vor dem Schlafengehen am Fenster und blickte in die schimmernde Sommernacht hinaus. Da war ihm, als sähe er jenseits der Wiese am Waldessaum den Hund sitzen, die Stätte seines ehemaligen Glückes unverwandt und sehnsüchtig betrachtend – der Treueste der Treuen, herrenlos!

Der Jäger schlug den Laden zu und ging zu Bett. Aber nach einer Weile stand er auf, trat wieder ans Fenster – der Hund war nicht mehr da. Und wieder wollte er sich zur Ruhe begeben und wieder fand er sie nicht.

Er hielt es nicht mehr aus. Sei es, wie es sei ... Er hielt es nicht mehr aus ohne den Hund. – Ich hol ihn heim, dachte er, und fühlte sich wie neugeboren nach diesem Entschluß.

Beim ersten Morgengrauen war er angekleidet, befahl seiner Alten, mit dem Mittagessen nicht auf ihn zu warten, und sputete sich hinweg. Wie er aber aus dem Hause trat, stieß sein Fuß an denjenigen, den er in der Ferne zu suchen ausging. Krambambuli lag verendet vor ihm, den Kopf an die Schwelle gepreßt, die zu überschreiten er nicht mehr gewagt hatte.

Der Jäger verschmerzte ihn nie. Die Augenblicke waren seine besten, in denen er vergaß, daß er ihn verloren hatte. In freundliche Gedanken versunken intonierte er dann sein berühmtes: »Was macht denn mein Krambam ...« Aber mitten in dem Worte hielt er bestürzt inne, schüttelte das Haupt und sprach mit einem tiefen Seufzer: »Schad um den Hund.«

Am Ende

Scene in einem Aufzug

Personen
Fürst Erwein Seinsburg
Fürstin Klothilde Seinsburg
Fräulein Zedwin
Kammermädchen
Kammerdiener
Ein Livreediener

Dekoration
Orangerie in Verbindung mit den Zimmern des Erdgeschosses. Glaswände. Eingänge zu beiden Seiten; in der Mitte große, offenstehende Flügelthür. Aussicht auf den Garten. Gruppen von Orangenbäumen, Palmen, Araukarien, Blattgewächsen. Rechts ein Etablissement, bequeme Möbel mit Strohgeflecht; links ein gedecktes Tischchen, daneben ein Fauteuil mit Fußbank.

In der Ferne verhallender Kirchengesang. Schluß des Meßliedes. Die Fürstin kommt, begleitet von Landleuten und Armen. Sie spricht lebhaft mit ihnen, einige entfernen sich lachend, die andern dankend. Kammerdiener und Kammermädchen, gleichfalls aus der Kirche kommend, sind vorangegangen, erwarten die Fürstin an der Thür und folgen ihr, wenn sie eintritt. Sie trägt einen einfachen Anzug, der die Mode nur markiert: dunkelgraues Foulardkleid, ein weißes Spitzentuch, eine Sommerkapotte. KAMMERDIENER nimmt ihr das Gebetbuch und den Sonnenschirm, KAMMERMÄDCHEN den Hut ab. KLOTHILDE setzt sich auf einen Gartensessel mit runder, niederer Lehne rechts. KAMMERMÄDCHEN glättet ihr die Haare, stülpt ihr die Haube auf.

KAMMERMÄDCHEN Durchlaucht brauchen wirklich keine Haube bei der Hitze. Haben noch so schöne Haare.

KLOTHILDE So schön weiße. Setzen Sie mir meine Haube nur auf, wenn nicht zu Ehren einer Glatze, zu der meiner sechzig Jahre.

KAMMERMÄDCHEN *(reicht ihr einen Handspiegel)* Ich bitte, Durchlaucht.

KLOTHILDE *(ablehnend)* Ich danke, mein Fräulein. Ich verlasse mich auf Ihre Kunst. Nicht immer mit Recht. Gestern zum Beispiel, habe ich den ganzen Tag das Gefühl eines Mangels an Gleichgewicht gehabt, und, wie ich abends an einem Spiegel vorübergehe, seh' ich, daß meine Haube auf dem linken Ohr sitzt!

KAMMERMÄDCHEN Da muß sie – gerade gerutscht sein ...

KLOTHILDE Das heißt – schief ist sie gerutscht. Entgleisung. Jenun, so etwas kommt nicht nur bei Hauben vor.

KAMMERDIENER *(hat das Frühstück gebracht, disponiert alles, auch eine Anzahl Briefe, mit äußerster und prätentiöser Sorgfalt auf dem Tische links.)*

KLOTHILDE *(hinzutretend)* Briefe?

KAMMERDIENER Geschäfts-, Bettel-, Familienbriefe. *(Mit freudig verklärtem Gesicht.)* Von Gräfin Ernestine, von Fürst Erwein!

KLOTHILDE Gute Kinder! Kein Tag ohne einen Gruß an die Mama. *(Wägt einen der Briefe in ihrer Hand.)* Der ist von meiner Tochter.

KAMMERDIENER *(mit bedauerndem Achselzucken)* Strafporto.

KLOTHILDE Natürlich und Gottlob. Mein Sohn macht's kürzer. Auch natürlich. Wenn man im Lager ist, mein

293

Herr Major, mein lieber, alter Junge. *(Oeffnet den Brief, will lesen.)* Anna, meine Brille. *(Kammermädchen bringt eine große Hornbrille mit runden Gläsern. Entlassender Wink. Kammermädchen nimmt den Hut und das Spitzentuch und geht ab.)*

KAMMERDIENER   Fräulein Zedwin hat angefragt, wann sie kommen darf, die Zeitungen vorlesen.

KLOTHILDE   Steht etwas Interessantes drin?

KAMMERDIENER *(verschämt)*   O – Durchlaucht! – –

KLOTHILDE   Genieren Sie sich nicht, – ich weiß ja, wer meine Zeitungen zuerst liest und gönne Ihnen diese Priorität. Nun, Herr Politiker? …

KAMMERDIENER   Durchlaucht – Krieg in Amerika, Krieg in Afrika – Wahlbewegungen – Grubenbrände … Arbeiterstrike …

KLOTHILDE *(bedeckt einen Augenblick das Gesicht mit den Händen)*   Schrecklich! Schrecklich! – Die Sendungen nach Ostrau sind doch fort?

KAMMERDIENER   Gestern, Durchlaucht. – Das Fräulein darf kommen – –

KLOTHILDE   Um Zwölf … Warten Sie! – um halb Eins. Auch noch Zeit, von dem Elend in der Welt zu hören.

KAMMERDIENER   Zu Befehl, Durchlaucht. *(Ab.)*

KLOTHILDE *(allein. Sie hat die Brille aufgesetzt. Liest; gießt Thee in ihre Tasse, nimmt ein paar Löffel und liest wieder.)* »Hoffentlich geht es Dir gut, gute, gute Mama …« – Eins, drei, fünf Ausrufungszeichen. Wie kleine Reitpeitschen. – »Mir ausgezeichnet. Rasend zu thun. Küsse hunderttausendmal Deine Hände. Dein treuer Sohn.« – Treu, ja ja – mir wenigstens … Und nun Du, mein Sonnenkind. *(Oeffnet den zweiten Brief. Vier dicht beschriebene Blätter.)* Da ist ein Herz voll Liebe einmal wieder übergegangen. *(Streichelt den Brief, legt ihn auf ihren Schoß, ißt und trinkt.)* O Jugend, du glückselige, du reiche! – wie schön ist's, jung zu sein! … Aber alt zu sein – wie bequem! *(Sie lehnt sich behaglich in ihren Sessel zurück; liest.)* »Einzige, Angebetete« *(lächelt).* Nun ja, nun ja, die erste Seite darf ich nie lesen – aus Bescheidenheit. *(Wendet.)* »Sei nur nicht bös … Du hast Ueberraschungen nicht gern, – verzeih!« … Wenn sie gar so innig um Verzeihung bittet, hat sie immer etwas Allerliebevollstes im Sinn. *(Rasch.)* Sie schickt mir einen meiner Enkel … kommt vielleicht selbst.

KAMMERDIENER *(kommt eilig, verstört)* Durchlaucht – ein Besuch …

KLOTHILDE *(freudig)* Eines der Kinder? oder …

KAMMERDIENER *(stimmlos)* Durchlaucht – der Fürst Seinsburg …

KLOTHILDE *(springt auf)* Mein Sohn! *(Besinnt sich.)* Unmöglich, – er ist ja im Lager!

KAMMERDIENER *(immer noch außer Fassung)* Durchlaucht, es ist nicht – es ist … Er hat seine Karte – – *(Ueberreicht eine Visitenkarte.)*

KLOTHILDE *(wirft einen Blick darauf; konsterniert)* Mein Mann!

KAMMERDIENER *(wie früher)* Seine Durchlaucht fragen, ob Ihre Durchlaucht …

KLOTHILDE *(nach einer Pause, mit Selbstüberwindung)* Sie will es, – das Kind will es … und auch mein alter Junge … Ich weiß ja – Euer innigster Wunsch … Nun denn, Euch zuliebe. Ich lasse bitten. *(Kammerdiener ab. Klothilde setzt sich, legt die Brille auf den Tisch.)*

ERWEIN *(kommt. Eleganter, jugendlicher Reiseanzug. Haare und Bart gefärbt. Etwas zu enge, lichtbraune Schuhe. Er bleibt einen Augenblick zögernd an der Thür stehen. Für sich)* Traurig verändert; eine Greisin. Ja die Frauen! – vergängliche Gebilde. *(Tritt langsam, mit gespielter Unbefan-genheit auf Klothilde zu. Verneigung.)* Fürstin …

KLOTHILDE   Fürst Seinsburg …

ERWEIN *(ratlos, wie er das Gespräch einleiten soll)* Meine Tochter, von der ich komme, trägt mir auf … sie hat mich gebeten …

KLOTHILDE   Gewiß auch mich – in diesem Briefe. Ich habe ihn noch nicht gelesen. *(Sehr unsicher.)* Setzen Sie sich; Sie sind vielleicht müde von der Reise?

ERWEIN   Müd' – ich? Nie! Aber mit Ihrer Erlaubnis. *(Setzt sich auf einen Sessel rechts.)*

KLOTHILDE *(sieht ihn fortwährend aufmerksam an, was ihn in Verlegenheit setzt)* Wie jung Sie geworden sind in den vielen Jahren! – Zwanzig und einige drüber …

ERWEIN *(gereizt)* Ich durchlebe die Jahre, ich zähle sie nicht. – Meine Tochter meint, daß ich mir erlauben dürfe … *(sucht nach Worten, findet sie nicht)* einmal einige Augenblicke – auf der Fahrt nach Paris …

KLOTHILDE   Sie fahren also immer noch nach Paris? Nicht zum Perruquier, wie ich mit Vergnügen sehe, – aber – aber – zum Coiffeur!

ERWEIN *(zieht sein Taschentuch, wischt sich die Stirn, auf der einige schwarze Streifen entstehen)* Es ist eine Hitze in diesen Waggons!

KLOTHILDE   Und in diesen Herbsttagen, die sich auf die Hundstage spielen … Den Parfumeur besuchen Sie auch. Da werden neue Vorräte gemacht. Und ich, denken Sie, ich kann Parfums noch immer nicht leiden!

ERWEIN *(steckt das Taschentuch rasch ein)* Schade, ein Genuß weniger.

KLOTHILDE   Was liegt dran? Man hat ihrer im Alter so viele –

296

ERWEIN   Viele? ... Das Neueste, Sie waren immer origi-
nell.

KLOTHILDE   Den Anspruch habe ich aufgegeben, wie jeden andern. Von den aufgegebenen Ansprüchen kommen die Genüsse. Und mehr noch! Ein Anspruch zieht
zur Thür hinaus, – ein Glück fliegt zum Fenster herein.
So wird das Alter – das schönste Alter. – Darf ich Ihnen
eine Tasse Thee antragen?

ERWEIN   Ich danke, ich habe gefrühstückt. *(Kleine Pause.)*

KLOTHILDE   Nach Paris also. Ja, die Pariser Cosmetiques!
Sie haben so viel Anhänger wie die falschen Propheten.
Glauben Sie mir oder nicht, Sie gebrauchen da eine
Sorte, – die bekämen Sie in Lundenburg auch.

ERWEIN *(nicht verstehend)*   Sorte? Lundenburg?

KLOTHILDE   Neben Ihnen liegt ein Spiegel. Bitte bedienen Sie sich.

ERWEIN *(hält den Spiegel vor, anfangs nah, dann immer weiter
und weiter. Im ersten Augenblick bestürzt. Nimmt dann die
Sache mit Humor)*   Man ist doch recht schlecht be-
dient ... Empfehlung meines Kammerdieners, da die
Nachhülfe aus Paris anfing zu verblassen ... Ich bitte
um Entschuldigung. *(Steht auf. Ein Schmerz im Fuße
macht ihn zusammenzucken.)* – Wo könnte ich Waschwas-
ser ...

KLOTHILDE   Sie finden alles, was Sie brauchen, in den
Zimmern meines Sohnes, den Zimmern rechts.

ERWEIN   Da? – dort? Links?

KLOTHILDE *(vor sich hin)*   Schwerhörig ist er auch geworden. *(Etwas lauter.)* Die Stiege hinauf, dann *(mit Handbe-
wegung)* nach rechts.

ERWEIN   Danke, Danke! *(Ab nach rechts.)*

KLOTHILDE *(allein)*   Wie habe ich den Mann geliebt –
und was ist aus ihm geworden, was haben sie aus dem

brillanten, unwiderstehlichen Seinsburg gemacht, diese … *(Unterbricht sich jäh. Lächelnd.)* Wenn ich ihn doch
aus seinen ledernen Fußangeln befreien könnte! Ich
weiß nicht, kommt es nur von der Chauffure, aber sehr
vergnügt sieht er nicht aus, der arme Freudenjäger.
*(Setzt die Brille auf, liest eine Weile in dem Brief ihrer Töch-
ter.)* Du braves Kind, wie zärtlich und − wie klug! Wie
bemüht, mein Mitleid zu erwecken. O Kind, das Mitleid ist schon wach: Geschminktes Alter, trauriges Alter!
(Liest.) »Dieser arme Papa, er hat herbe Enttäuschungen
erlitten.« *(Gesprochen.)* Ja, ja − davon hört ich auch, das
beeilten sie sich mir zu erzählen − seine Freunde. *(Liest.)*
»Nicht heute, nicht gestern, vor langer Zeit schon erlitten und − nicht verwunden, nur mit Stolz getragen …«
(Gesprochen.) Sie bewundert ihn noch. *(Liest.)* »Er klagt
natürlich nicht, aber man hört und man − sieht. O Mutter, er sehnt sich mehr als er jemals eingestehen würde,
nach dem stillen Zuhause, das er einst übermütig verlassen hat!« − übermütig − nennt sie das? Ein sehr mildes
Wort. *(Schüttelt den Kopf, liest weiter.)* »Ich sage ihm: Papa,
klopf' an! Klopf' an! Die Allgütige thut Dir auf.«

ERWEIN *(kommt zurück. Das Gesicht ist gewaschen, die Haare,
etwas in Unordnung geraten, sind an den Wurzeln grau)*
Das ist ja sehr hübsch da droben. Mein Sohn ist vortrefflich etabliert. Wirklich beneidenswert.

KLOTHILDE   Einfach, militärisch, wie er es liebt; keine
Ueberflüssigkeiten.

ERWEIN   Hat recht. Diese Ueberflüssigkeiten − man findet täglich neue, die einem unentbehrlich sind −
drücken einen endlich aus dem Hause.

KLOTHILDE   Und ich will meinen Sohn ins Haus hinein
ziehen.

ERWEIN   Das ist auch mein Wunsch, und auch bei mir

298

findet mein Sohn seine Zimmer bereit, so oft er sich ankündigt …

KLOTHILDE *(schonend)* Bei mir braucht er sich eben nicht erst ankündigen. Er ist stündlich erwartet und willkommen.

ERWEIN *(nach einer Pause)* Ja, Sie sind immer eine gute Mutter gewesen.

KLOTHILDE Ich wäre auch eine gute Frau gewesen … Nein! kein »wenn«. Wer nicht bewiesen hat, soll nicht sagen, daß er bewiesen hätte. – Lieber Fürst, Sie schenken mir doch eine Stunde?

ERWEIN *(ritterlich)* Schenken? Ich bin's, der sich beschenkt fühlt, wenn Sie mir so lang Gastfreundschaft gewähren … Um ein Uhr würde ich dann zum Schnellzug auf die Station fahren, wo ich meinen Diener mit meinen Reiseeffekten zurückgelassen habe.

KLOTHILDE Mit allen Ihren Reiseeffekten?

ERWEIN Ja.

KLOTHILDE Schade!

ERWEIN Warum?

KLOTHILDE Weil ich vermute, daß sich in Ihrer Reisetasche ein Paar fußfreundliche Slippers befinden, die Sie …

ERWEIN *(fällt ihr ins Wort)* Slippers? Ich? Nie! Ich kenne Slippers nur vom Sehen.

KLOTHILDE Aber vielleicht lassen Sie sich aus Rücksicht auf den Behaglichkeits-Kultus, der bei mir getrieben wird – für die Stunde, die Sie hier zubringen – zu einem Anlehen bei der Garderobe meines Sohnes herab … *(Die Hand auf dem Drücker der elektrischen Glocke.)* Darf der Diener Ihnen behilflich …

ERWEIN *(rasch)* Nie! Dafür dank' ich *(mit Bitterkeit)* vorläufig noch. *(Ab nach rechts.)*

KLOTHILDE *(sieht ihm nach)* Sechsundzwanzig Jahre! Es macht einem einen Eindruck. – In Haß geschieden, fest entschlossen, lieber zu sterben als einander jemals wiederzusehen. Es geschieht – und man überlebt's, man hat sogar ein Dankgefühl … Meine Tochter schickt ihn. Ich habe noch niemandem die Thür gewiesen, den sie geschickt hat. Soll ich mit ihrem Vater den Anfang machen? Ach, die Kinder, – die sind eine Macht! *(Vertieft sich wieder in den Brief.)*

ERWEIN *(kommt, bleibt auf der Schwelle stehen und betrachtet die Fürstin ernst und aufmerksam. Plötzlich sich aufraffend tritt er vor. Sehr behaglich in einem weiten Uniformpaletot, in großen Schuhen. Schlenkert mit den Füßen)* Das muß man meinem Sohne lassen. Füße hat er – von erster Größe.

KLOTHILDE Wie schreitet sich's aber mit ihnen aus! Wie steht man da!

ERWEIN Und der Paletot! *(Schlägt ihn übereinander.)* Das soll militärisch sein? Schlafrockartig ist's.

KLOTHILDE Auch in einer weiten Uniform kann ein kühner Soldat stecken … Möge die Gelegenheit dazu nie kommen, nie! *Wenn* sie aber unglückseliger Weise käme – mein Sohn würde dieselbe an Tollheit grenzende Tapferkeit beweisen, die seinen Vater berühmt gemacht hat.

ERWEIN Berühmt? O, das ist zu viel. Und überhaupt – rechnen Sie einem Mann Tapferkeit zum Verdienst an? Wenn ich eine Frau wäre, fände ich physischen Mut bei einem Manne selbstverständlich, moralischen Mut aber achtungswert.

KLOTHILDE Was nennen Sie moralischen Mut? Den Kampf gegen allerlei Versuchungen, allerlei Velleitäten …

ERWEIN   Den Widerstand gegen schöne verlockende Reminiszenzen. *(Fräulein Zedwin kommt. Erwein stramm, wirft ihr einen Blick voll Bewunderung zu. Zur Fürstin:)* Bitte, stellen Sie mich vor.

KLOTHILDE   Fürst Seinsburg. Fräulein Zedwin.

ZEDWIN *(zu ihm)*   Vorleserin der Frau Fürstin. *(Zu ihr.)* Wann befehlen, Durchlaucht?

KLOTHILDE   In einer Stunde, wenn Sie so gut sein wollen, liebes Kind.

ZEDWIN *(Ehrfurchtsvolle Verbeugung vor der Fürstin, abwesende Verbeugung vor dem Fürsten. Ab.)*

ERWEIN   Eine unangenehme Person!

KLOTHILDE   Ich habe sie lieb. Leider verliere ich sie bald. Sie ist Braut.

ERWEIN   Ah – deshalb …

KLOTHILDE   Nicht – deshalb. Sie hat nur keinen Sinn für eine gewisse Art von Liebenswürdigkeit, sie wünscht nicht, »schöne verlockende Reminiszenzen« zu wecken.

ERWEIN   Hm! *(Beeilt, das Gespräch abzulenken.)* Sie waren vorher ganz vertieft in einen Brief …

KLOTHILDE   Von meiner Tochter. Wollen Sie ihn lesen?

ERWEIN *(nimmt den Brief, hält ihn weit von sich. Will lesen, es geht nicht, er thut nur dergleichen)*   Charmant! charmant! Sie schreibt charmant!

KLOTHILDE   Nur heute zufällig etwas undeutlich. Darf ich Ihnen meine Brille …

ERWEIN   Brille! – Ich? Nie!

KLOTHILDE   Meine Tochter schreibt charmant, aber sie wiederholt sich.

ERWEIN   Was holt sie?

KLOTHILDE *(lauter)*   Kommen Sie näher. Ich bin ein klein wenig schwerhörig.

ERWEIN *(bedauernd)*   O! *(Gleich darauf, galant.)* Davon bemerke ich nicht das Geringste. *(Rückt einen Sessel in die Nähe des Fauteuils der Fürstin.)*

KLOTHILDE   Meine Tochter klagt fortwährend: »Was habe ich von meinen Eltern, ich sehe sie kaum!« und mein Sohn stimmt ein in den Jammer. Die beiden behaupten, sie hätten einen Beruf, der ihnen wenig Zeit für Vater und Mutter übrig läßt, und daß die wenige noch geteilt werden muß …

ERWEIN   Bei der Teilung komme ich immer zu kurz. Meine Kinder teilen eben – nach ihrem Herzen.

KLOTHILDE   In dem Falle würden sie gleich teilen. Aber sie sind nicht ganz sicher, – fürchten vielleicht …

ERWEIN   Was fürchten sie? Meine Kinder sollen wissen, wem ihr Vaterhaus gehört, solang sie da sind, wem es überlassen wird, völlig, freudig, darin zu schalten und zu walten – solang … Ach, je länger, je lieber! … Aber wie lang halten sie's denn bei mir aus? und – ich und die Einsamkeit, wir stehen auf einem miserablen Fuße … In früheren Jahren hatten auch Sie keine besondere Neigung fürs Einsiedlerische. Wie halten Sie es jetzt? Wie verbringen Sie die langen Herbstabende?

KLOTHILDE   Das weiß ich nicht. Ich habe nur kurze.

ERWEIN   Hm! – Sie langweilen sich nie?

KLOTHILDE   Doch, manchmal, – wenn gewisse Besuche kommen.

ERWEIN   Ja, ja. Sie haben viel Nachbarschaft hier herum. »Im dunkeln Laub die Landorangen glüh'n«.

KLOTHILDE   Es giebt einige genießbare darunter. Im ganzen hab' ich auch nicht zu klagen, diese Herrschaften nehmen Rücksicht auf mein hohes Alter und überlaufen mich nicht.

ERWEIN   Gut, sehr gut, denn bei allem Geselligkeitsbedürfnis – es kann einem zu viel werden … Auch mir.

Wenn mir zum Beispiel ein Extrazug voll Saus und
Braus und Champagnerräuschchen ins Haus fällt. Die
lustige Bande hat soupiert von Mitternacht bis früh,
will noch nicht schlafen gehen, sehnt sich nach frischer
Luft. Hinaus aufs Land, zum Frühstück nach Seinsburg.
Dort ist's immer lustig, dort ist man immer willkommen … Es ist unglaublich, was die Leute sich einbilden.
Aber neulich spiel' ich ihnen einen Streich. Ich igno-
rierte ihr Telegramm und entfloh zu meiner Tochter.

KLOTHILDE   Und der Heuschreckenschwarm fand das
Haus leer.

ERWEIN   Ich habe mich sehr wohl befunden bei meiner
Tochter. Von Jahr zu Jahr wohler. Ich weiß nicht, wie
das kommt. Meine Enkel sind allerliebst.

KLOTHILDE   Die meinen auch.

ERWEIN   Und meine Tochter …

KLOTHILDE   Eine prächtige Frau. Und so glücklich!

ERWEIN   Nun das – ist ein Glück.

KLOTHILDE   Das höchste Glück, – es wird uns noch als
Verdienst angerechnet.

ERWEIN   Die kleine Klodi war etwas unwohl, als ich ab-
reiste.

KLOTHILDE   So? Es hat doch nichts zu sagen?

ERWEIN   Meine Tochter meint: nein. Aber ihr Mann ist so
ängstlich. Er hat den Arzt rufen lassen. Sie will mir noch
hierher telegraphieren, wenn der Doktor die leiseste
Besorgnis äußert.

KAMMERDIENER *(kommt)*   Durchlaucht, der Kutscher bittet. Wenn Durchlaucht zurecht kommen wollen zum
Schnellzug, dürfte es bald Zeit sein …

ERWEIN *(fällt ihm ins Wort)*   Bald! Bald! … Er soll sich ge-
dulden. Ich brauche seine Ermahnungen nicht. *(Kammerdiener ab. Pause.)*

ERWEIN   Klothilde, was halten Sie von gebrochenen Schwüren?

KLOTHILDE   Daß sie eine große Aehnlichkeit mit Lawinen haben. Wenn die einmal ins Rollen kommen, ist kein Halten mehr.

ERWEIN   Wir haben geschworen, einander nie wiederzusehen, und − da bin ich. *(Bittend.)* Lassen wir die Lawine weiterrollen.

KLOTHILDE   Wie weit?

ERWEIN *(zögernd)*   Meinen Kindern wird es schwer, ihre Zeit zwischen Vater und Mutter zu teilen … Wenn man es ihnen nur möglich machen könnte, beide Eltern zugleich − *(Ratlos, wie er sich ausdrücken soll.)* Helfen Sie mir doch! Sie wissen, was ich sagen will!

KLOTHILDE   Mein Sohn kommt hierher nach den Manövern, − da sind Sie in Paris.

ERWEIN   Ich muß ja nicht nach Paris! … Uebrigens bleibe ich auf keinen Fall lang … Meine Tochter hat mir versprochen, den Herbst bei mir zuzubringen.

KLOTHILDE   Bei Ihnen? … den Herbst?

ERWEIN   Kein Fest ohne meinen Schatz, die kleine Klodi … Meine Tochter nimmt ihre Kinder mit − −

KLOTHILDE   Die Verräterin! Dasselbe hat sie mir versprochen!

ERWEIN   Und wird Wort halten, und kommen *(nach kurzer Pause, zweifelnd, bittend)* − zu Ihnen, − nach Seinsburg.

KLOTHILDE *(bewegt und bemüht, es zu verbergen)*   Was soll ich dort? Als Heuschreckenvertilgerin auftreten … als eine Art Rattenmamsell?

ERWEIN   Sie sollen sich dort behaglich fühlen, sollen leben, wie es Ihnen zusagt. Meine Kinder und ich werden uns bemühen, Ihnen den Aufenthalt angenehm zu machen. Klothilde! – Kommen Sie! Verzeihen Sie – vergessen Sie alles – alles!

KLOTHILDE Eines will ich doch nie vergessen – daß ich in Seinsburg sehr glücklich gewesen bin.

ERWEIN Und ich, – wie glücklich durch Sie …

KLOTHILDE *(fällt ihm ins Wort)* Davon sprechen wir nicht. Die Zeit, in der dieses Glück Ihnen genügte, war kurz. Wie kurz sie war, erfuhr ich spät; Sie haben die Rücksicht gehabt, es mir zu verbergen. Als ich mich nicht mehr täuschen lassen konnte, hieß es: Er ist eben, wie alle. Das sollte ein Trost sein. – Wie alle! – Er, den ich für etwas Einziges gehalten hatte! … *(Unterbricht sich, wieder kühl.)* Nicht leicht zu verwinden das. Aber der Hochmutsteufel half. Es wäre schlimm, wenn einem nur das leichte gelänge. Ich nahm den Kampf auf … Aber ich habe kein Talent zur Märtyrerin … Der innere Bruch zwischen uns war vollzogen jahrelang, – endlich kam's zum äußern …

ERWEIN *(schmerzlich)* Durch meine Schuld, meine große Schuld! War ich nicht mit Blindheit geschlagen? War ich nicht wie das Kind, das die Wahl hatte zwischen der glühenden Kohle und dem sanft leuchtenden Edelstein – und das nach der Kohle griff? Unverzeihlich! Unverzeihlich!

KLOTHILDE *(fällt ihm ins Wort)* Nicht rekriminieren! Keine Vorwürfe, nicht gegen andere, nicht gegen sich selbst. Wir waren einmal, wie wir waren. Sie kein Heiliger, ich kein Engel.

ERWEIN Sie haben durch mich sehr gelitten …

KLOTHILDE Ich habe … Aber denken Sie nur – nach der Trennung für immer, und nachdem ich alle Hoffnung aufgegeben hatte, was that ich? Ich unheilbare Optimistin fing sogleich von neuem zu hoffen an. – Lassen wir

305

ihn sein Leben durchbrausen, sagte ich mir. Am Ende finden wir uns doch wieder zusammen. Wenn ich eine alte Frau geworden bin, wenn er nicht mehr jung sein wird, dann treffen wir uns wie zwei Freunde, die tagsüber verschiedene Wege gewandert sind, am Abend vor der Hüttenthür und halten da ein Plauderstündchen, eine kurze Rast, ehe wir zur langen Rast ins stille Haus treten – bald nacheinander, will's Gott.

ERWEIN *(leise)*   Klothilde.

KLOTHILDE   Von solchen Träumen gewiegt, ging ich wohlgemut, wie einer zweiten Jugend, dem Alter entgegen – ließ es nicht etwa nur herankommen – o, ich machte ihm Avancen, freute mich über jedes weiße Haar auf meinem Kopfe, über jede Falte auf meinem Gesichte, und schmeichelte mir: die haben Vorgänger bei meinen Manne. Indessen – große Enttäuschung! Da bin ich am ersehnten Ende angelangt, bin alt – was hilft's? Ich bin's allein. Sie werden nicht alt.

ERWEIN *(unüberlegt)*   Das macht nichts. Wenn nur eines von uns ... Wissen Sie, an wen Sie mich gemahnt haben, da vorhin, mit Ihrer Brille, und ganz versunken in den Brief meiner Tochter ...

KLOTHILDE   Nun – an eine Ihrer Urgroßtanten.

ERWEIN   Gefehlt! um zwei Generationen.

KLOTHILDE   An Ihre Großmutter.

ERWEIN   Um zwei Generationen, sag' ich.

KLOTHILDE   An Ihre Mutter vielleicht? *(Erwein nickt.)* Da gratuliere ich mir! Mit Ihrer Mutter haben Sie im besten Einvernehmen gelebt.

ERWEIN   Einvernehmen? – Ein kühles Wort. Es war mehr. Es war von meiner Seite Dankbarkeit, Bewunderung, Ehrfurcht, von der ihren grenzenlose Güte und Nachsicht ... Man braucht so viel Nachsicht –

KLOTHILDE   Wie wahr! Am meisten braucht sie – der zu
    wenig hatte – wie ich. – Ich bitte Ihnen dieses große
    Unrecht ab.

ERWEIN *(ergriffen)*   Sie mir – ein Unrecht! Du guter
    Gott – Sie mir!

KAMMERDIENER *(kommt. Zu Erwein)*   Durchlaucht, der
    Kutscher bittet dringend, es ist höchste Zeit. *(Ab.)*

ERWEIN   Nun denn! – Leben Sie wohl. Dank, daß Sie
    mich nicht fortgeschickt haben … Es ist bei Ihnen so
    friedlich … etwas muß ich Ihnen sagen: Ich habe Sie
    oft schwer vermißt … Ihren Umgang, Ihre liebe Hei-
    terkeit, Ihr geistiges Wesen … Mehr als oft – immer! …

DIENER *(kommt eilig)*   Ein Telegramm aus Ostrau für
    Seine Durchlaucht.

ERWEIN *(bestürzt)*   Also doch! Also doch etwas Ern-
    stes! …

KLOTHILDE *(sucht ihre eigene Unruhe zu bemeistern)*   Nicht
    so ängstlich, es wird nichts sein.

ERWEIN *(nervös)*   Was sagen Sie? *(Fährt rasch mit der Hand
    nach dem Ohr.)* Ich bin auch etwas … *(Reißt das Tele-
    gramm auf.)* Eine Brille! Eine Brille!

KLOTHILDE   Da! *(Hilft ihm die Brille aufsetzen.)*

ERWEIN *(liest)*   »Ich komme, ich bitte, beschwöre, erwarte
    mich bei Mama, alles wohl, Umarmung, Ernestine.«
    A–h, ich atme wieder.

KAMMERDIENER *(kommt)*   Durchlaucht, der Kutscher –
    er fährt davon.

ERWEIN   Mag er meinetwegen zum Teufel fahren!

KAMMERDIENER *(verletzt)*   Bitte Durchlaucht, der Weg –
    hier nicht bekannt.

ERWEIN *(hält Klothilde das Telegramm hin)*   Was thun? Was
    thun?

KLOTHILDE   Darf ich für Dich entscheiden, Erwein?

ERWEIN Befiehl!

KLOTHILDE *(zum Kammerdiener)* Der Kutscher soll auf die Station zurückfahren und den Kammerdiener und die Reise-Effekten, die dort lagern, *(leise Erwein ins Ohr)* samt Slippers und Brillen *(laut)* abholen. Der Fürst bleibt.

(Der Vorhang fällt.)

Ende.

Leben in Daten

1830   wurde Marie Gräfin Dubsky in Zdislawic in Mähren geboren. Im selben Jahr starb ihre Mutter, Konradine geborene von Sorgenthal.

1841   heiratete Graf Dubsky Xaverine Gräfin von Kolowrat, mit der Marie und ihre älteste Schwester Friederike zum ersten Mal nach Wien reisten und ins Theater geführt wurden.

1843   begann Marie erst französische, dann deutsche Gedichte und ein Drama zu schreiben und verbrannte diese ersten dichterischen Versuche.

1848   heiratete sie Moriz von Ebner-Eschenbach, Offizier, Wissenschaftler und Erfinder. Das Ehepaar zog nach Wien in den Sternhof am Jordansplatz.

1849   wurde die Ingenieur-Akademie, in der Ebner als Professor der Physik und Chemie lehrte, nach Klosterbruck in Mähren verlegt, und das Ehepaar zog um an die Thaya. Marie von Ebner-Eschenbach widmete sich dramatischen Studien. Um

1850   begann sie, ihre mangelhafte Allgemeinbildung durch ein intensives Privatstudium zu ergänzen und nahm bei gelegentlichen Aufenthalten in Wien Unterricht in Logik und Ästhetik.

1856   wurde Moriz zum Major befördert und als Mitglied des gerade begründeten Genie-Comités (oder Ingenieur-Comités: das Genie-Wesen umfaßte die militärischen Dienstzweige, die sich auf die Befestigungskunst bezogen) nach Wien gerufen. Das Ehepaar zog in den dritten Bezirk.

1858   gab Marie von Ebner einen Band mit Erzählungen heraus.

1860   schrieb sie die historische Tragödie »Maria Stuart in

Schottland«, die in Karlsruhe vom Direktor des Hoftheaters, Eduard Devrient, angenommen und für den Schillerpreis vorgeschlagen wurde.

1861 schrieb sie »Die Schauspielerin«, das der Direktor des Hofburgtheaters, Heinrich Laube, ablehnte, ebenso wie das nächste Stück, »Das Geständnis«.

1863 nahm er den Einakter »Die Veilchen« an.

1869 schrieb Marie Ebner für eine Benefizvorstellung »Doctor Ritter«, ein Stück, das vom Burgtheater übernommen wurde. Zur gleichen Zeit veröffentlichte sie, ohne Erfolg, ihre ersten Erzählungen.

1873 verursachte sie mit der Satire »Das Waldfräulein«, das am Wiener Stadttheater uraufgeführt wurde, einen Gesellschaftsskandal.

1874 wurde Moriz Ebner als Feldmarschall-Leutnant in den Ruhestand versetzt.

1874 veröffentlichte der Verlag Cotta in Stuttgart einen Band mit Erzählungen, der kaum Käufer fand, ebenso wenig wie

1878 die ersten 300 Aphorismen, die in Berlin erschienen.

1877 starb Maries Schwägerin Dubsky-Stockau, und Marie Ebner übernahm die Erziehung der Neffen und Nichten.

1882 erschienen bei Ebhardt in Berlin und

1883 bei Paetel, ebenfalls Berlin, »Neue Erzählungen« und »Dorf- und Schloßgeschichten«, die endlich Marie Ebners Ruhm begründeten.

1893 kamen ihre »Gesammelten Werke« heraus.

1898 starb Moriz von Ebner.

1899 erhielt Marie Ebner als erste Frau von Kaiser Franz Josef das Ehrenzeichen für Kunst und Wissenschaft verliehen.

1900 fand anläßlich ihres 70. Geburtstags die Ebner-Feier statt.

1901 gab sie eine zweibändige Sammlung von Erzählungen heraus, »Aus Spätherbsttagen«.

1916 starb Marie von Ebner-Eschenbach.

Leben in Werken

311

Alle Geschichten in diesem Buch folgen in Rechtschreibung und Zeichensetzung weitgehend der Ausgabe: Marie von Ebner-Eschenbach, Gesammelte Schriften Bd. 1–10. Paetel, Berlin 1893–1911.

3,50 8/14

5/24